教育部职业教育与成人教育司推荐教材
全国卫生职业院校规划教材

供中高职(共用课)护理、涉外护理、助产、检验、药学、药剂、卫生保健、康复、口腔医学、口腔工艺技术、医疗美容技术、社区医学、眼视光、中医、中西医结合、影像技术等专业使用

医护科研基础

(第二版)

主　编　李晓惠
副主编　陈　文　华危持　卓庆安
编　委(按姓氏汉语拼音排序)

陈　文　惠州卫生学校
何越美　深圳职业技术学院
华危持　常州卫生高等职业技术学校
李晓枫　大连医科大学高等职业技术学院
李晓惠　深圳职业技术学院
柳晓琳　锦州医学院
史长虹　赤峰学院医学院
王　珊　深圳职业技术学院
王玉昕　广州体育学院
王忠福　东莞市卫生学校
张勤国　襄樊职业技术学院
卓庆安　玉林市卫生学校

科学出版社
北　京

内 容 简 介

本教材是教育部职业教育与成人教育司推荐教材及全国卫生职业院校规划教材之一,全书内容共有14章,主要包括:医护科研概述、医护科研工作基本程序、医护科研选题、医护科研方法、医护科研设计、医护研究的基本要素、计算机软件在医护科研中的应用、资料类型与医学统计方法的选择、医护科研中的质量控制、医护论文撰写方法、医护科研论文英文摘要的撰写、医护论文评价与发表、医护科研立项及医护科研成果等。全书较系统和全面地展现了医护科研的全过程,为学生了解医护科研的基本思路、培养科研意识奠定了基础。书中穿插了大量知识性、趣味性的案例与链接,简明实用,创新性高,补充了传统教材的呆板、枯燥、教条化的不足,供学生参阅。

本书可供中高职护理、涉外护理、助产、检验、药学、药剂、卫生保健、康复、口腔医学、口腔工艺技术、医疗美容技术、社区医学、眼视光、中医、中西医结合、影像技术等相关医学专业使用,也可作为基层医护人员的继续医学教育培训教材。

图书在版编目(CIP)数据

医护科研基础 / 李晓惠主编. —2版. —北京:科学出版社,2008
教育部职业教育与成人教育司推荐教材·全国卫生职业院校规划教材
ISBN 978-7-03-020545-2

Ⅰ. 医…　Ⅱ. 李…　Ⅲ. 医学-科学研究-职业教育-教材　Ⅳ. R-3

中国版本图书馆CIP数据核字(2008)第027838号

责任编辑:郭海燕 / 责任校对:陈丽珠
责任印制:赵　博 / 封面设计:黄　超

科学出版社 出版
北京东黄城根北街16号
邮政编码:100717
http://www.sciencep.com

三河市骏杰印刷有限公司印刷

科学出版社发行　各地新华书店经销

*

2003年8月第 一 版　开本:850×1168 1/16
2008年5月第 二 版　印张:11
2018年1月第十次印刷　字数:309 000

定价:25.00元

(如有印装质量问题,我社负责调换)

技能型紧缺人才培养培训教材
全国卫生职业院校规划教材
共用课教材建设指导委员会委员名单

第二版前言

本书是在第一版《医学科研基础》教材应用了3年多并且在它被教育部职业教育与成人教育司指定为全国推荐教材的基础上，根据有关专家和教学人员的反馈意见和建议，按照教育部职业教育教学要求与原则编写的。

《医护科研基础》是中高职护理、涉外护理、助产等相关医学专业的一门共用平台课程。在教材设计上分为三个模块：基础模块、实践模块和选学模块。基础模块和实践模块是必学内容，选学模块内容可根据各校各专业的具体要求和不同层次的学生而定。

本版《医护科研基础》传承了第一版的精华部分，同时对部分章节也进行了增减和创新。在第7章的编写中，采用了项目教学方法对教学内容进行编写，同时增加了论文排版部分；在第12章中增加了论文评价部分，使学生既了解论文的写作格式，同时也了解论文质量优劣的评价；在第14章中，保留了科学技术成果的申报部分，同时增加了专利申请部分。这些内容的增加无疑对丰富教学内容，满足基层医护人员医学继续教育提供了良好的素材。

本教材具有以下突出特点：

（1）内容全面。全书较系统和全面地展现了医护科研的全过程，为学生了解医护科研的基本思路、培养科研意识奠定了基础。

（2）案例丰富。通过选用大量的临床医护科研案例，生动地描述、诠释了科研方法和设计原理，使枯燥的理论知识变得有声有色，提高学生的阅读兴趣。

（3）强化实践。本教材注重科研的操作过程和实践环节，淡化纯理论部分，突出实用性，注意理论联系实际，教材中部分章节配有大量实习内容，这部分设计既有助于学生理解知识，又有利于学生应用知识。

（4）教学手段提升。本书制作了配套教学课件及第7章的实习课件，在科学出版社网站供下载使用，为教师教学提供了方便。

我们衷心希望本教材的出版能够成为学生迈向医护科研成功之路的一块铺路石，并希望它能成为他们事业上得以进步的良师益友。

本书在编写过程中，得到了参加编写人员所在单位领导的积极支持，在此表示深深的谢意；另外，对科学出版社卫生职业教育出版分社给予的支持和帮助表示衷心的感谢。

由于编写时间短，编写水平有限，本书一定存在不少欠缺和疏漏，我们期待同行专家及读者批评指正。

李晓惠

2009年2月

第一版前言

本书是以面向21世纪全国卫生职业教育系列教改教材的编写要求为原则和依据，结合参编人员教学体验和科研实践而编写的。

《医学科研基础》是高职各专业的一门专业基础平台课程。在教材设计上分为三个模块：基础模块、实践模块和选学模块。基础模块和实践模块是必学内容，选学模块的内容可根据各校各专业的具体要求和不同层次的学生而定。

在本书编写过程中，全体编写人员努力追求教材的科学性、实用性、通俗性和可读性，注重教材的知识教育、能力培养和思想教育三者之间的有机结合，力求体现职业教育三个"贴近"的特点，即贴近社会对教育和人才的需求；贴近岗位对专业人才知识、能力和情感要求的标准；贴近受教育者的心理趋向和其所具有的认知、情感背景。本书的突出特点：

（1）内容系统完整。本书系统地介绍了医学科研工作的基本内容。包括医学科研工作基本程序，医学科研选题，医学科研方法，医学科研设计，医学研究基本要素，数据录入与资料整理，统计图表绘制，医学科研中质量控制、资料类型与统计方法的选择，医学论文写作格式与要求，医学论文的发表途径，科研立项及成果申报等内容。比较全面地介绍了医学科研的各种主要方法、手段、程序等，使学生能够清晰地了解医学科研的整体框架和操作程序。

（2）设计力求创新。创新设计是本书的最大特点之一。首先是活用案例，通过选用大量的实际科研案例，生动地描述、诠释了科研方法和原理，使枯燥的理论知识变得有声有色，以提高学生的阅读兴趣。其次是妙用链接，采用链接的方式来扩大学生的阅读范围。链接内容涉及的知识面广，有经典流行病学案例分析，有当前医学界的最新动态和发展前景，有科学界的新观点、新理论、新方法的介绍，还有我国医学科研学术带头人简介等。精选的链接内容真实而生动，大大增强了教材的可读性。再次是巧用小结，通过概括和归纳，形成知识点，帮助学生抓住知识要点，提高理解能力。最后是善用图解，对繁杂的内容尽可能多地使用简洁、流畅的表格、示意图或流程图，使学习内容一目了然，帮助学生灵活地掌握知识点和强化记忆，以巩固所学知识。

（3）文体通俗简洁。本书淡化纯理论部分，突出实用性，注意理论联系实际。教材中配有的大量案例，既有助于学生理解知识，又有利于学生应用知识。本书的语言表达特点是通俗易懂，尽量使用学生最适宜接受的方式讲述专业知识，以利于学生阅读理解。力求通俗而专业、简洁而精要，不仅适用于在校学生学习，同时也适用于毕业后的基层医护人员。

我们全体编写人员衷心希望，本书能够成为学生们迈向成功的医学科研之路上的一块铺路石，并预祝同学们早日获得事业上的进步。

由于编写时间短，编写水平有限，本书一定会存在不少欠缺和疏漏。我们期待着读者的反馈，相信这些反馈意见和建议将会给我们今后的修改提供有意义的参考。

在编写过程中，本书得到了编者所在单位的积极支持，在此我们表示深深的谢意；对科学出版社所给予的帮助表示衷心感谢。

编　者

2003年6月

目　录

第1章 医护科研概述

学习目标

1. 叙述医护科研的概念
2. 说出医护科研的意义
3. 知道科学素养的五大要素

科研是科学研究的简称，它是以科学的观点和方法，对未知事物进行探索、观测和分析，从而发展有关科学知识的认识活动。科学是人类逐步积累起来的、可接受的、可验证的、系统的分科知识体系；研究是一种有意识对客观事物进行观察与分析的认识活动。科学研究是任何学科发展的基石，没有科学研究，就不可能有医学和护理学的发展。也只有通过科学研究，才能提高医疗和护理质量。

本书旨在通过系统介绍医护科研的基本方法、基础知识和基本技能，使学生全面了解医学和护理学科研基础的相关内容。

一、医护科研的概念

医学科研是医学科学研究(medical scientific research)的简称。医学科学研究是运用科学方法，对医学领域的未知事物进行反复的探索、系统的观察、有目的的收集资料、严谨的科学分析的一种认识活动。简单地说，医学科学研究是一种有目的地对医学领域中的客观事物进行反复的探索的认识活动。同样，护理科研也是以科学的方法，对护理领域中的未知事物进行反复的探索的认识活动。

二、医护科研的意义和目的

(一) 医护科研的意义

医护科学研究是促进医疗和护理发展的重要手段；是提高医疗与护理质量、增进人民健康的需要；是促进学科建设和培养高素质医护人才的需要；是加强国内外学术交流和提高学术地位的需要；是促进人类健康与社会经济协调发展的需要；是实现科学发展观与建设创新型国家的需要。医护科研的意义主要体现在以下三个方面。

1. 有利于加快学科的发展 科学研究是学科发展的动力，任何一个学科都不能离开科学研究，没有科学研究的学科是没有生命力的。科学研究可以扩展和完善本学科知识体系，有利于本学科的建设和发展。

2. 有利于提高医疗和护理质量 开展科学研究工作有助于培养医护人员的科研意识，及时发现临床医疗护理中存在的问题，并提高分析问题和处理问题的能力，从而提高医疗护理水平。

3. 有利于提高医护人员的专业素质 医护人员专业素质的提高一方面来自实践的积累和不断的学习；另一方面，科研工作也是提高医护人员专业素质的一个有效途径。

(二) 医护科研的目的

医护科研就是根据已有的知识基础，探求未知的事物，从而获得答案。其主要目的在于开拓医学和护理的新领域，完善人类对医学和护理的认识水平，并发展医学和护理学科的过程。由此可见，医护科的目的主要有三点：

(1) 回答医护实践中出现的问题。

(2) 探索客观事物的本质与内在规律。

笔记栏

（3）在原有的理论基础上进行创新。

三、医护科研与科学素养

科学素养是从事医学和护理学研究的医护人员必须具备的重要条件，它不仅对医护人员的科学研究工作的成败起着重要的作用，而且还会影响医护研究人员人生道路的选择。

（一）科学素养的内涵

我国教育专家对科学素养（science literacy）的内涵进行过深入的探讨和论述。虽然不同的专家有不同的论述，但对科学素养内涵的看法基本是一致的。科学素养主要包括五大要素（图1-1）。

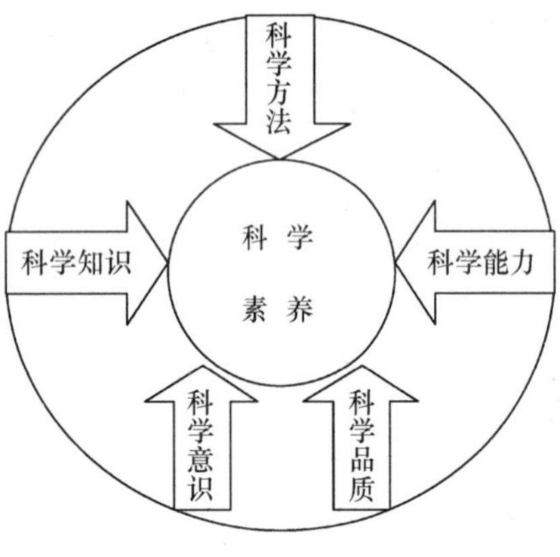

图1-1 科学素养的五大要素

1. 科学知识 在这五个要素中，科学知识是基础，其作用是培养和形成其他要素的载体。只有掌握了医学科学知识的人才有可能从事医学科研工作。

科学精神

什么是科学精神？中国社会科学院哲学所金吾伦教授认为，科学精神的内涵包括：①求知、求真、求理和好奇心；②独立思考；③勇于探索，不断创新，不怕失败，有理智和活跃的想像力；④坚持真理，发扬不畏强暴的大无畏精神；⑤确立正确的价值观，使研究成果有利于人类文明进步；⑥遵守学术规范，不弄虚作假，不抄袭别人的学术成果，不武断，不专横；⑦戒除成见，对已有理论、实事求是提出有依据的怀疑和批评争论；⑧提倡合作交流的团队精神；⑨无情的自我批评，切忌自我陶醉；⑩运用并创造适合个人研究、提出问题、解决问题的科学方法。

链接

笔记栏

2. 科学能力 是科学素养的核心，它包括科学思维能力和实践能力等内容。科学能力是从事医护科研的基本要素和重要的条件。只有具备科学能力的人才敢于迎接挑战。

3. 科学方法 是科学素养中的重要要素，它是科学的认识方法。只有掌握了科学方法的人才有能力和期望探索医学未知领域，才有可能从事医护科研工作。

4. 科学意识 包含科学的世界观。科学意识是在医疗、护理的实践中有应用和理解科学的观念和动机。

5. 科学品质 是科学素养的重要体现，主要是科学态度和科学精神以及对科学的兴趣、情感、动机等内容。

（二）科学素养与医学专家

中华民族是一个有着悠久历史的伟大民族，中国人的勤劳智慧为世界文明做出过重要的贡献。在我国医学史上出现过许多著名的医学家，如华佗、孙思邈、李时珍、张仲景等。虽然他们没有被称为医学科学家，但他们留给后人的医学著作就是他们医学研究的最好见证，在他们的身上无一不体现出良好的科学素养。

新中国成立以来，我国培养了一大批医学科学专家和学者，并产生了一批学科带头人，如中国工程院院士、模范医学专家吴孟超，中

案例1-1 模范医学专家——2005年度国家最高科学技术奖获得者

吴孟超（1922～），肝胆外科学家，中国科学院院士。福建闽清人，我国肝脏外科的主要创始人。1949年毕业于同济大学医学院。1991年当选为中国科学院院士。现任中国解放军第二军医大学东方肝胆外科医院院长。他在20世纪60年代首创简便安全的肝脏外科手术新疗法——间歇肝门阻断切肝法，并突破肝脏禁区，施行中肝叶切除术成功。至1986年底已为患者行肝叶切除术1019例，成功率97%，切除总数和成功率均居国际领先地位。发表论文、著作100余篇。主编的《肝脏外科学》1982年获全国优秀科技图书奖。著作《肝脏疾病手术治疗的临床研究》1986年获国家科技进步一等奖。1996年被中央军委授予“模范医学专家”荣誉称号。

国工程院院士、全国劳动模范钟南山，中国工程院院士、中国医学科学院原院长、中国协和医科大学原校长巴德年，流行病学首席专家曾光教授，体外培育牛黄技术获得国家技术发明二等奖的蔡红娇教授，在脑科学研究领域勇于突破和富有创新精神的贺林教授等，他们对祖国一往情深，对医学事业孜孜以求，对祖国人民无限热爱，在医疗、卫生、教育事业等方面做出突出贡献。为了提高中华民族的健康水平，他们刻苦钻研、呕心沥血，以锲而不舍的拼搏精神和百折不挠的坚强意志，取得一个又一个的医学科研成果。他们是我国医学科学家的杰出代表，在他们身上集中体现了中国医学专家的风采和科学精神。

（三）科学素养与护理学专家

案例 1-2

弗洛伦斯·南丁格尔（Florence Nightingale）于1820年5月12日生于意大利佛罗伦萨一个富裕家庭，后随父母迁居英国，受过良好的教育，她曾在巴黎大学就读。1850年，她不顾家人的反对，到德国学习护理，并开始对英、法、德等国的护理工作进行考察研究，写出不少护理学专著。1854年，正值英、法、俄三国的克里米亚战争爆发，由于救护条件极差，又无护士护理伤病员，伤病员住在脏乱阴暗的病房中，英军伤病员病死率高达50%。在这种情况下，南丁格尔率领护理人员奔赴战地医院，她从患者身体舒适和心理安慰方面出发，通过改善居住条件，将伤病员搬到明亮、通风、清洁的环境中，提高护理质量，在短短数月内把伤员病死率降至2.2%。她经常巡视病房，帮助解决患者的困难和问题，使每位伤员都得到较好的护理，获得了患者的感谢和赞扬，被战地士兵称为“提灯女神”。

南丁格尔详细地记录了她所观察到的两种不同环境对伤病员康复的影响，作为改善护理工作的依据，她强调环境对健康的影响，指出环境是可以预防、抑制或引起疾病和死亡的所有外界存在的状况。环境影响生命及其机体的发展，而护理又有改变环境的作用。南丁格尔的奉献精神和研究成果，对护理事业的发展起了重要作用。科学素养在她的身上得到了最充分的体现。

在南丁格尔精神的影响下，我国护理界涌现了一大批优秀护理专家学者和护理科研人员。如老一辈护理学专家林菊英、王琇英和章金媛先生，她们为我国护理学科的发展奉献了自己毕生的精力并做出了杰出的贡献。新中国成立以来，我国还培养了一大批年轻护理学专家和学者，并产生了一批护理学科带头人如第37届南丁格尔奖获得者曾熙媛、秦力君、王桂英；第38届南丁格尔奖获得者吴景华、王雅屏、李秋洁；第39届南丁格尔奖获得者叶欣、钟华荪、章金媛、梅玉文、李琦、李淑君、巴桑邓珠、陈东、苏雅香、姜云燕；第40届届南丁格尔奖获得者刘振华、陈征、冯玉娟、万琪、王亚丽。

国际护士节与南丁格尔奖

国际护士节是为了纪念英国护理学先驱、妇女护士职业创始人和现代护理教育的奠基人南丁格尔而设立的。为纪念南丁格尔对护理事业发展的业绩，1912年，国际护士理事会将南丁格尔的诞生日——5月12日定为国际护士节，以激励广大护士继承和发扬护理事业的光荣传统，以“爱心、耐心、细心、责任心”对待每一位患者、做好护理工作。最初称“医院日”，也称“南丁格尔日”，在中国称为“国际护士节”。在这一天，大力宣传护理工作，鼓励护士们学习救死扶伤的人道主义精神，已经成为世界各国护理界的一件盛事。

1912年，即南丁格尔逝世后第二年，在华盛顿举行的第九届红十字国际大会上，正式确定颁发南丁格尔奖章和奖状，南丁格尔奖是红十字国际委员会设立的国际护理界最高荣誉奖，这项以护理界楷模弗洛伦斯·南丁格尔命名的国际红十字优秀护士奖章，是为表彰志愿献身护理事业和护理学方面做出卓越贡献的世界各国优秀的护理工作者所设。该奖每2年颁发一次。每次最多颁发50枚奖章。1991年，红十字国际委员会布达佩斯代表大会通过的弗洛伦斯·南丁格尔奖章规则第二条规定，奖章可颁发给男女护士和男女志愿护理工作人员在平时或战时做出如下突出成绩者：“具有非凡的勇气和献身精神，致力于救护伤病员、残疾人或战争灾害的受害者；如有望获得奖章的人在实际工作中牺牲，可以追授奖章。”

我国自第29届首次参加评选以来（截至2005年），已有43名护理工作者获此殊荣。

案例 1-3 李秋洁的科学管理

李秋洁是第 38 届南丁格尔奖章获得者之一,她 1968 年毕业于黑龙江省卫生学校,工作分配到黑龙江省依安县医院任外科护士,1975 年调入哈尔滨医科大学附属第二医院,现任哈尔滨医科大学附属第二医院护理部主任。1999 年当选中华护理学会理事,她 1994 ~ 2000 年连续 7 年分别被评为校院先进工作者、优秀教师及优秀医务工作者、优秀科技工作者、优秀管理干部。李秋洁主任的理念是:护理工作是科学、艺术与爱的结合。当"整体护理"这一新的护理模式被引入了中国时,李秋洁率先接受了这一新生事物。她清醒地认识到,护理模式的转变,关键是人的观念的转变。为了帮助护士转变护理观念,她查阅了国内外许多资料,带领护士学习。随后又请来了哈尔滨工业大学、哈尔滨师范大学人文社会科学院的教授为护士们传授医学伦理学、社会伦理学、沟通技巧及心理学知识。在她的积极策划下,护士们在头脑中逐渐树立起了"以人为本"的思想,她们做任何事情首先要考虑患者感受,努力使患者满意,并体现在每一个工作细节上。李秋洁在黑龙江省护理界是赫赫有名的人物。她以超前的改革意识摸索出一整套科学的护理管理方法,一跃使哈尔滨医科大学附属第二医院护理工作成为黑龙江省的龙头和示范区。

四、医学和护理学的发展趋势

我国医学科学家对今后我国医学科学研究的蓝图进行了精心的绘制和深远的策划。中国医学科学院原院长巴德年院士在《2001年科学发展报告》中对今后的医学科学研究的发展做了重要论述。

他指出,科学的发展,社会的进步,已使医学进展驶入了快车道。我国今后的二三十年将是医学突飞猛进、面貌一新的关键时刻。到 21 世纪上半叶,癌症有望被攻克,防止艾滋病的有效疫苗将会上市,心脑血管疾病发病减少,带病生存的生活质量明显改善,各种简捷、快速、准确的诊断方法日新月异,基因及其产物、细胞工程及组织工程将为医学提供更多可用的药品、材料、技术和方法。卫生资源从医院流向社会、人群,社区的全方位保健、防疫、家庭护理和生活指导成为医学的一种主流,追求健康和提高生活质量成为一种时尚,"人人享有卫生保健"真正成为现实。巴德年院长认为,今后我国医学科学研究的任务将从以防病治疗为主,逐渐过渡到以维护和增强健康、提高人们生活质量为主;医学工作范围将从出生到死亡,扩展到从生前到死后。巴德年院长还指出,人类基因组草图的初步完成,标志着人类了解自己生命的遗传奥秘,在技术上已基本成熟。随着这样一个科学上的突破,在医学技术和护理上将产生诸多方面的影响。

《科学发展报告》

科学发展报告创办于 1997 年,其使命是向社会和决策层报告世界科学的发展趋势,评述科学前沿与重大或热门的科学问题,介绍国内外的科技政策与发展战略、我国科学发展的概况及其在世界的位置,向国家提出中国科学的发展战略与政策建议以及如何以科技解决国民经济重大问题的建议。《2007 科学发展报告》已是该系列报告的第 10 本。有的科学家将它称之为"我国每年一部的惟一的科学总览"。《2007 年科学发展报告》由中国科学院"科学发展报告"课题组撰写,科学出版社出版。旨在综述 2006 年度世界科学进展与发展趋势,评述科学前沿与重大科学问题,介绍科学在我国实施"科教兴国"与"可持续发展"两大战略中所起的作用,并向国家提出中国科学发展战略和政策建议。

五、医护科研基础的基本内容与要求

医护科研基础是中职、高职护理、涉外护理、助产等相关医学技术专业的一门专业基础平台课程。其主要内容包括医护科研工作基本程序、医护科研选题、医护科研方法、医护科研设计、医护研究中的基本要素、科研数据整理与 Excel、Word 软件应用、资料类型与医学统计方法的选择、医护科研中质量控制、医护论文写作格式与要求、医护论文的评价与发表、医护科研立项及科技成果等主要内容。其任务和目的是使学生系统和全面地了解医护科研工作基本程序，掌握本课程的基本理论与基本技能，为学习个人专业知识和技能，并为未来从事医护科研工作打下坚实的基础。虽然中高职学生所学的护理及医学技术专业各不相同，但医护科学研究的基本知识、基本理论、技能和方法是相通的，可谓万变不离其宗。

本课程教学目标分为知识教学目标、能力培养目标和思想教育目标三部分。医护科研基础课程主要涉及医护基础知识、医护统计学知识、医护各专业知识及计算机知识。所以学好这门课程与前期课程有直接的关系。总之，热爱科学和强烈的求知欲望是学好本课程的动力；善用学习方法是学好本课程的捷径；前期相关医学与护理背景知识是学好本课程的基础；理论联系实际和严谨求实的科学态度是学习本课程的基本原则。

联合国教科文组织为21世纪提出的教育口号是："Learning to be."即是要"学会学习，学会生存，学会关心，学会做事，学会做人"。从事医护科研工作的研究者不仅仅是要学会做事，更重要的是做人。一个出色的研究者，必须先学会做人，然后才能学会做事。因此，他必须是一个热爱祖国、热爱人民，有强烈事业心，并具备一定科学素养的人，才有可能实现自己的理想和人生价值，才有可能去攀登医护科研的高峰。

小结

目标检测

1. 什么是科学精神？你是怎样理解的？
2. 科学素养的内涵有哪些？
3. 在未来医学技术和护理科学的发展中，你打算做些什么？

（李晓惠）

笔记栏

第2章 医护科研工作基本程序

学习目标

1. 简述医学科研工作的基本程序
2. 如何进行文献准备
3. 简述立题的过程及科研设计的内容

第1节 概　　述

医学和护理学研究的主要任务是揭示人类生命的本质,弄清人体内在的活动规律,了解人体外环境因素对健康的影响及内环境相应的变化,阐明疾病发生的原因和机制,创新疾病预防和疾病治疗的新型方法,最终达到有效减少疾病、降低病残率、延长寿命、提高健康水平的目的。毋庸置疑,医学和护理学研究是伴随着医学和护理学发展历史而发展的,也是推动医学和护理学进步核心的动力。近代广大的医护科研人员在医学和护理学的研究中,广泛汲取自然科学和社会科学领域中的研究成果,使医学和护理学有了突飞猛进的发展。离开了医学和护理学研究,要达到目前的医学和护理学水平是难以想像的。

医学和护理学研究可以看做是一个工作程序或生产过程。实际上在人们的学习、工作、日常生活当中,每做好一件事都是遵循着一定的步骤去完成的。例如:假设我们要买一件衣服,解决这样一个生活问题,其基本过程应该不外乎通过如下几个步骤完成。

首先是季节变化和审美需要促使你想买一件衣服→然后是通过观察周围人的衣着和从相关的资料中来选定你要买一件什么样的衣服,还要听取别人的意见→接着是计划好人、财、物、时、购物地点等决定怎样买一件衣服→买衣服,并反复地比较衣服的尺寸、颜色、价格及着衣感觉等→自我评价这件衣服→让别人评价这件衣服→决定取舍。

把以上生活实践的步骤抽象出来,并用科学研究的术语表达;则相对应的便是医学和护理学研究的步骤(图2-1)。

图2-1　医学和护理学研究步骤

应该指出的是:人们在学习、工作、日常生活中经常采用的步骤、方法是一般意义上的方法和步骤,而医学护理科研方法则是特殊意义上的方法;两者有其相似性,特殊方法寓于一般方法之中。他们的共同之处在于:从立题到科学实验是人类的生活、生产实践过程;从论文形成到成果应用是人类的认识过程。人类社会的发展和科学的发展，就是在这种不断的“实践—认识—再实践—再认识”的过程中不断进步的。但是，它们之间又有很大的不同，主要的区别是：一般方法是建立在经验基础之上的行为模式，科研方法是用科学的作风、依靠科学的素质、给予明确目的主动控制完成的工作程序。

科学作风及科学素质

科学作风指严肃的态度、严格的方法、严谨的学风；通常被人们简称为“三严”。

科学素质指严格认真的态度、严密合理的设计、严格细致的操作、严谨求实的判断，通常被简称为“四严”。

链接

第2节　科研基本程序

一、立题与文献准备

（一）立题

在医学和护理学的实践活动中，人们会经常遇到“为什么”和“怎么办”，这就是选题的基础；科学研究的题目往往就是从这些问题当中筛选出来的。请注意：不是所有的“为什么”和“怎么办”都可以成为科学研究的题目，它们中的大部分往往在资料查询、信息检索、他人指导中得以解决；只有那些学不能及、力不能及的问题才有进一步探讨的价值。立题又称为科研选题，可以将其理解为医学和护理学研究要解决的问题；选好研究题目是研究的起点，而且意义十分重要。

一般可以这样认为：确定了一个科研题目，首先就决定了你的科学研究目标及主攻方向，同时也在一定意义上决定了要完成科学实验的方法，又决定了你的医护科学研究成果的价值。爱因斯坦说：“提出一个问题往往比解决一个问题更重要。”更有人说：“科研题目确定了，科学研究就完成一半了。”

研究题目的选择和确定是研究工作的首要环节，有其特定的意义、原则、方法，一般要经过：

建立假说→科学思维→预备试验→论证修改→落实课题

这样一个基本过程。详细内容请参见本书第3章的医护科研选题。

建立假说

在科学研究中伴随着一个建立假说、验证假说和确定假说的过程。假说指科技工作者以已经掌握的知识、理论、技术、实践经验为基础；通过逻辑思维，对欲研究事物的客观存在及其规律进行推论的初步结果。假说是研究者对预期研究结果的一种理性的判断，假说的一边是实践的推测，另一边是科学的判断（理论），所以假说是实践与理论之间的桥梁。建立假说实际上就是有依据地进行创新思维的过程，而验证假说是从感性认识到形成科学理论的过程。

链接

（二）文献准备

在医护科学研究工作中，信息资料、技术条件、物质保证是必备的三大条件。没有信息资料的支持，就不可能知晓你所从事的医护科学的发展动态和学术水平，研究工作找不到起点，科研选题无从谈起。所以，全面、快捷地做好文献准备非常重要。

1. 科技文献（scientific-technical literature）　指传递科技信息和记录科学知识的有形载体，又可称为科技资料。其种类和数量相当庞大，对于科学技术的继承、进步、发展起着不可或缺的作用。

（1）以纸为载体的文献的种类和特点（表2-1）。

表2-1　科技图书中的科技文献种类和特点

类别	特　点	缺　陷
教科书	属于三基内容*、稳固、理论性强、为专业人员必修	内容相对落后于时代
专门著作	具权威性、系统性强、利于掌握学科知识的全貌	常带有作者的个人偏性
科技期刊	内容新颖、紧随时代、是教科书的补充	属少数人意见、未经实践检验、错误相对较多
工具书(手册)	内容小而全、常备检索用	不具全面性和系统性

注：＊三基内容即基本理论、基本知识、基本技能。

笔记栏

(2) 以磁性材料和光学材料为载体的文献。这类文献以磁带、磁盘、光盘为载体记述科研资料和信息，并使之声像化。它具有容量大、检索快、储存及携带方便的特点。今后随着计算机多媒体技术的不断进步，这类资料将替代纸张印刷而迅速普及与发展起来。

2. 文献检索 完成高质量的医学和护理学研究必须掌握大量的科技文献。通过文献检索与复习，可以使科技人员对自己研究的学科领域有一个全面的、系统的了解。并使科技人员对所研究领域的过去、现在和未来有了很好的把握和预期。在文献复习的基础上，汲取前人的经验教训，更好地选题、立题，避免重复研究、少走弯路、减少失败。所以，学会文献检索是医护科技人员的必备技能之一。

(1) 检索工具：在浩瀚如海的文献资料中，找到自己需要的文献资料并不是一件容易的事。实际工作中我们既需要专业知识的日积月累，也需要在特定的时期内博览群书。没有一个好的方式方法去查找需要的科技文献，既不能满足科技攻关的需求，还会贻误时机让很不容易选到的科学研究问题失去了先机。

凡是能够方便、快捷地提供所需文献资料的来源与出处者皆可称谓检索工具。常见的有：①图书馆、资料库中常备的书卡、目录、索引、年鉴；②以杂志方式发表的文摘、题录；③附于科技文献后部的参考文献；④国家、地区的科技信息中心、计算机网上图书馆等。最著名也是使用最多的是《医学索引》(*IM*)、《医学文摘》(*EM*)、《生物学文摘》(*BA*)、《化学文摘》(*CA*)，简称为“一引三摘”。大家可根据自己的习惯和需要选用或订阅。

(2) 检索方法：人们检索科技文献的方法很多，但比较常用和公认的方法有两种：①资料查新：专业技术人员直接到国家或省(自治区)的科技信息中心、医学科技信息中心，在提供主题或关键词并付费后，由计算机查询；亦可上网查询。这种查询方法的特点：查寻范围广、信息量大、速度快，但很少提供详细资料。资料查新是科研项目审批、科研成果鉴定的必备条件之一。②常规法：到个人的能力范围所及的图书馆和资料库去，在明确了内容、范围前提下，选择适当的检索工具进行检索。这种检索方法容易受到本人知识范围大小、图书馆规模与管理、资料更新速度的影响，使科技文献检索质量出现较大差异。除此之外还有逆行追踪法等。

逆行追踪法

逆行追踪法又称追溯法，它是借助已掌握的资料后附的“参考文献”为线索，不断循环查找科技文献的方法。有人形象地称之为“滚雪球法”或“顺藤摸瓜”。这种方法是在前人查阅科技文献的基础上进行的，有针对性强、节省时间的益处，但要注意不要受到他人观点的左右。

接链

总之，科技文献检索要根据具体的实际情况进行，关键是要做到查得快、查得准、查得全，既要有广度又要有深度，以便于把握主攻专业的全貌。

3. 文献应用 是一项艰苦细致的工作，会耗去科技工作者大量的时间与精力，其主要目的应该把握如下几个方面：

(1) 提高学术水平：在大量的查询、阅读、积累科技文献的基础上，要有意识地运用科学思维方法，对文献给予的概念、理论、技术进行抽象、类比、归纳、演绎、分类、综合、模拟、移植、历史等处理，从而使自己的专业水平大幅度提高，达到渊博的程度。也可为拟选科研课题提供先进性、可行性及价值性的依据。

(2) 明确主攻方向：复习文献不但能使人了解问题的起源、发展、现状，还能令人感觉到目前人们关心的问题有哪些，我们可根据自己的兴趣和能力给自己确定一定的、短期和长期的学习及工作目标。

(3) 确定研究起点：复习文献时，已知前人在你所关心的问题上做出了哪些贡献，你的选题应该是在此基础之上，做更进一步的研究。否则会失去科学研究的先进性和科研价值。

(4) 借鉴他人经验：科学研究不是100%都能成功的，文献资料中给我们提供了许多成功的经验，同时也会提供失败的教训。在进行科研选题和科研设计时，要从这些经验教训中

笔记栏

汲取有益的东西，最大限度地减少错误和失败。但不得不指出的是：近些年来科技文献造假之风日盛，这些不仅败坏了科学作风，更直接的影响是可能将正在倾心研究的科研工作引向歧途，应格外引起重视。

另外，如在文献准备过程中发现有国外最新的研究成果，可用自己掌握的外语工具将其编译成专业译文发表；还可将大量的文献分类、分析、整理后撰写成综述，以求获得初期科研成果。

二、科研设计

科研设计（research design）指为选定的科研项目制定实施总体方案的过程而言的。科学研究工作与常规工作最大的区别就是其具有先进性、科学性和可行性。为了保证科学研究工作的性质和质量，进行科研设计是必需的。合理的科研设计是科学研究取得创新性成果、有较好的信度和效度及研究工作顺利进行的可靠保证。科研设计一旦确立就不能轻易更改，重要的变更须经上级主管部门审批备案；如无不可抗拒的因素干扰，要切实执行科研设计、如期完成研究目标，否则是要追究责任的。

1. 科研设计程序　一般情况下，首先由科研课题主持人按照规定的格式和内容，草拟科研设计方案。然后召开课题组会议或专家会议予以论证，提出修改意见；必要时可以反复修改论证。最后形成科学合理的科研设计方案，填写科学研究《计划任务书》、《实施方案》报批。如果科研设计大而复杂由多人分别制定时，要经过充分的论证修改后形成完整方案，最终要达成统一认识、统一目标、统一步调及统一标准。

2. 科研设计内容　科学研究的生命是“创新”，实质是严格限制条件下的“比较”，科学研究不论大小、简单与复杂都包含三个最基本的“要素”：即实验因素（施加）、受试对象和实验效应。任何科学研究都需要在特定的“时间”、特定的“地点”、由特定的“人”按照特定的“标准”针对特定的“对象”进行，都需要“物质与经费”的保障。缺少任何一个条件都可能导致科学研究的失败。所以，各种科研设计纵使其有千差万别，都不会离开这些核心内容。按照通常的要求，上述科研设计内容应概括为以下几个方面（表2-2）。

表2-2　医学和护理学科研设计的主要内容

内容	要　求
立题	是科研项目的核心。要求醒目、确切、具体，总长不宜超过二三十个汉字
研究意义与国内外现状	回答研究课题的意义，文字不要冗长，更不要动辄用“迫切需要”、“亟待解决”之类的语言逼人；国内外现状是在大量文献准备的基础之上对国内外同类研究的概述。它的潜台词是“你的科学研究起点是什么”
研究目标与内容	表述选定科研项目的主攻方向、实施步骤、阶段、最终目标和预期效果等内容
研究方法	是科研设计的核心，是对科学研究三要素、四原则的合理安排。详见本书第4～6章
现有研究基础和条件	含课题组人员的经验及技术条件和科研物质条件两项内容，要求实事求是
计划进度	即科研工作的时间表
人员与组织	主要介绍课题组的组成、分工以及人员的单位、姓名、性别、年龄、职称、职务、专业及特长。还应介绍协作单位及其任务
研究经费概算	主要考虑仪器购置费、试验费、调研费三项内容，通常被称为科研三项经费
参考文献	是对科研设计中引用的观点、数据、结论的出处的说明，不允许写“参考文献从略”。“从略”一是反映了其科研作风不严谨，二是无从考证其文献准备是否充分，三是对参考文献作者的不尊重

三、论证与修改

论证是以科研选题、科研设计为中心内容的，在一定范围内召开的专门讨论会。修改是将论证提出的意见、问题进行记录、整理、分析、权衡后纳入选题和设计的过程。诚然，科学研究具有很强的独创性特点，但是集思广益、发挥群体智慧不失为开阔眼界、扩展思路、纠偏堵漏、防患于未然的极好方法。在科研工作中，立题和科研设计都离不开论证与修改。

科研选题的论证通常称为“课题论证会”，讨论的中心内容一般为课题的独创性、先进性，假说的合理性，预备试验的真伪度等。简言之就是科研选题是否成立。科研设计的论证会又称为“开题报告会”，要解决的问题是科研设计的合理性、可行性、最优方案等，也就是说拟采取的方法和途径是否能实现最终目标的问题。

不论是哪一种论证会，其基本过程大致是一样的，都要经过：

（1）由课题主持人做主题发言：阐述立题或科研设计的综述。

（2）提出设想与方案：提出拟定的课题与科研计划草案。

（3）分析与比较：即记录与会人员的意见和观点，加以整理与分析，选出最佳的命题和设计方案。

（4）完善与修订：即根据与会人员的意见和看法修订命题和设计。

四、资料收集

（一）资料来源

科研设计落实之后，科学研究进入到了实际实施阶段，科研工作者将按照科研设计和其中的实验设计规定的具体技术内容与指标实施观察与实验（试验），将观察与实验过程中得到的结果如实地记录下来，就是人们通常所说的“科研第一手资料”。一言以蔽之：“资料来源于科研实践”。

科研资料有多种表现形式，包括文字、数字、符号、图像、声音等。但是，最终都要将其处理成可以进行统计分析的形式。通常资料为三种类型（表2-3）。

表2-3　科研资料的类别与特点

种　类	获得方式	属　性	特　点
计量资料	测量	正态分布类	客观性强，可重复性高，精确度好。科学研究中宜多选用此类指标，又称硬指标
计数资料	清点个数	两项分布或多项无序分类	主观因素影响大，可重复性差，科研中应少选用这类指标，又称软指标
等级资料	判别	多项有序分类	属半定量指标，可由计量资料转换而来，兼有上述两种资料的特点

（二）收集方法

科研资料的收集（collection data）方法可以概括为两个字：记录。它有很多形式和内容，如试验记录、观察记录、检验结果、检查记录、调查记录、咨询记录等。不论采用哪种方式进行记录，都应遵循客观、准确、完整、统一的原则，保证资料的可靠性。一些经验丰富的课题主持人，经常采取责任制管理的方式：“定人、定量、定质、定物”，顺利而保质保量地完成资料的收集工作。科学研究实践中，要获得可靠的资料必须进行质量控制。

五、资料整理

科学实验和科学观察收集到的资料，在未进行整理之前大多是杂乱无章的，很难找出研究对象特征和内在规律的信息。资料整理（sorting data）的任务就是将原始资料进行有目的地科学加工，使之系统化，尽可能多地获取研究对象的信息，以便进行统计分析。资料整理的过程分三个部分（图2-2）。整理的手段可依据实际条件选择计算机处理或手工处理。

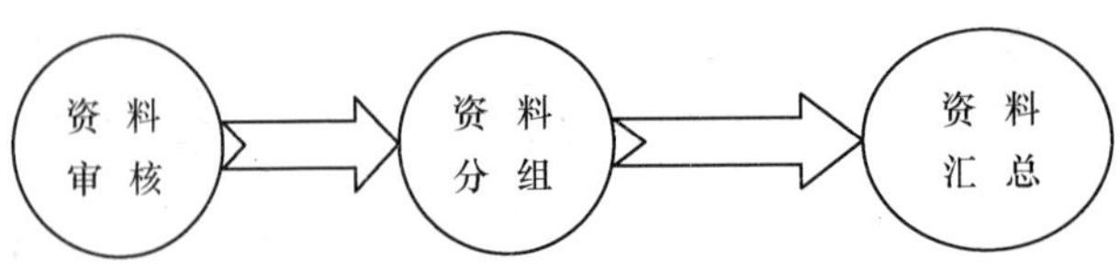

图2-2　资料整理流程

1. 资料审查　指对原始资料进行质量复核与检查；旨在鉴定资料的完整性、有无逻辑错误和可疑数据。发现问题时应做到“漏者补”、“错者纠”、“疑者审或弃”。审查的方法有逻辑检查法和计算检查法两种。

2. 资料分组　是对原始资料进行系统化分类的过程。科学合理的分组，可使杂乱无章的原始数据按照规定的特征和标志有序地排列起来，便于揭示研究对象的本质规律。同时，可借资料的分组计数，观测资料的数学模型，为合理地进行资料分析奠定基础。详细内容请参见后续章节介绍及《医学统计方法》。

3. 资料汇总 是在分组方案确定之后，将原始数据进行简化归类的过程。可以近似地理解为："对号入座"。

六、资料分析

资料分析(analysis data)指将经过整理的资料进行统计描述和统计推断，阐明事物规律性的过程。其分析流程如下：

1. 单变量资料 内容如图2-3所示：

2. 双变量和多变量资料 内容如图2-4所示：

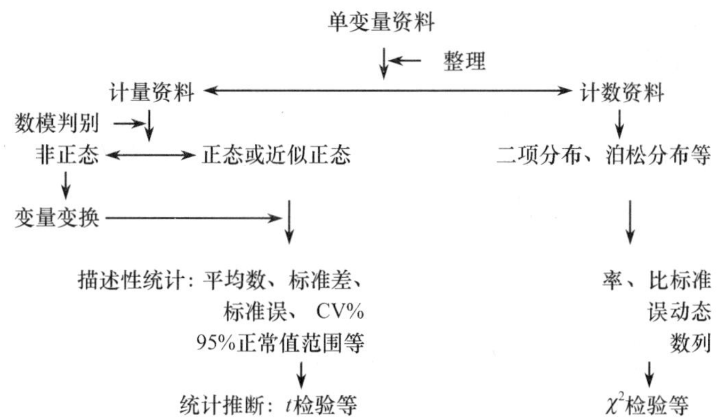

图2-3 单变量资料

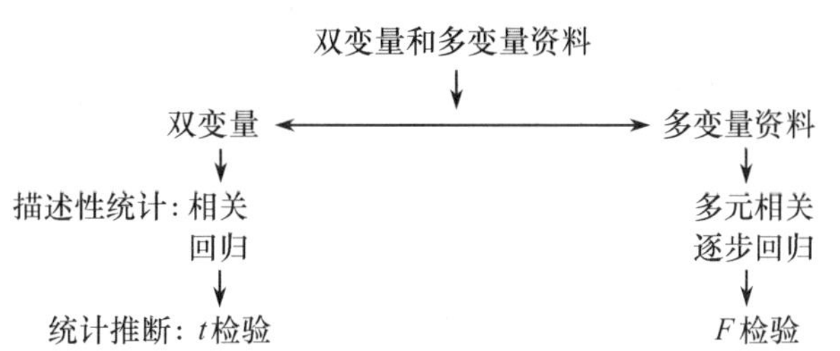

图2-4 双变量和多变量资料

3. 等级分组资料 它的描述性统计指标通常使用相对数，统计推断是用符号检验和秩和检验。

传统的资料分析多以手工和计算器计算完成，耗费精力和时间较多。近年来，随着计算机技术的快速发展，资料分析可以借助专用的统计软件完成，大大提高了工作效率，并减少了统计失误。具体统计方法请见后续章节及教材《医学统计方法》。

七、医护论文形成

医护论文(medical paper)形成是一项医学和护理学研究的后期工作，如果科研题目较大或很复杂，亦可在科研计划实施到某一阶段时，进行阶段性总结形成阶段性论文。它是科学研究从感性认识上升到理性认识的过程；是将科研假说经过科学观察、科学实验的检验，再经科学抽象和逻辑思维，上升为相对真理的过程。但不要将其理解为科研工作的终结。因为，旧的问题解决了，新的问题又产生了，科学的发展与进步是无止境的。

八、科研成果应用

随着我国改革开放的不断深入，市场经济建设的不断完善，科技工作者应该改变传统的"论文交流都说好，十年八年普及不了"的科研习惯。科研工作基本结束后应尽快将科研成果提请鉴定，有直接经济效益的成果要及时申请专利，尽快参加"高科技成果交易会"(简称"高交会")，将科研成果转化为生产力。20世纪90年代末期，我国首先在广东省深圳市召开了“全国第一届高科技成果交易会”，迈出了科技成果市场化的第一步；由此科技成果转化为生产力呈现出一个崭新的局面。

通常的做法是：将有经济价值或潜在经济价值的科研成果，在通过科研鉴定或取得专利后，准备必备的资料到当地科学技术委员会下设的“科技市场”或“管理中心”（名称因地而异）注册备案；并在其指导下准备好相应的宣传资料、经费等条件，定期参加“高交会”。与会期间可与客商谈判签定交易合同或意向合同，努力使其实现“商品化”。另外，在每次“高交会”期间，也不乏“个体参会者”；他们缺少政府支持，仅带有样品和宣传资料在会场外与与会者接触。还可通过媒体将科研成果进行广告宣传，以求与客商合作。总之，方式方法是多样的，努力总是会有收获的。

小结

本章介绍了医学和护理学科学研究的工作流程，其基本步骤：立题 → 建立科研假说 → 科研设计 → 科学实验（试验）→ 数据处理 → 论文形成 → 成果应用。每一步骤的详细内容在本书的后续章节中表述。

目标检测

1. 你能用科研基本步骤指导你的学习与生活吗？
2. 请尝试做一次文献检索和专题综述。
3. 读完本章，你在世界观上有何启示？
4. 你还“死读书、读死书”吗？

（史长虹）

笔记栏

第3章 医护科研选题

学习目标

简述医护科研选题的意义、基本原则、通常采用的方法、范围及基本步骤

第1节 医护科研选题的意义

医护科研选题的意义可以从胰岛素的发现、应用和生产过程看出。

1. 寻找研究途径 即通过筛选(预试验)验证,找到课题研究的入口,明确研究的途径。19世纪末,糖尿病还是一种致命的疾病,患者经常在饱受极度的饥渴之后,死于营养不良,"糖尿病"这个名字就源于患者尿中含有高糖;但那时人们对真正的病因并不清楚。经过筛选,1889年,梅宁和明考斯基在法国的斯特拉斯堡,人为地从狗的身上摘除了胰腺,于是这只狗就得了糖尿病;这就验证,糖尿病病因是由胰腺功能失调、胰腺的分泌物缺乏所引起的。1901年,美国病理学家尤金·奥佩由此入口,研究胰腺分泌的一种神秘物质;1909年,这种物质最终被命名为"胰岛素"。正是它帮助人体细胞吸收糖分,为机体提供了必需的能量。于是,找到胰岛素,将其选为研究课题,为攻克糖尿病展开一条新途径。

2. 明确研究目标 即在前人研究基础上,结合疾病防治新需求,明确课题研究目标。胰岛素发现以后,医护人员进而思考:能否用胰岛素治疗人类的糖尿病呢?经过反复比较、准备,班廷将其作为自己课题的研究目标。1922年1月11日,他为14岁的患者汤普森提供了第一针胰岛素。结果,汤普森的血糖下降了25%;10天后经过再次注射,血糖下降了75%;随着胰岛素剂量的增加,汤普森成为依靠胰岛素活下来的世界第一人,也为胰岛素的后续研究奠定临床试验基础。很快,世界各地的学者纷纷将课题研究目标,定位在胰岛素的疗效上。

3. 突出研究重点 即通过选题抓住主要矛盾,以便集中精力研究课题重点。当时,各国科学家共同关注的重点是:如何用化学方法合成胰岛素,以替代从数百万动物的胰腺中分离的方法。20世纪50年代中期,弗雷德里克·桑格重点研究胰岛素的分子结构,终于发现了胰岛素的结构。它是由51个氨基酸组成的一种蛋白质分子。该选题的成功,为胰岛素的化学合成奠定基础,也为胰岛素的临床研究提供保障。由此,他于1958年获得了诺贝尔生理医学奖。

4. 提高研究成效 即选题时既要考虑社会效益,又要核算经济效益,方能体现选题的价值。20世纪初,动物胰脏提取胰岛素,其纯度低,疗效差;20世纪中期,化学合成胰岛素过程复杂,成本高。人们又在进行新的选题思考:能否有更加经济高效的胰岛素制造方法呢?那就是基因工程生产胰岛素。科研人员将人胰岛素的基因用限制性内切酶取下,然后用连接酶将其接到质粒上;再将质粒植入细菌(大肠杆菌等)体内复制,即能得到可以生产胰岛素的细菌;再将其选出作为工程菌,利用发酵技术,进行胰岛素的大批量生产。基因工程生产出的人胰岛素,成本低、纯度高、疗效好。

第2节 医护科研选题的基本原则与方法

一、基本原则

如何使想做的事,少走些弯路,早一点成

笔记栏

功呢？根据我国医学科学家的经验体会，医护科研的选题，可参照以下基本原则（图3-1）。

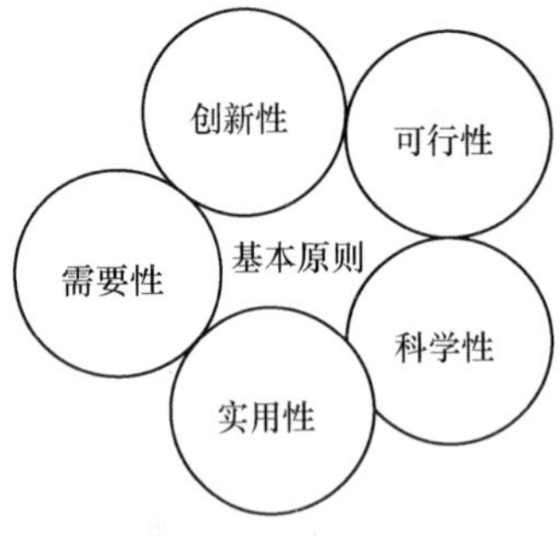

图 3-1 科研选题的基本原则

（一）需要性原则

选题应从国家、民族或地区的防病、治病和卫生保健实际需求出发，选择在医护工作中具有重要意义或迫切需要解决的关键问题，做深入研究。

我国"十一五"《人口与健康领域重大项目》，将"心脑肺血管疾病防治研究"排在医护科研选题前位，就是根据国民心脑肺血管病发病趋势及对健康的危害性而提出的。国民健康需要医护科研人员突破 8～10 项心脑肺血管病早期预防及临床救治新技术；优化 4～8 项治疗方案；实现年均心脑肺血管病病死率降低 2% 的目标。由此确定的主要选题内容包括：代谢综合征、原发性高血压、动脉粥样硬化、冠状动脉粥样硬化性心脏病（冠心病）等疾病早期检测、诊断、预防和综合控制研究；慢性心力衰竭、心律失常、先天性心脏病（先心病）、脑动脉硬化、缺血性脑卒中、蛛网膜下隙出血、肺栓塞、肺动脉高压的综合治疗及诊治技术规范化研究等。

（二）实用性原则

选题应根据医护工作的实际应用出发，使课题研究成果能够回归实践、指导实践，即研究课题要有一定的实用价值。

我国的医疗仪器设备长期依赖进口，医护诊疗成本较高，老百姓常感"看病贵"。由于诊疗的需要，"十一五"期间，国家将进行重大数字化医疗设备关键技术及产品开发。卫生科技将突破 20～30 项关键技术及核心工艺技术，开发 10～15 个常规装备产品及核心部件，争取3～5个重大专利产品进入市场，培养一批以投入和创新为主体的骨干企业，强化以企业为主体的技术创新能力建设，提升我国医疗器械自主创新能力。主要的实用性选题内容包括：低成本 CT、高性价比磁共振成像系统、数字化 X 射线机、全数字彩超等数字化医学影像诊断设备和系统研制；高强度超声肿瘤治疗装置、微创介入激光治疗设备、微创白内障治疗系统、帕金森病脑起搏器、多功能呼吸衰竭治疗装置、图像引导外科手术导航系统等新型治疗设备研究；生命信息实时采集分析技术装置、全自动生化分析仪器及生物医用材料等研究。

笔记栏

马鞍型床栏保护装置和手术切口弹性加压止痛枕

同济大学附属东方医院急救创伤中心护士长黄萍介绍，临床护理实用性小发明的动力都源自于患者的需求。如：为颅脑损伤设计的"马鞍型床栏保护装置"，不仅消除了烦躁激动卧床患者头部再损伤的隐患，而且提高了护士的工作效率，使原先花 24 分钟在床头绑三个枕头的护理工作在瞬间即可完成。而"手术切口弹性加压止痛枕"，使胸部手术患者不再因疼痛而惧怕主动咳嗽、深呼吸，从而大大减少了肺部感染的发生和止痛药物的用量。

接 链

（三）科学性原则

医护科研的选题应遵循客观物质世界和人类社会的本质和规律：①要有科学的理论依据和现实的研究成果；②要符合客观事物和生命运动规律；③科研设计必须周密严谨、科学合理、合乎逻辑。

比如，消化性溃疡有两种主要学说：①胃酸学说。认为消化性溃疡是由胃酸过多引起的，抑制胃酸分泌的药物都能很好地缓解，有时甚至可以治愈胃、十二指肠溃疡；而胃酸分泌过多可以由生活方式导致的应激引起，遗传因素在消化性溃疡中也起重要作用。②细菌学说。认为消化性溃疡是由"幽门螺杆菌（HP）"引起的，单独用抗生素类药物就能有效治愈消化道溃疡；用雷尼替丁（一种抗酸药物）加铋剂和抗生素类物（四环素和甲硝唑）能有效治疗（治愈率达 100%）HP 阳性的胃及十二指肠溃疡患者；HP 是胃和十二指肠溃疡最重要的致病因子。

细菌学说对胃酸学说而言似乎是完全不同的新理论，而且与胃酸环境中细菌不能生长的“常规”情况也是相悖的。然而进一步研究发现，细菌学说和胃酸学说之间存在互通性。由于HP隐藏在胃黏膜层下方，并产生氨，以中和胃酸的作用，给自己制造了一个适合其生存的局部微环境，因而HP能在强胃酸的环境下生存。此外还发现HP可以促进促胃液素的释放，从而使胃壁细胞大量产生胃酸。这样，细菌学说与胃酸学说之间的对立就转化为融合。细菌理论不但没有否定胃酸理论，反而从另一个角度肯定了它的正确性。

马歇尔按科赫法则(Koch's postulates)进行了大量的临床试验，包括直接用自己的身体做“感染试验”。经过8年的科学探索，创立了消化性溃疡的细菌学说。马歇尔与沃伦一起获得了2005年诺贝尔生理医学奖。

(四) 可行性原则

可行性指课题研究的主客观因素的成熟度和主要技术指标的有利性，即选题必须在具备了一定的主客观条件下才有可能完成。医护科研的可行性包括：选题要与自己实际能力、知识结构、专业差距较小；研究手段、资料来源、经费支持不会有太大困难；工作背景、外界支持、协作条件比较有利等。

案例 3-1

同济大学附属同济医院门急诊护士长朱丽萍等意欲对原有的门急诊输液流程进行改进。她们对门诊输液流程进行细致的观察，结合医院管理年的质量管理要求，选择“输液秩序乱”的实际问题深入研究。分析流程改进的关键因素，凭借以往的工作经验，争取医院主管部门的支持，创建“三元色”输液服务模式：即红色区适用于首日急诊患者、须严格控制滴速及严密观察的患者；黄色区由于离厕所相对较近，故适用于使用特殊药物治疗的患者(如使用利尿剂)和行动不便的患者；而蓝色区适于一般门诊患者、急诊非首日输液、病情较为稳定的患者，护士结合病情给予健康宣教。“以人为本”的合理流程改进，不仅使医疗安全得以加强，而且患者等候时间也随之减少4分钟。人性关怀使患者的服务满意率提高至99.46%。

(五) 创新性原则

选题要着眼于创新，即要善于从医护领域中的热点、难点、疑点和空白点中发掘课题。有时从住院患者的需求中抓住有益的启示，或从实际工作需求中找到创新的机会。实现创新的基础条件有：扎实的理论知识基础、细心地观察分析思考、正确地看待现实矛盾、有效地调用相关因素、主动地革除陈旧观念及刻苦地潜心深入钻研。

医护科研不乏创新的源泉，许多未知领域有待探索和创造。

案例 3-2

2006年，东南大学附属中大医院手术室护士长王健发现：骨科很多患者要接受经椎弓根内固定手术。这种手术时间长、出血多、体位要求高，受空间环境和手术复杂等因素影响，手术中很难观察到患者面部皮肤和眼球。而面部皮肤和眼球如果长期受压可能造成局部血液循环受阻甚至缺血坏死等严重问题。手术室的护士们就利用光的平面反射原理，制作出可以观察到手术患者面部情况的反光镜。此镜不仅取材方便、价格便宜、省时节力、观察范围广，而且可以有效预防眼球压迫和面部压疮发生。此项发明还可以在其他全麻俯卧位手术中广泛应用。

磁共振造影(MRI)技术是人类医学史上的伟大创新。MRI技术可以为人体内部器官呈现三度空间影像。医生使用MRI，不必开刀就可以为患者进行身体检查。利用MRI不但大大减轻患者的痛苦，也可以让医生在手术前获得许多有关患者病况的信息。它可以为脑部和脊髓详细造影，堪称价值连城。MRI的检查技术在癌症的诊断、治疗和后续随访工作方面十分重要。譬如说，人体下背部疼痛，到底是神经还是脊髓受到压迫，利用MRI技术就可以窥出端倪。此外，外科医生还可以利用MRI技术绘制路线图，作为动手术的指引，MRI也可以看出肿瘤大小。

今天，MRI技术已经相当普及，而且不断推陈出新，精益求精。全球各地目前约有2.2万台磁共振造影仪，并且每年为各类患者施行超过8 000万余次的扫描。MRI不使用高能电磁波，对人体无直接危害；而且不必施行手

笔记栏

术，患者不会感到痛苦，对于帕金森病、多发性硬化症等脑部与脊椎病变以及癌症而言，MRI更是不可或缺的诊断与追踪利器。创新是选题的关键，没有创新的选题是没有意义的。

案例 3-3 手术体温护理技术流程创新及意义

上海交通大学附属仁济医院手术室有一项与众不同的制度，那就是"手术患者保温制度"。规定包括：在患者进入手术室前15分钟，室温控制在22～24℃，而施行麻醉或消毒皮肤时，则调至25～28℃；患者的被盖必须经恒温箱40℃的预热，手术时四肢与肩部等非手术部位要采取保暖措施；遇大手术或老年体弱患者，加用温水循环热毯或热空气保温装置。这整套由手术室护士自行研创的手术体温护理技术流程，为的是解决手术中患者"浅低温"发生率居高不下的"老大难"问题。

手术中"浅低温"指患者体温在34～36℃间，患者在术中发生率为50%～70%。它可造成术中、术后凝血功能障碍、免疫力减低、麻醉苏醒时间长、伤口感染、术后心肺并发症。仁济医院手术室使用各种保温装置后，使浅低温发生率下降了46.18%，术后肺部感染发生率下降了24%、切口感染率下降了6.8%。而自制的拥有自主知识产权的简易专用空气保温装置，可在18分钟内提高体表温度10℃。其护理质量明显提高。

二、选题方法

（一）投标选题法

投标选题法指在国家为宏观需要而推出的卫生科技招标项目中进行选题的方法。我国科研计划课题管理全面实施招标投标和评估评审制度以来，国家科技部、卫生部等各类基金委员会与各级政府卫生科研管理部门每年定期公布《卫生科技招标项目指南》（简称《项目指南》）。在《项目指南》中不仅列出了招标范围，还指出了鼓励研究的领域。各地医护研究人员可根据自己的工作基础，尤其是个人专长、科室与单位优势、实践经验与设备条件，自由地申请具有竞争力的课题。

研究者可通过上网检索国家科技部、卫生部、各省市卫生厅的网站，下载得到《项目指南》。一般有重大课题、面上课题和指导性课题三类。重大课题重点资助，面上课题一般资助，指导性课题自行筹资。一般每个课题只能有一个课题申请负责人和一个承担单位。每位科研人员只能主持申报一项国家科技支撑计划课题和以参加者或合作者的身份参加一项课题。从而保证其有足够的时间和精力开展高质量的研究工作。

有关课题招标部门网址

国家科技计划申报中心：

http://www.program.most.gov.cn

国家卫生部：http://www.moh.gov.cn

国家科技部：http://www.most.gov.cn

国家自然基金项目办公室：

http://www.nsfc.gov.cn

链接

（二）延伸选题法

延伸选题法指在以前研究的基础上延伸广度或深度而进行选题的方法。前期研究即可是别人的也可是自己的研究。课题研究内容都有一定的范围和层次，且受历史条件和社会科技进步的制约和影响。前期课题完成之后，大部分可以从广度和深度上进一步延伸，在新的理论、条件和方法下开展研究。该选题法符合社会发展和科技进步的一般规律。许多研究者是在不断延伸研究中逐步走向成功的。国内外成立的众多专病（肿瘤、艾滋病、帕金森病）及专题（心理、血液制品、药物、中医）研究所等，大量地采用延伸选题法，确保课题研究始终处于世界的前沿领域，保持研究的先进性和制高点。尤其是重大疾病防治课题，需要几代研究人员的长期共同努力。

（三）交叉选题法

交叉选题法指医护科学与其他科学之间互相影响、渗透、借鉴、融合、延伸过程中进行选题的方法。回顾人类医护史，其他领域学科的科学家为医护科学发展做出了大量杰出的贡献；医护科学依赖并借助其他科学技术的支持而增添强劲的发展动力。巴甫洛夫（1849～1936）是俄国生理学家，他最先发现了神经系统在消化系统和消化过程中的主导作用。德国细菌学家柯赫于1882年证实人和动物的结核病都是由他所发现的结核杆菌所

笔记栏

致，并接着制成结核菌素，用以诊断人和牛的结核病。继而法国的医学家卡尔梅特和兽医学家介朗从一株牛型结核杆菌培育出卡介苗（BCG），对防治人的结核病做出了杰出贡献。众多医学诊疗仪器和科研仪器装备（心电图仪、自动生化检验仪、X线计算机断层扫描仪、超声波诊断仪、磁共振影像诊断仪）的创造发明，由机械化到自动化，再到数字化，更能深刻地体会到交叉选题的创新作用。跨学科交叉选题是医护科研创新的不懈动力。

（四）移植选题法

移植选题法指将他人的理论、方法、技术、手段引入自己的医护科研而产生的选题的方法。如中医中药科研常移植现代医学的理论、技术和方法进行；中药指纹图谱研究指某些中药材或中药制剂经适当处理后，采用一定的分析手段，得到的能够标示其化学特征的色谱图或光谱图。中药指纹图谱是一种综合的、可量化的鉴定手段，它是建立在中药化学成分系统研究的基础上，主要用于评价中药材以及中药制剂半成品质量的真实性、优良性和稳定性。目前，中药指纹图谱研究已涉及众多方法，包括薄层扫描（TLCS）、高效液相色谱法（HPLC）、气相色谱法（GC）和高效毛细管电泳法（HPCE）等色谱法以及紫外光谱法（UV）、红外光谱法（IR）、质谱法（MS）、磁共振法（NMR）和X线衍射法等光谱法。其中色谱方法为主流方法，尤其是HPLC，TLCS和GC已成为公认的三种常规分析手段。由于HPLC具有分离效能高、选择性高、检测灵敏度高、分析速度快、应用范围广等特点，中药成分绝大多数可在高效液相色谱仪上进行分析检测，且积累较丰富的应用经验，因此，HPLC已成为中药指纹图谱技术的首选方法。随着HPLC-MS和GC-MS等联用技术的应用，中药指纹图谱技术更趋完善。移植选题法能加快科研项目引进，促进科研成果的推广应用。

（五）分段选题法

分段选题法指根据学科发展的不同阶段进行不同性质的选题的方法。在学科诞生初期阶段，万事待研，须抓住基础性、应用型课题追踪研究；在学科上升发展阶段，应重点抓住实验研究，揭示事物内在矛盾和规律；在学科健壮阶段，矛盾多已暴露，选题应以理论研究为主；在学科研究成熟饱和阶段，学科体系已经建立，知识十分丰富，选题应以实际应用和发展研究为主。

（六）机遇选题法

机遇选题法指研究人员对某种研究对象充满浓厚的探索兴趣，凭机遇、爱好、想像和灵感而进行的选题的方法。在对待机遇的问题上，人们常常引用法国生物学家巴斯德的一句名言："机遇只偏爱那种有准备的头脑"。巴斯德的这句话，可以从下列几方面去理解：

1. 有需要解决的问题 内心有思考解决的兴趣问题，巧遇解决问题的客观机遇，及时捕捉机遇，借助机遇来更好地解决问题。如果根本没有什么问题需要解决，就谈不上如何去捕捉和利用机遇。机遇来了也无用。

2. 相信每人都有机遇 机遇意识十分重要。如果对机遇的存在与获得持怀疑态度，那就不会主动积极地去关心、注意机遇的出现。

3. 具有捕捉机遇的愿望和要求 一种不可缺少的精神动力，它会激发人在纷繁复杂的众多现象中随时留心各种机遇的出现，会使人对机遇保持一种警觉的敏感。

正因为如此，所以同一个机遇会被某一个人及时抓住，而在另一个人的鼻子尖底下溜走。

大面积烧伤患者胃液pH的变化与溃疡出血的关系研究

既往严重创（烧）伤患者应激性溃疡出血的并发症发生率较高，自从H_2受体拮抗剂和质子泵阻断剂问世后，虽然该并发症的发生率有所下降，但由于诸多因素的影响，临床上还时有应激性溃疡出血，甚至大出血的发生。第二军医大学附属长海医院烧伤科赵继军等总结了大面积烧伤患者胃液pH的变化与溃疡出血的关系。大量数据提示，胃液pH急剧下降时均会有出血的危险，胃液pH维持在≥6.0比较安全，并发现在夜间和在大手术后胃液pH也常有下降，是一个危险的信号。如何通过控制胃液pH来控制创（烧）伤患者应激性溃疡出血就成为新的、有价值的研究课题。

链接

笔记栏

（七）循证选题法

循证选题法指将研究人员的个人实践经验与新近最佳的客观科学研究证据结合起来进行选题的方法。它不同于传统的选题，也不排斥其他选题法，而是将选题决策建立在更加科学的研究证据基础之上。循证选题法是随Internet网上生物医学信息资源越来越丰富而发展起来的。如：Medline，Embase，Biosis，SCI，中国生物医学数据库等纷纷建成网络版，使广大医护人员可在网上进行全面的、无偏倚的文献检索，进而获取有关某一临床证据的全文。

循证选题法由于扩大了选题的范围和深度，强调了获取最佳的科研证据，使得选题的起点较高，保证了选题的质量。

洗胃液的循证护理

目前国内普遍使用清水洗胃，但近年来多有文献报道，大量的清水洗胃可导致低钠血症。大量清水短时间内进入体内，因水分大量吸收而致低钠血症，致使血液中处于低渗状态，可能是其导致脑、肺水肿的主要机制。洗胃液的温度过高，可加快毒物的吸收；温度过低，易造成寒战、胃痉挛等。循证护理检索国内外研究文献，提示针对毒物种类，采用37～41℃0.9%氯化钠溶液或2%～4%的碳酸氢钠溶液洗胃更为适合人体的生理特点，可预防低钠血症的发生。

链 接

（八）试探选题法

试探选题法是在确定研究主攻方向、正式定题之前或之后所进行的小型试验性选题的方法。其意义在于通过预试验选题，逐步明确研究范围、深度和重点，及时调整研究方向和定位。一般在正式申报课题之前进行的预实验研究，属于试探性选题。试探性选题需要花费一定的时间和精力；然而，对于重大课题研究而言，试探性预实验不能缺少，是后续课题研究成功的原始组成部分，对确定正式申报课题有重要的参考决策价值。即使正式课题立项后的研究中，依然需要做一些试探性预实验。将多次试验性预实验的结果加以总结分析，形成正确的认识。

笔记栏

美国的生物学家与遗传学家摩尔根就是通过大量的试探性预实验，发现染色体的遗传机制，创立染色体遗传理论，成为现代实验生物学的奠基人。摩尔根及其同事、学生用果蝇做实验材料。到1925年，已经在果蝇身上发现有四对染色体，并鉴定了约100个不同的基因。并且由交配试验而确定连锁的程度，可以用来测量染色体上基因间的距离。1911年，他提出了“染色体遗传理论”。摩尔根发现，代表生物遗传秘密的基因的确存在于生殖细胞的染色体上。还发现，基因在每条染色体内是直线排列的。染色体可以自由组合，而排在一条染色体上的基因是不能自由组合的。摩尔根把这种特点称为基因的“连锁”。摩尔根在长期的试验中发现，由于同源染色体的断离与结合，而产生了基因的互相交换。不过交换的情况很少，只占1%。连锁和交换定律，是摩尔根发现的遗传第三定律。他于20世纪20年代创立了著名的基因学说，揭示了基因是组成染色体的遗传单位，它能控制遗传性状的发育，也是突变、重组、交换的基本单位。1933年，摩尔根获得诺贝尔生理医学奖。

三、选题的切入点

1. 在日常医护工作的问题中选题 日常医护工作中，对遇到的难题或久思不得其解的现象，只要多问几个为什么？怎么办？解决后有何实用价值？往往研究课题就可产生。此类问题看似简单常见，细究下去，一旦解决，意义重大。课题源自实践，成果返归并指导实践。

案例3-4

2003年的一天，解放军161医院肾内科护士长肖琼看着一位尿毒症患者因无钱接受血液净化而去世，肖琼心痛极了，她决定想办法降低患者费用。尿毒症患者多会出现反复腹水症状，常规治疗方法是抽出腹水，再给患者注入营养液。“其实，腹水中有大量营养物质，抽出后白白泼掉岂不可惜？”选题后，经过反复研究，肖琼找到了腹水过滤、回输的办法。仅此一项，每次可为患者节约治疗费近千元，并减少患者多次扎针的痛苦。

在工作的问题中选题

例如，在夜间，对重症患者的护理是项甚为平常的工作。徐州市立医院黄海鸿等对重症监护病房夜间护理的特点进行了观察和总结，发现在夜间诸多的生命体征（如心率、血压等）和胃肠道的并发症均比白天发生得更多，也是重症患者常发生死亡的时间，这可能与夜间迷走神经兴奋性增高有关。据此提出了夜间重症患者护理的研究课题。

链接

2. 在新问题与旧学说之间的矛盾中选题　人们对事物的认识是不断深入的。一个问题解决了，形成一种学说。新的问题又产生了，旧的学说若不能解释，则新问题和旧学说之间产生的矛盾就是新的选题的开始。

古罗马医生盖仑创立了一种血液潮汐运动理论。他认为，肝脏将人体吸收的食物转化为血液。血液由腔静脉进入右心室，一部分通过纵中隔的小孔由右心室进入左心室。心脏舒张时，通过肺静脉将空气从肺吸入左心室，与血液混合，再经过心脏中由上帝赐给的热的作用，使左心室的血液充满着生命精气。这种血液沿着动脉涌向身体各部分，使各部分执行生命机能，然后又退回左心室，如同涨潮和退潮一样往复运动。右心室中的血液则经过静脉涌到身体各部分提供营养物质，再退回右心室，也像潮水一样运动。盖仑的血液运动理论是错误的，但是他的学说在2～16世纪时期被信奉为“圣经”，不可逾越。

英国医生哈维（1578～1657）曾对40余种动物进行了活体心脏解剖、结扎、灌注等实验，同时还做了大量的人的尸体解剖。他积累了很多观察和实验记录材料，并开始怀疑盖仑的血液潮汐运动理论。哈维的血液循环理论简述如下：血液从左心室流出，经过主动脉流经全身各处，然后由腔静脉流入右心室，经肺循环再回到左心室。人体内的血液是循环不息地流动着的，这就是心脏搏动所产生的作用。哈维在1628年发表了《动物心血运动的解剖研究》，他在书中系统地总结了他所发现的血液循环运动的规律及其实验依据。这部只有72页的小书是生理学史上划时代的著作。哈维在前人工作的基础上发现了血液循环，这是他的历史性功绩。他通过发现血液循环把实验方法引入生物学。所以，恩格斯评价说：“哈维由于发现了血液循环而把生理学确立为科学。”

哈维发现了血液循环，但是在当时的条件下，他并不能清楚地了解血液是怎样由动脉流到静脉的。他只是根据他的观察和实验做出了正确的推断，即血液是由心脏经过动脉到静脉再回到心脏这样循环不息地流动着的。

在他逝世后，显微镜才得到改进。意大利的解剖学家马尔比基（1628～1694）在1661年发现了动脉与静脉之间的毛细血管，从而完善了哈维的血液循环学说。

3. 在不同医学理论之间选题　中西医两种不同的医学理论，在对获得性免疫缺陷综合征（艾滋病，AIDS）的治疗问题上，侧重点各不相同。中医辨证，西医辨病；中医治本，西医治因。针对HIV病毒（艾滋病病毒）感染不同的阶段，治疗的重点不一样。早期无症状，中医越早治疗越好，重在保护患者的免疫功能，减轻其被HIV病毒破坏的程度，延长不发病的时间，这是中医的最大优势。中期患者中西医结合取长补短治疗。西药抑制HIV病毒，中药减毒增效，增加患者对抗病毒药的耐受性和服药依从性。晚期以中药扶正减轻症状延长生命为主。中西医结合选题是医护科研的一大来源。

4. 从人类健康愿望提出的问题中选题　人类要求健康与长寿是人的一种自然本性。优生优育、健康长寿是医护科研永恒的选题。医护人员必须不懈地为国民身体健康做出努力，使人们的健康与长寿愿望得到最大限度的满足。

1747年，詹姆斯·林德根据人们早期对维生素C缺乏症（坏血病）的叙述记载和自己的观察，在停泊于英吉利海峡的一艘军舰上，对坏血病的治疗开始进行实验研究。当时，海员们已在船上停留了2个月，其中有12人患了坏血病，病情都比较严重。林德让他们分组进食，比较不同食物的作用，其中两人每天吃两个橘子，一个柠檬，以6天为一个疗程。

林德的实验结果是十分明显的。6天后这两名患者的症状都大为减轻，其中一人已能值勤。26天后，两个人都完全恢复了健康。

通过实验，林德比较了不同的治疗方法，并记录了全部观察结果。英国著名的航海家

笔记栏

和探险家詹姆斯·柯克演示了林德实验的有效性，在他第二次去南极探险并环球航行时，所到之处，都利用各种机会给他的海员提供新鲜水果和蔬菜，并改善生活环境。虽然这次航海历时3年(1772~1775)，但竟无一个人患坏血病，这说明新鲜的水果和蔬菜可预防坏血病。因此，他于1776年被选为英国皇家学会会员，并被授予"预防坏血病"的奖章。

1912年，有人发现豚鼠也会患坏血病，但只要在饲料中增加一点白菜，它就不会患病。后来终于在白菜等几种蔬菜中找到了这种水溶性维生素。1920年，英国生物化学家杰克·德鲁蒙提出抗坏血病物质应该有自己的代表字母，于是把它叫做"维生素C"。

1928年，匈牙利出生的美籍生物化学家森特·哲尔吉在剑桥大学研究氧化-还原系统时，从牛的肾上腺皮质及橘子、白菜等多种植物汁液中发现并分离出一种还原性有机酸，他将之称为已糖醛酸。后来发现这种物质对治疗和预防坏血病有特殊功效。1932年他指出，以前发现的那种物质是抗坏血活性物质(维生素C)，并决定称之为抗坏血酸，同时指出这是人类食物中必须有的一种维生素。同年美国的维达尔也分离出维生素C的纯结晶。

1933年，英国的霍沃思等人在伯明翰大学成功地确定了维生素C的化学结构。同年，瑞士的雷池斯坦成功地进行了维生素C的人工合成，并于1934年在瑞士实现了维生素C的大量工业生产，投放市场。

5. 在不同的临床现象引发的疑问中选题

医护工作常会发现可疑现象，由此入手，不断探索，选题"接力棒"一次次传下去。

案例3-5

1668年，在法国医生丹尼斯的诊室里，一位年轻的妇女恳求医生把羔羊的血输入她性格暴戾的丈夫的身体里，她的丈夫也很想通过输血，让羔羊温顺的性情改变自己暴戾的性格。丹尼斯医生出于无奈，被迫答应了他们的请求，开始进行人类历史上第一次为人体输血的工作。但是很不幸，就在为这名男子输入羊血时，悲剧发生了，这名男子突然心跳加快，痛苦万分，最后在一阵歇斯底里的狂躁后死去了。丹尼斯医生因此被人指控为"过失杀人"而入狱，从此再也没有人敢采用输血的技术了。

笔记栏

1818年，有一天英国的生理学家兼妇产科学家詹姆士·博龙戴尔医生接收了一位难产的孕妇。在孕妇生产时突然发生了大出血，怎么办？如果不及时给孕妇输血，她就必死无疑。善良的詹姆士医生为了拯救孕妇的生命，在征得孕妇丈夫的同意后，果断地做出决定，立即为孕妇输血。在丹尼斯医生输血事件沉寂了150年后的这一天，詹姆士将一名健壮的男子的血输给了那位失血过多的产妇，终于使她得救了。但随后的多次实验证明并非每个受血者都能够获得救治，甚至有的还出现严重的生理反应而加速了死亡。看来输血技术还存在许多理论问题未能得到解决。

在以后的几十年里，许多科学家都在思考着这样一个问题："为什么有的人输进别人的血安然无恙，而有的人却会出现不良反应，甚至导致死亡？"这个问题同样也困扰着奥地利医生卡尔·兰德斯坦纳。有一天，他终于想到：会不会是输入的血液与受血者身体里的血液混合产生病理变化，而导致受血者死亡？1900年他用22位同事的正常血液交叉混合，发现红细胞和血浆之间发生反应，也就是说某些血浆能促使另一些人的红细胞发生凝集现象，但也有的不发生凝集现象。于是他将22人的血液实验结果编写在一个表格中，通过仔细观察这份表格，发现表格中的血型可以分成三种：A，B，O。

1902年，兰德斯坦纳的两名学生把实验范围扩大到155人，发现除了A，B，O三种血型外还存在着一种较为稀少的第四种类型，后来称为AB型。到1927年经国际会议公认，采用兰德斯坦纳原定的字母命名，即确定血型有A，B，O，AB四种类型，至此"ABO"血型系统正式确立。兰德斯坦纳也因贡献的意义重大，在1930年获得诺贝尔生理医学奖。

6. 在重大课题中的子课题中选题 各级各类卫生科技攻关项目中每年有重大课题。重大课题的责任单位在组织协作攻关时，往往分成若干个子课题。由各具优势的医疗卫生机构分别承担，共同完成。国际上，重大科技攻关也采用子课题选题办法，如人类基因组计划实施就是典型的重大科技攻关项目。

人类基因组计划是与曼哈顿原子计划、阿波罗登月计划并称的人类科学史上的重大工程，是由美国政府耗资30亿美元于1990年10月正式启动，后有德、日、英、法、中等六个国家的科学家先后正式加入，有16个实验室及1 100名生物科学家、计算机专家和技术人员参与。人类基因组计划包括构建遗传连锁图、物理图、测序和基因识别四项工作，前两项已提前完成。

1999年5月，国际人类基因组计划决定2000年春季完成全部测序工作的"工作框架"，即工作草图。在此基础上，再对测定的基因序列进行仔细核实，在2003年绘制出最后的精确人类基因组图谱。1999年7月，中国科学院遗传所人类基因组中心在国际人类基因组HGSI注册，承担了其中的1%，即3号染色体上3 000万个碱基的测序任务，使我国成为继美、英、德、日、法后第六个参与国，也是惟一的发展中国家。在这1%的测序工作量中，中国科学院遗传所人类基因组中心承担其中的55%，国家人类基因组北方研究中心承担20%，国家人类基因组南方研究中心承担25%。

第3节 医护科研选题范围与程序

一、选题范围

医护科研的选题范围极其广泛。但医护科研选题主要围绕人类健康、延年益寿需求展开；具有明显的时代性、针对性和实用性。它主要瞄准以下领域：①研究生命起源、个体生长发育；②揭示人体的结构、功能、理化、免疫机制；③探讨优生优育、延缓衰老以及促进人体身心健康的护理措施；④探讨疾病的发生原因、机制，发展规律与影响因素；⑤诊断，治疗，护理，预防，保健的技术、手段、方法；⑥涉及医学科学的相关领域。

二、选题程序

医护科研选题，需要经过以下的过程（图3-2）。

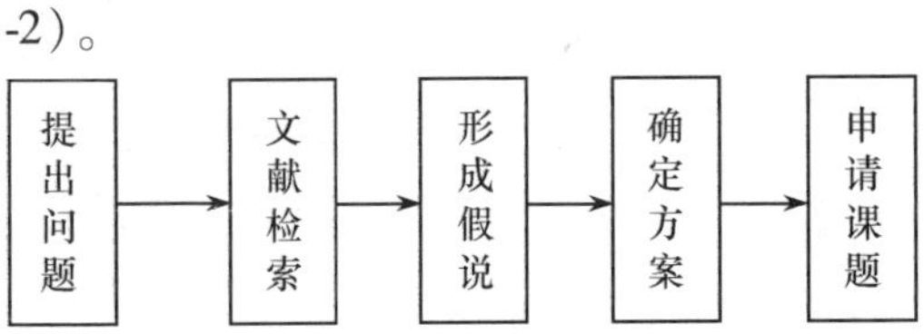

图3-2 选题程序

1. 提出问题 是科研选题的始动环节，具有重要的战略意义和指导作用。事物的本质是通过现象表现出来的，必须通过对现象的观察、分析、综合，才能获得对本质的认识。发现问题，分析本质，抓住核心，才能提出符合客观实际，有研究价值的问题。

2. 查阅文献 围绕提出的问题查阅相关文献，再对问题进行深入细致的调查研究。明确问题的研究现状和进展、方向和程度、手段和方法；分析国内外学者对同类问题研究的特点和创新之处。通过文献比较，审视自己所提问题的特点和所处地位，重新调整问题研究的重心，避免低水平地重复。

3. 形成假说 科学假说的必备条件：①要符合自然科学的基本原理；②基于以往的科学资料；③具有个人的初步实践经验体会；④可被重复验证。问题一经提出，应当进行小范围内的现场调查或实验室研究，再次查阅文献与有关资料。关注他人是如何建立其假说、确立技术路线、设计新的实验方法、根据实验结果修正或推翻原有假说，进一步提出和完善新的假说。力求科学假说符合"思路新、起点高、意义大"的基本原则。

4. 确定方案 在科学假说成立之后，就应当围绕这一假说，进行科学构思，确立科研题目。为使选题更加全面、正确和完善，通常需要邀请同行和专家集体评估选题方案，集体参与选题报告会，收到集思广益的效果。并能克服个人知识面相对狭窄、专业相对局限和有限的调研之间的矛盾。选题报告包括如下内容：课题的意义、立题依据、国内外有关进展、完成课题的技术路线与关键、方法、指标选择、预试情况、预期成果、安排与进度及存在的问题与解决方法。通过选题报告会的讨论，研究者可以综合不同的学术观点和思路，丰富立题论据与方法，修改和补充立题时的不足之处。

5. 申报课题 一旦完成医护科研选题工作以后，研究者必须冷静地考虑向何处申请投标。由于不同部门资助专业范围不同，不同学科侧重点和资助的强度各异，因此在申报时必须做到知己知彼、有的放矢、投其所要、表述完好。

笔记栏

第4节 医护科研选题中应注意的问题

一、利用网络，畅通渠道

医护科研选题首先关注的问题是信息资源。选题者的科学天才、智慧、经验和技巧，集中反映在其扎实的基本理论与丰富的专业知识、熟练的实验技术方法、较强的科学思辨能力和综合的分析能力上。而这一切，需要有广博的知识积累、不断的更新知识、不竭的创造想像，才能使选题具有创新性。选题者要科学、合理、综合地利用现有信息资源，千方百计地接近医学科学前沿信息资源或文献数据库，掌握医学护理信息采集、挖掘技能，善于发现有效信息，捕捉有创新价值的机遇，选择研究课题。

二、关注动向，紧跟导向

医护科研选题务必注意的问题是将眼光放远，须关注①世界医学护理科技发展动向；②我国卫生科技政策导向；③本单位、本部门的科研主攻方向和目标任务。注意科研—生产—服务相结合、教学—科研—生产相结合、科研—开发—成果转化相结合。1985 年，西方国家进入艾滋病研究热潮时，我国没有冷眼旁观，而是紧锣密鼓加强研究，寻找防治对策；20 年后，能够成功应对国内数十万艾滋病患者。

三、实事求是，量力而为

医护科研选题一再强调的问题是实事求是：①要从国情、省情的实际出发，不要好高骛远；②要根据主客观条件，不要舍本求末。研究者本人的学识、能力、经验，现有工作基础、仪器装备和资金保障等是开展科研的基本条件；③要把握课题大小难易程度，不要超越课题组力所能及范围。选题先进，结题落后；立题积极，做题消极；前期上进，后期差劲的现象时有发生。归根到底是选题时未能从实际出发，未能准确地把握环境条件，未能充分地估量有利或不利因素，缺乏脚踏实地的科研精神。

四、联合协作，谋求发展

医护科研选题反复提醒的问题是联合协作：①联合高等医学院校和兄弟卫生学校。各校均有其特色专业和人力资源，有其优势科研条件和科研经验。选题包括选择科研合作伙伴，可借助外力和外因，提高选题质量。②联合不同的专业学科人力、财力和物力，围绕选题中心群策群力、献计出力。③联合协作中注意立足自身发展。可以从重大项目中选择一个子课题作为载体起步；由小到大，由弱至强，锻炼队伍，磨炼经验，谋求发展；科研需要团队精神，更需要主力军意识；选题者应立足自身，不断拓展，做强科研。

医护科研选题是否科学、准确，关系到研究工作的成败，有时甚至造成决策上的失误。因此，要遵循需要性、实用性、科学性、可行性、创新性等基本原则。选定科研课题一般要经过“提出问题→查阅文献→形成假说→确定方案→申报课题”的过程。医护科研选题的途径很多，既可以在医学和护理学科学发展面临的问题中选题，还可以在前人的基础上发展，在已有课题中延伸，在新旧事物与理论的对比中，在边缘学科的交叉发展中，在招标范围中及文献的空白点中选题。医护科研选题的范围非常广泛，研究者应根据自己的研究方向、研究水平和研究条件选择课题。利用网络信息；关注世界医学科技发展动向，紧跟国内卫生科技政策导向；实事求是，努力创新；联合各种有利因素，形成有价值的研究课题。

小结

目标检测

1. 为什么说医护科研选题必须具备科学性、准确性？
2. 选题的正确与否对科研工作有什么影响？
3. 为什么研究者要有稳定的研究方向？
4. 医护科研选题应遵循哪些原则？
5. 医护科研课题可分为哪些类型？
6. 你可以通过哪些途径进行医护科研选题？
7. 在选题过程中应该注意哪些问题？
8. 某研究者提出“控制艾滋病流行”的研究课题，该课题是否准确？为什么？你认为应如何修改？
9. 你认为哪些因素影响医护科研选题？
10. 医护科研选题为什么要量力而为？

（华危持）

第4章 医护科研方法

学习目标

1. 列出医护科研的方法分类
2. 解释实验性研究的概念与特点
3. 叙述动物实验与临床试验的特点
4. 说出观察性研究的概念与特点
5. 比较定性研究与定量研究的区别、实验性研究与非实验性研究（观察性研究）的异同

第1节 医护科研方法分类

医护科研分类的方法有多种，由于每种分类方法观察的角度不同，所以分类的形式不完全一样。但根据医护研究过程中是否有人为的实验因素（干预措施），分为实验性研究与非实验性研究，这种分类方法是医护科研中最常见的分类方法。

一、实验性研究与非实验性研究

根据在医护研究过程中是否有人为的实验因素（干预措施），医护科研方法可以分为两大类，即实验性研究与非实验性研究（观察性研究）。实验性研究并不是实验室研究，而是因为这种研究中有实验因素或人为的干预措施。常见的实验性研究包括动物实验、临床试验和社区干预试验。非实验性研究又分为描述性研究和分析性研究，横断面研究属于描述性研究，病例对照研究和队列研究属于分析性研究（图 4-1）。

另外还有一种医学研究方法是理论性研究，它常用在预防医学研究领域。

理论性研究

理论性研究是将预防医学研究调查所得到的数据，建立有关的数学模型，而后进行理论性研究。即用数学模型来反映疾病流行的规律和预测疾病的发生，并用数学式显示各不同时期疾病分布与各项因素间内在的数量上的关系。

接链

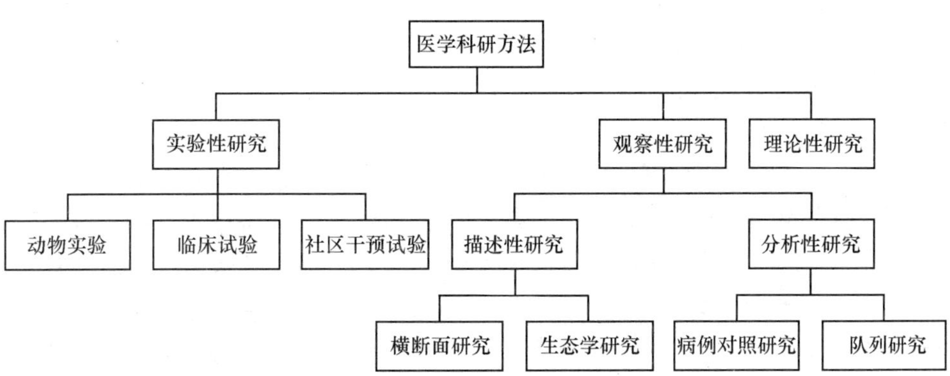

图 4-1　医护科研方法分类

笔记栏

二、定性研究与定量研究

根据研究的性质，又可把研究方法分为定性研究与定量研究。定性研究是社会科学研究中常用方法，定量研究是自然科学研究中常用的方法。由于定性研究与定量研究各有优势，目前医护科研中常采用定性与定量研究相结合的方法。

1. 定量研究 通过对研究对象观察指标的测量而获得数据性的资料，并通过观察指标数据间的关系来分析事物的内在规律，描述研究现象的因果关系。其研究结果常需用统计学分析处理，因此，定量研究方法在医护研究中得到广泛的应用。

案例 4-1

在台湾西南沿海地区，有一种地方性流行的“黑脚病”，同时也就在这些地区，还有非典型的皮肤癌流行。1965 年，台湾大学医护系对当地人群进行调查和研究。他们按饮用水的井水砷浓度将研究人群分为三组，以 H 代表≥0.6mg/L组，M 代表≥0.3mg/L 组，L 代表 0.00mg/L 组，分别分析男、女 20～、40～和 60～岁各组皮肤癌患病率。在研究中发现：在每一个年龄组中，都是井水砷含量最高的人群组皮肤癌患病率最高，而井水砷含量最低组皮肤癌患病率最低。

这是一个通过定量的方法来研究砷与皮肤癌的关系的案例。

2. 定性研究 是社会科学研究中的一种常用研究方法，如在社会学、人类学和心理学的研究中得到广泛的应用。这种研究不是通过事物间的数量关系和观察指标来反映事物的内在联系和其发生、发展的内在规律，而是通过研究者观察研究对象的思想、认识、情感、态度、信念和行为习惯等方面较深层反应的信息，从而发现共性问题，阐述事物的内在本质和其发生、发展的规律。在资料收集的过程中，要求研究者与研究对象有较深入的接触，并强调是在一种自然的状态下进行资料的收集。其资料进行整理分析时，一般不用统计学方法分析处理，而是采用分类的方法进行整理与分析。

临终患者的心理特点研究

临终关怀之母美国库伯勒·罗斯(Kubler Ross)对数百名临终患者进行深入访谈，并对谈话资料进行分析和归纳，从而发现临终患者的心理活动可分为五期：即否认期、愤怒期、无限期望期、抑郁期和接受期。Kubler Ross 的这一研究结果对临床医护人员了解临终患者的心理特征和变化规律具有指导意义，从而为帮助临终患者平静地渡过生命的最后阶段以及向他们提供相应心理支持提供了科学依据。虽然这一研究中没有涉及仪器的测量和统计学方法，但它的研究结果对解决临床问题确实是有效的。

接链

3. 定性研究与定量研究的比较 近年来，由于学科的交叉和相互渗透，在同一个研究中既要用到定量研究的方法也要用到定性研究的方法。两种研究方法在医护研究中各有所长，互为补充，可从不同角度对医护领域的研究课题进行广泛研究。因此，定性研究与定量研究方法的研究结果都是有价值的(表 4-1)。

表 4-1 定性研究与定量研究的比较

方 法	定性研究	定量研究
特点	多用文字记录和描述观察的结果	多用数字记录和描述观察结果并用数字表达研究现象的因果关系
资料分析	一般不需做统计学分析	大多研究资料需做统计学分析
作用	能对某些特殊问题和现象进行较深入的研究和解释	可验证假说，解释因果关系

第 2 节 实验性研究

一、实验性研究的概述

实验性研究(experimental study)是在研究中对研究对象消除某因素或施加一些干预手段以观察和分析研究对象对实验因素(干预措施)的反映，并做出结论的一种研究。这种根据研究目的在研究中人为地施加实验因素(干预措施)的研究，被称为实验性研究。实验性研究的本质是整个研究过程在一定的程度上是由人来控制的，即整个研究活动是按照研究者设计的方案进行的。因此，实验性研

笔记栏

究能比较准确地解释实验因素与实验效应之间的因果关系。但是,在临床试验和社区干预试验中,非试验因素的控制难度较大,如年龄、性别、学历、职业、经济条件、病情程度等均很难控制。另外,在临床试验和社区干预试验中还涉及依从性问题和医护伦理学等问题,而且试验必须在取得研究对象的知情同意后才能进行,因此,实验性研究应用的普遍性较差。根据研究地点和对象不同,实验性研究可分为动物实验、临床试验和社区干预试验。

二、动 物 实 验

(一) 动物实验的概念

以实验对象为动物的实验称为动物实验(animal experiment)。常用实验动物有小白鼠、大白鼠、豚鼠、兔和狗。动物实验是医护基础研究中常用的研究方法,动物实验也是临床试验的基础。由于人与动物之间既有特殊性又有共性,其共性在于人与动物都是由单细胞生物进化而来,所以医护研究中常将动物实验的结果作为临床试验的参考。动物实验在医护科研中具有重要地位。

(二) 动物实验的优点

(1) 可严格控制实验条件。动物实验一般在实验室进行。其最大优点是研究人员可以严格控制实验条件,并容易设立对照和进行随机分组。

动 物 模 型

动物模型是医护研究中建立的具有人类疾病模拟表现的动物实验对象。在长期的实验医学发展的过程中,动物模型对医护科研的发展所起的作用是毋庸置疑的。在医护研究所取得的成就中,除了人类自身的试验之外还渗透着动物模型的贡献。医学史上许多科学家采用动物模型获得了重大发现,乃至医学上许多细小的进步都与动物模型分不开。从早期的血液循环机制、微生物的发展和麻醉术的应用,到现代医护研究中试管婴儿的诞生、器官移植的成功、人工脏器的置换、单克隆抗体的制备、转基因技术与克隆技术、细胞工程与基因工程、基因剔除技术及胚胎干细胞的应用等,都是从动物模型起步的。据报道当今世界已建立有价值的动物模型五千多种。

链 接

(2) 可以模拟人类疾病。根据医护科研的需要进行各种实验(动物模型和药理与毒理实验)。

(3) 可在动物身上开展一些破坏性实验或损伤性实验。

(4) 可处死动物取得各种器官与组织进行所需的观察。

(5) 可多次重复,允许研究的失败。

(6) 受伦理与法律的制约相对较少。

(三) 动物实验的局限性

(1) 动物实验无法了解人的主观感受。

(2) 动物与人存在种属的差异。由于动物与人存在生理功能、生化反应、病理变化、免疫应答、药物的代谢以及对环境有毒、有害物质和微生物反应性等方面存在一定的差异,因此,其研究结论有一定的局限性。

(3) 动物实验中的实验条件与人类自然生存环境存在一定的差距。

鉴于动物实验的上述局限性,因此,在将动物实验的结果外推到人体时,还须进行临床前试验,以保证临床患者的安全性。

(四) 动物实验案例

1. 研究题目　慢性乙醇摄取对大鼠胃黏膜损害的实验研究(王炳元,吴作艳,曹艳雪等. 2003. 中国医科大学学报,1)

2. 研究目的　探索慢性乙醇摄取对大鼠胃黏膜损害的病理特点和机制。

3. 研究对象　实验动物采用8周龄雄性Wister系大鼠(由中国医科大学实验动物中心提供),平均体重170g±10g。

4. 研究方法　经1周喂养后,将46只大鼠分为六个组。对照组分为三个组,分别为5,5,6只动物。对照组16只动物每日均给予0.9%氯化钠溶液;实验组分为三个组,分别为10,12,8只。30只作为模型组(实验组)动物均给予乙醇,每日直接灌胃三次。试验过程中将乙醇分为三个量:40%乙醇溶液8g/(kg·每日组)(10只动物)为实验组1;50%乙醇溶液9g/(kg·每日组)(12只动物)为实验组2;50%乙醇溶液10g/(kg·每日组)(8只动物)为实验组3。三个组的灌胃时间分别为4,8和12周,并于4,8和12

笔记栏

周末分别断头处死模型组动物及对照组5，5，6只动物。

动物处死后立即沿胃大弯剪开、冲洗，展平于玻璃板上，置光学显微镜下，用微尺测量损伤情况，并用胃黏膜损伤指数积分法记录测量结果。同时每隔0.3cm做全胃横向平行系列切块，用10%甲醛溶液固定，制成腊块。连续切成5μm的切片，常规苏木素-伊红染色（HE）染色，光镜下观察病理改变。用Mascuda标准病理损伤程度积分法记录观察结果。

5. 研究结果

（1）一般情况：模型组（实验组）鼠同对照组相比，毛色无光泽、易激惹，体重明显减轻（表4-2）。

表4-2 模型组大鼠处死时体重与对照组比较/g，($\bar{x}\pm s$)

分组	4周末	8周末	12周末
对照组	235.6±11.4	328.4±37.7②	322.0±38.2
模型组	217.1±22.1①	245.7±34.5①②	274.3±33.1①②

注：①与对照组相比，$P<0.01$；②与前期相比，$P<0.01$。

（2）组织病理学改变：对照组胃黏膜光滑，镜下黏膜正常或仅为表层上皮轻微损伤。模型组4周末，可见局限性的点状糜烂，损伤长度4mm，镜下可见表皮损伤脱落、黏膜充血水肿、中性粒细胞浸润、中下层腺体结构正常；8周末有多发糜烂，损伤长度4mm，宽度在1～2mm，镜下见黏膜充血水肿，中性粒细胞肿胀、数量减少，黏膜下层腺体结构破坏；12周末胃上皮有糜烂、溃疡，损伤长度>4mm，宽度>2mm，镜下见黏膜表皮至深层细胞坏死，腺上皮萎缩、腺体变小，淋巴细胞、浆细胞浸润，壁细胞、主细胞进一步减少。损伤指数与积分见表4-3。

表4-3 对照组与模型组胃黏膜病理损伤指数与积分比较($\bar{x}\pm s$)

分组	黏膜损伤指数			病理损伤积分		
	4周末	8周末	12周末	4周末	8周末	12周末
对照组	0	0.4±0.6	1.0±1.1	0	0.4±0.6	0.5±0.6
模型组	39.9±4.8①	66.3±7.4①②	105.5±13.6①②	5.5±1.3①	9.3±1.0①②	14.1±0.8①②

注：①与对照组相比，$P<0.01$；②与前期相比，$P<0.01$。

6. 技术路线（图4-2）

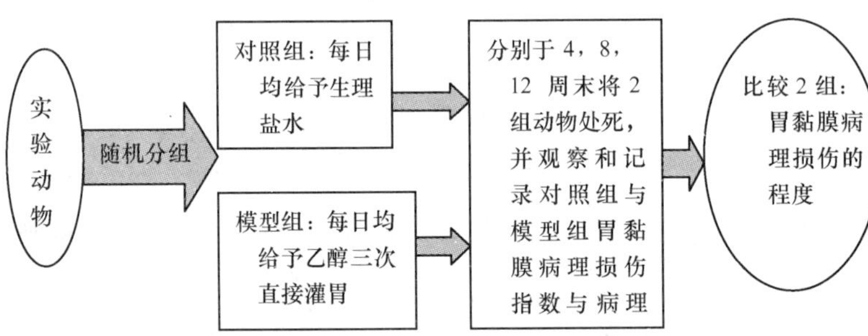

图4-2 慢性乙醇摄取对胃黏膜损害实验研究

三、临床试验

（一）临床试验概念

在临床研究中，以临床患者或正常人（正常产妇）为实验对象的研究称为临床试验（clinical trial）。临床试验主要包括病因研究与诊断试验研究、疗效评价研究、预后研究、新药评价研究与临床护理措施评价等方面的研究。

（二）临床试验的特点

临床试验的特点：

（1）容易受到患者依从性的影响。

（2）受到医护伦理学与法律的制约。

（3）研究中的非实验因素很难控制。

（三）临床试验案例

1. 研究题目 陪伴导乐分娩对产妇分娩镇痛效果的临床研究。

2. 研究目的　探讨陪伴导乐分娩对产妇分娩镇痛的临床效果。

3. 研究对象　选取2004年5月至2005年5月住院分娩的足月妊娠、单胎产妇共100例。

4. 研究方法

（1）分组方法：将产妇随机分为两组：即陪伴导乐分娩组与对照组各50例。两组产妇均无产科合并症及明显头盆不称，两组产妇年龄、孕周、胎儿预测体重、胎儿出生情况和产妇产前心理状态均相似，两组具有可比性。

（2）分娩方法

1）实验组：采取陪伴导乐分娩方法。导乐源于一个希腊词"多拉"，意为女性看护者，原指一个有经验的妇女帮助照顾另一妇女。本组产妇入院后，均由陪伴导乐人员详细介绍正常妊娠分娩生理及分娩过程可能出现的症状，同时鼓励安慰产妇，使其得到信任感、依赖感；并且详细讲解疼痛的心理学问题，影响疼痛的因素，教会产妇在宫缩期间如何分散注意力，如何进行腹部按摩、深呼吸以及第2产程如何屏气用力等。第1产程早期，让产妇尽可能多走动，使胎头下降，缩短产程。并用热毛巾湿敷腰部、腹部。鼓励多变换体位，多喝饮料，勤排便。不断解释说明疼痛的作用，产程进展情况。提醒眼睛睁开，观察周围环境，以分散对疼痛的注意力。亦可抱住产妇或握住产妇的手，用湿毛巾擦脸，按摩背部；第2产程，多鼓励产妇，无屏气感时让其活动，有屏气感时指导用力的方法，并多喝饮料；第3产程，与其分享快乐，并说祝贺的语言。

2）对照组：采用传统的分娩方法。

（3）观察指标与疼痛分级标准：镇痛效果评价指标主要参考WHO疼痛程度分级标准。0级：无痛、腰酸或稍感不适；Ⅰ级（轻）：腰酸痛、可忍受，微汗或不出汗，睡眠不受影响；Ⅱ级（中）：明显腰腹痛，伴出汗，呼吸急促，但仍可忍受，睡眠稍受影响；Ⅲ级（重）：强烈腰腹痛，不能忍受，大喊大叫、辗转反侧，不能睡眠。

5. 研究结果（表4-4至表4-6）

表4-4　第一产程两组产妇疼痛分级比较50例/%

组别	例数	0级	Ⅰ	Ⅱ	Ⅲ
实验组	50	0(0)	12(24)	35(70)	3(6)
对照组	50	0(0)	9(18)	29(58)	12(24)

注：$u=1.78, P>0.05$。

表4-5　第2产程两组产妇疼痛分级比较50例/%

组别	例数	0级	Ⅰ	Ⅱ	Ⅲ
实验组	50	1(2)	10(20)	36(72)	3(6)
对照组	50	0(0)	7(14)	32(64)	11(22)

注：$u=4.61, P<0.05$。

表4-6　两组产妇分娩方式比较50例/%

组别	例数	剖宫产	阴道助产	顺产
实验组	50	6(12)	8(16)	36(72)
对照组	50	14(28)	17(34)	19(38)

注：$\chi^2=5.67, P<0.05$。

研究结果提示：陪伴导乐分娩方法，能给予产妇在产前、产时及产后持续的生理上的支持及精神上的安慰和鼓励，从而使产妇精神上树立起战胜困难的信心，消除产妇恐惧心理，并使其积极配合医护人员，不同程度地提高其对疼痛的耐受力，达到分娩镇痛效果。本次研究说明陪伴导乐对产妇分娩镇痛是有效的。同时，使产妇身心处于最佳的状态，使分娩过程按照正常顺利进行，减少难产机会。

6. 技术路线（图4-3）

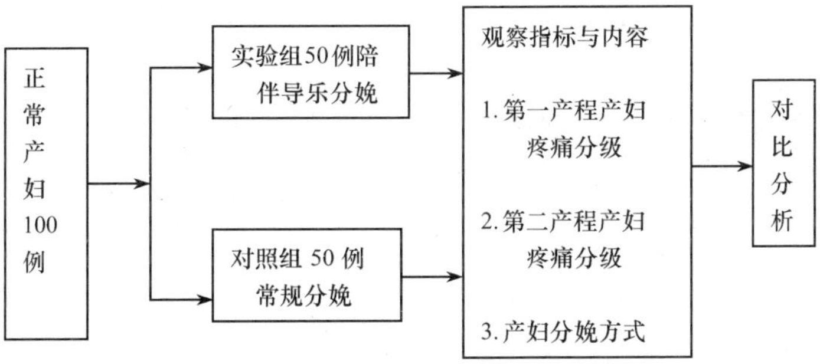

图4-3　陪伴导乐分娩对产妇分娩镇痛效果的临床研究示意图

四、社区干预试验

（一）社区干预试验的概念

将社区人群中的研究对象随机分为试验组和对照组，对试验组进行干预，即给予某种干预措施或减去某个因素，而对照组不给予该种干预措施，然后随访观察一段时间，比较两组人群观察指标的差异，并分析两组人群产生差异的原因，最后评价干预措施的效果，这种实验性研究称为社区干预试验（community intervention trial）。社区干预试验是在人为的控制条件下进行的，而且有对照和随机分组，因此，通过这种研究方法验证的假设是可靠的。但由于医德和依从性等问题，使得这种研究方法的使用有一定的局限性。社区干预试验多用于验证疾病的病因或因素，评价各种预防或护理措施，如预防接种效果、评价体育锻炼效果、社区护理措施、饮食疗法及健康教育项目等。

（二）社区干预试验案例

1. 研究题目 《上海市某社区老年2型糖尿病患者的干预研究》。

2. 研究目的 探讨健康教育对社区2型糖尿病患者的治疗性干预效果。

3. 研究对象 对上海市闸北区某街道243名糖尿病患者，采用系统抽样方法随机选择58例2型糖尿病患者（均符合1985年WHO糖尿病分型和诊断标准）。对入选患者随机分为干预组和对照组，干预组30例，对照组28例，两组在年龄、病程、家庭经济水平等方面无显著性差异。

4. 研究方法 采用健康教育的方法对干预组30例进行4周糖尿病健康教育，两组患者均给予常规药物治疗。并测定两组患者干预前和干预后的血、尿常规，空腹血糖、餐后2小时血糖、糖化血红蛋白、电解质、肝肾功能及干预前和干预后第10，20，30天的三餐前后1小时血糖。计算日平均血糖和血糖日波动范围。教育的方式为每周两次，每次2小时，由糖尿病医生、专业护士、营养师和心理专家承担，采用集体教育、小组教育和单人教育三种形式。教育内容：糖尿病基本知识、饮食控制目的和意义、使用胰岛素和口服降糖药的注意事项、运动疗法的实施及注意事项、尿糖和血糖监测意义及注意事项、高血糖和低血糖的预防与相应的处理措施、糖尿病的常见并发症及护理、糖尿病患者足部保健方法、糖尿病患者的心理与生活质量的护理等。

5. 研究结果

（1）经过4个星期的干预，实验组的空腹血糖及餐后2小时血糖值低于对照组，有显著性差异（$P<0.05$），见表4-7。

表4-7 两组干预前和干预后血糖变化比较（$\bar{x}\pm s$）

项 目	干预组（$n=30$）	对照组（$n=28$）	t值	P
空腹血糖				
干预前	11.20±3.36	12.89±5.10	1.53	>0.05
干预后	6.15±2.00	8.15±2.74	2.37	<0.05
餐后2小时血糖				
干预前	18.25±5.03	17.89±7.25	1.26	>0.05
干预后	7.55±3.05	10.03±3.68	3.21	<0.01

（2）干预治疗后，实验组的平均血糖低于对照组，其血糖波动范围也较对照组小，有显著性差异（$P<0.05$）（表4-8）。

表4-8 两组血糖波动范围及日平均血糖水平比较（$\bar{x}\pm s$）

治疗时间	糖波动			日平均血糖水平		
	实验组	对照组	t	实验组	对照组	t
治疗前	8.23±3.58	6.86±2.83	1.58	12.25±3.36	12.97±3.98	1.58
治疗后10天	5.64±2.60	6.90±4.00	1.31	8.96±2.05	10.85±3.56	2.21
治疗后20天	5.16±2.47	7.46±3.35	2.60*	8.02±1.65	10.00±2.74	2.86*

笔记栏

续表

治疗时间	糖波动			日平均血糖水平		
	实验组	对照组	t	实验组	对照组	t
治疗后30天	4.50±1.58	6.96±2.83	3.01**	7.00±1.85	10.21±3.26	4.65**
F_1	7.180**	0.205		17.347**	8.216**	
F_2	1.020	0.225		4.110*	0.516	

注：F_1 表示治疗前、后10天、20天、30天四组的比较值；F_2 表示治疗后三组的比较值。*表示 $P<0.05$，**表示 $P<0.01$。

(3) 干预治疗4周后，实验组糖化血红蛋白低于治疗前，有显著性差异。而对照组糖化血红蛋白治疗前后无显著性差异。

6. 技术路线(图4-4)

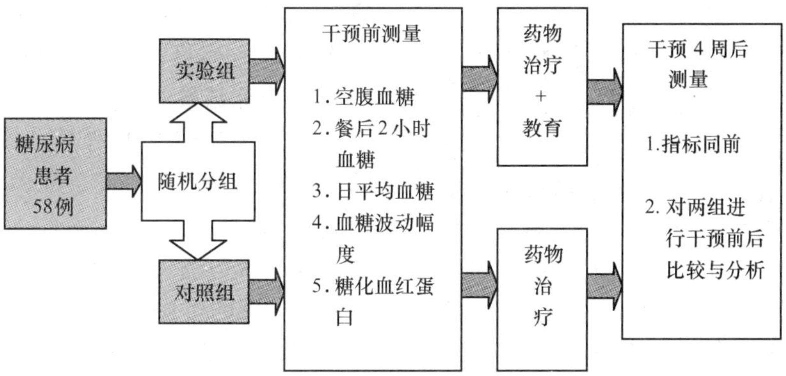

图4-4 上海市某社区老年Ⅱ型糖尿病患者的干预研究

五、实验性研究的基本要素与特征

1. 实验性研究的基本要素 在上述的实验性研究中，无论是动物实验、临床试验还是社区干预试验，都有三个基本要素，即实验对象、实验因素(干预措施)和实验效应(干预效果)。一个完整的实验性研究应该包括这三个基本要素(详见第6章)。

类实验性研究

某医院精神科医生想了解一种新药对临床戒毒患者的临床效果，这个临床试验需要将戒毒患者随机分为两组，即新药组和对照组。但在分组时，患者都不愿意到对照组。面对这个困境，医生只好选择了类实验性研究。他的方法是将试验开始前3个月来的戒毒患者用新药治疗，试验后3个月来的戒毒患者用原有的旧药。试验结束后分析比较新药组与旧药组两组患者的戒断症状并追踪观察两组戒毒患者的复吸率。这种不能按随机原则进行分组的类实验性研究方法在临床应用相当普遍。

链接

2. 实验性研究的特征 除了有人为的实验因素(干预措施)外，还有设立对照、随机分组和追踪观察。但在实际的实验性研究工作中，由于试验条件的限制，不能满足随机分组的原则，或缺少其他一两个实验性研究的特征，将这种实验性研究称为类实验性研究，也有人称为半实验性研究。

第3节 非实验性研究

一、非实验性研究概述

非实验性研究(观察性研究)是医护科研的基本方法，也是实验性研究的基础，近年来在临床医学和护理学领域被广泛应用。这种研究方法是在完全自然的状态下进行的，无须对研究对象施加任何人为的因素，可以同时收集到较多的信息，用于研究复杂和了解不多的问题。通过调查研究直接观察健康、疾病和行为事件的自然分布，从中分析决定分布的因素，这种研究方法称为非实验性研究。它的最大特点是简便、易行，但无法解释因果关系。非实验性研究主要分为描述性研究和分析性研究两种。

1. 描述性研究 通过观察而正确、详细地记载健康、疾病和行为事件状态按时间，地点，人群各种特征(如年龄、性别、职业、民族等)的分布特点，也可以包括疾病危险因素的分布特点。为了正确地描述疾病分布，必须有明确统一的诊断标准、准确的病例数字以及人口数字。通过描述性研究获得的资料可对病因提出线索或假说，或对防治提出有效的预防措施。描述性研究主要有横断面研究和生态学研究两类。

生态学研究

生态学研究是以若干个人群组或社区为观察对象，以每一个人群组为一个观察单位。收集若干人群组或社区的暴露情况，并测量其健康效应指标的平均水平，而后比较各组人群中暴露与疾病是否有关，这样的研究称为生态学研究。例如英国医生克劳福德(Crawford)曾调查英国83个城镇不同年龄、性别的人的心血管疾病病死率与饮水硬度的关系，结果发现，饮水硬度较高的城镇居民心血管疾病病死率比饮水硬度较低城镇居民低，饮水硬度的变化趋势与心血管病病死率之间呈负相关关系，这一现象在男性中更为明显，因此提出病因假设：饮水硬度可能是心血管病的病因之一。

链 接

2. 分析性研究 根据描述性研究提供的病因线索或健康的危险因素，建立病因假设，检验暴露于某因素与健康和疾病的联系，进一步在选择的人群中探寻疾病发生的条件和规律，验证所提出的假设。这种研究方法称为分析性研究，主要有病例对照研究和队列研究两种。

二、横断面研究

(一) 横断面研究的概念

横断面研究又称为现况调查，是在一个较短的时间内对特定人群的某时间断面的健康、疾病、行为事件、医疗护理服务以及社会文化背景等状况所进行的研究或调查。

(二) 横断面研究案例

1. 研究题目 《实习护生针刺伤伤口护理现状调查》。

2. 研究目的

(1) 了解护生(护士实习生)实习期间发生针刺伤伤口处理情况。

(2) 为制定护生针刺伤的预防措施提供依据。

3. 研究对象 本次调查选择某医院2005年7月至2006年6月完成临床实习的148名护生，其中男6名、女142名，年龄22～24岁。学历：本科39名，专科109名。

4. 研究方法 采用现况调查方法，用填表方式进行问卷调查。内容包括护生的一般资料、实习期间发生针刺伤的情况(针刺伤发生次数、刺伤程度、性质，处理情况)。

5. 研究结果

(1) 针刺伤发生情况：148名护生中有120名发生过针刺伤，发生率81.08%；共发生针刺伤216人次，人均针刺伤1.54次；伤口出血196人次。通过查阅病历，16名护生被带有乙肝病毒的带血针头刺伤，发生率13.33%(16/120)，但进行血液检测者仅一名(0.83%)。

(2) 针刺伤后伤口处理情况(表4-9)。

(3) 针刺伤后续处理情况(表4-10)。

表4-9 针刺伤后伤口处理情况($n=120$)

伤口处理	人数	构成比/%
不记得	2	1.67
未经任何处理	10	8.33
清水冲洗	31	25.83
无菌棉签压迫止血	33	27.50
碘酊消毒后压迫止血	38	31.67
促使伤口的血液流出、清洗伤口，或碘酊消毒、密封消毒敷料包裹伤口	6	5.00
合计	120	100.00

表4-10 针刺伤后续处理情况($n=120$)

后续处理情况	人数	构成比/%
上报护理部	18	15.00
查阅病历，了解患病史	37	30.83
血液检测	1	0.83
未行后续处理	64	53.34
合计	165	100.00

6. 讨论与分析 调查结果提示：护生实习期间锐器损伤发生率较高，81.08%护生发生针刺伤，人均针刺伤1.54次，其中被污

笔记栏

染针刺伤占13.33%，存在职业感染的潜在危险性。但调查中发现，对伤口的消毒处理中8.33%护生未经任何处理，25.83%护生仅用清水冲洗，27.50%护生用无菌棉签压迫止血，31.67%护生发生针刺伤后用碘酊消毒后压迫止血；仅有5.00%的护生经过正规的消毒处理。针刺伤后53.34%护生未行后续处理，85.00%护生针刺伤后未上报，甚至不知上报，仅有一名（0.83%）护生做过1次血液检测；被污染锐器损伤的所有护生均未注射免疫球蛋白，说明护生对血源性疾病传播的危害性认识不足，职业防护意识较差。这可能与目前我国还未将职业安全教育的内容列入到护理专业教材及课程设置中，以及护生职业安全管理措施缺乏有关。长期以来，职业安全教育在护生护理教育方面是一个薄弱点，甚至是一个盲点，护生只是间接地了解职业防护知识和防护技能，使得护生因防护知识缺乏而导致防护意识淡漠。而传统道德观念要求学生不怕脏，不怕累，讲求奉献，忽视自我防护。因此，应将职业防护教育纳入护理教学计划，使护生集中接受全面、系统的护理职业防护知识和技能训练。带教教师要指导护生在操作中怎样防止锐器损伤，进行护理操作时戴手套等职业防护措施，增强其防护意识，降低锐器操作的发生率，减少获得性职业感染。同时，医院管理者应制定切实有效的职业防护管理制度，促使护生严格遵守操作流程，对实习护生的职业暴露进行风险管理，确保其职业安全。

7. 技术路线（图4-5）

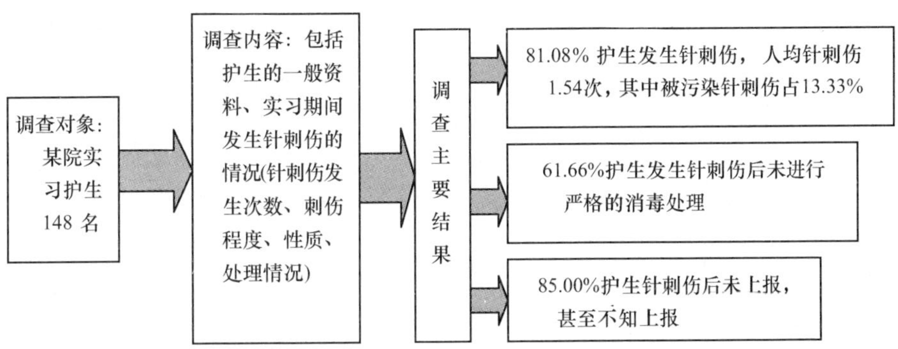

图4-5　某院实习护生的针刺伤现况调查

（三）横断面研究（现况调查）的特点

（1）时点资料：所获资料是在某一时点或一个短暂时间内收集到的，客观地反映了某时点人群健康、疾病和行为事件的分布及其相关因素。因此，调查数据是一个人群现状，是时间断面的数据。

（2）不能进行疾病因果关系的推断。

（3）现况调查中各因素与结果是同时存在的，其调查结果只能用于提供疾病的病因线索和发现影响疾病流行的危险因素。

（4）可建立病因假设。

三、病例对照研究

（一）病例对照研究概念

病例对照研究从时间上是回顾性的，所以又称为回顾性研究。这种研究是从疾病（结果）去探寻病因（原因）的方法称为回顾性研究。这种研究方法是在发病之后来探讨可能的发病原因，即所谓“由果推因”。它需要用两类研究对象，即一类是患者，一类是对照。从病例与对照者曾经接触某种危险因素的不同水平来推断发病与危险因素之间的关系，为确证性研究提供线索。这一研究方法主要应用在慢性病病因学研究。

（二）病例对照研究（回顾性研究）案例

1. 研究题目　《产后出血相关危险因素的研究》。

2. 研究目的　探讨产后出血的相关危险因素及临床护理对策。

3. 研究对象

（1）病例组：选择某市2002年产后出血

笔记栏

病例116人，病例来自某市人民医院。

（2）对照组：该院同年正常分娩产妇120人为对照组。

4. 研究方法 采用回顾性研究方法，即病例对照研究方法。按统一要求的调查表对病例组和对照组产妇住院病例档案进行查询和登记有关危险因素及暴露水平。调查表内容包括两组产妇住院时的一般情况、胎次、胎儿体重、分娩方式及妊娠合并症等。

5. 研究结果 经医学统计学分析：产后出血与胎次、胎儿体重、分娩方式及妊娠合并症等有密切关系。提示：胎次的增加、胎儿体重≥3 500g、阴道助产、妊娠合并高血压综合征、妊娠合并肝炎、双胎妊娠、羊水过多、前置胎盘、胎盘早剥、第2产程延长均是产后出血的危险因素。

6. 技术路线（图4-6）

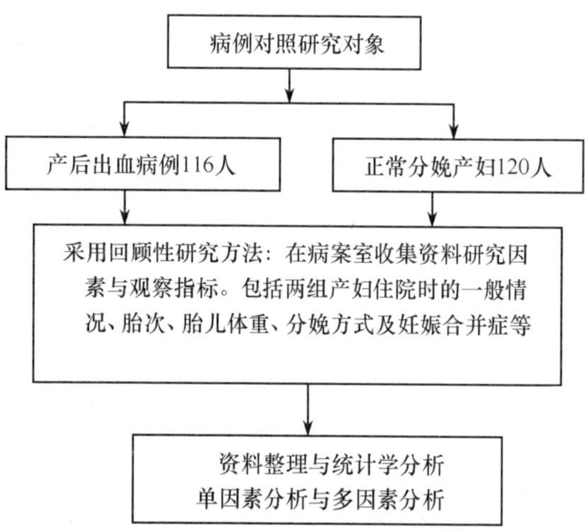

图4-6 产后出血相关危险因素的病例对照研究

（三）病例对照研究的目的

（1）可用于探索疾病的可疑危险因素。

（2）检验现况调查初步形成的病因假说。

（3）为定群研究提供明确的病因线索。

（四）病例对照研究的优缺点

1. 优点

（1）病例对照研究容易进行，所需样本例数少。

（2）适用于发病率低的疾病研究。

（3）节省人力、物力、财力，短时间可得到结果。

（4）一次调查可研究多个因素与疾病的关系，适用于病因的筛选。

2. 缺点

（1）容易产生回顾性偏倚。

（2）不能完全确定因素与疾病的因果关系。

（3）不能直接计算相对危险度。只能用*OR*来估计。

四、队列研究

（一）队列研究概念

队列研究（cohort study）从时间上是前瞻的，也叫前瞻性研究。这种研究是将研究对象人群分为暴露于某因素与非暴露于某因素或不同暴露水平的亚组，追踪观察一定时间，比较两组或各组的发病率或病死率，以检验该因素能否影响发病的假设。因此称为队列（定群）研究。

（二）队列研究案例

1. 研究题目 《323例患者输血后丙型肝炎病毒（HCV）感染的前瞻性研究》（佘为民，胡德昌，袁和俊等．2003．中华流行病学杂志，4：330）。

2. 研究目的 了解上海地区医院输血后引起的丙型肝炎病毒（HCV）感染状况，并为制定防治对策提供科学依据。

3. 研究对象 将1993年10月至1998年4月在中山医院收治的外科和内科住院患者，按是否接受输血分为暴露组和非暴露组，即两个队列。

（1）暴露组：以323例因住院治疗期间接受输血的患者为输血暴露组。

（2）非暴露组（对照组）：以195例同期住院治疗的其他内科患者但未接受输血的患者为非暴露组。

入选两组的研究对象必须是入院后首次抗-HCV检测结果为阴性。

4. 研究方法 为前瞻性研究，对输血暴露组分别于输血后1，3，6个月，非暴露组的未输血患者于入院后1，3个月采血。分别统计暴露组与非暴露组 HCV 感染的人数，并统计和比较两组的 HCV 感染率。以说明医院输血后感染丙型肝炎病毒的可能性的大小。

5. 研究结果 经过追踪观察，发现暴露组 323 人中有 28 人感染，其感染率为 8.67%；而非暴露组未输血同期住院患者 195 人中没有一例感染，其感染率为 0%。

研究结果提示：输血后感染丙型肝炎病毒的机会比未输血者高。因此，对献血者抗-HCV 筛查无疑是降低和控制输血后丙型肝炎病毒（HCV）感染的一项十分重要的措施。

6. 研究技术路线（图 4-7）

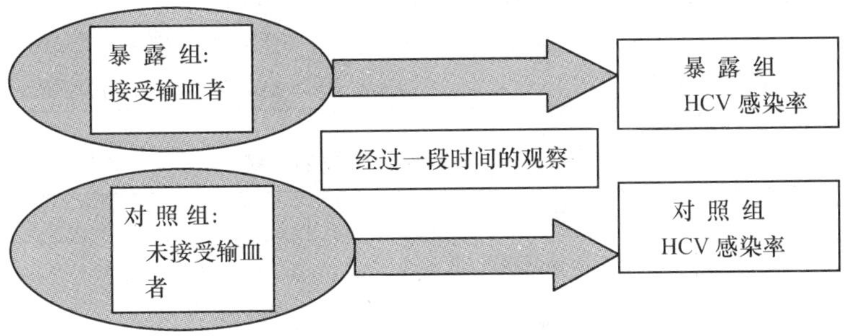

图 4-7 323 例患者输血后丙型肝炎病毒（HCV）感染的前瞻性研究

（三）队列研究的优缺点

因观察期太长，队列研究不适宜罕见疾病的研究。但较适宜研究常见病。在有完整病史记录的时候，也可将开始观察的时间向后推移。

1. 优点 研究因素可分为不同的等级，以便观察“计量－反应”关系；研究结果可直接计算研究因素（暴露因素）与疾病的联系和联系程度。研究结果比较可靠。

2. 缺点 对于发病率和患病率较低的疾病需要观察人数较多；每次研究只能选一个因素，因素选择不当，将使研究失败，对多因一果的疾病不适用队列研究的方法；对于潜伏期长的疾病需要观察时间很长，因而容易引起失访。

第4节 各种研究方法的比较

学习中常用的方法就是比较，比较的目的是为了帮助我们鉴别各种方法之间共性与特性，以帮助我们了解他们之间差异。现将各种医护研究方法进行总结和比较见表 4-11 至表 4-14。

表 4-11 实验性研究与非实验性研究（观察性研究）的比较

比较内容	实验性研究	非实验性研究
特征	1. 有人为的施加因素 2. 设立对照组 3. 随机分组 实验因素、实验效应	不向研究对象施加任何实验因素（干预因素）
观察方式	对接受实验因素的研究对象进行主动观察，观察研究对象对实验因素的效应	在自然状态下对研究对象（没有接受人为干预措施）进行观察和记录
研究设计	更为严谨，要求高，难度大	要求没有实验性研究高
优点	1. 比较准确地解释实验因素与结果的关系 2. 科学性强	1. 在完全自然的状态下进行研究，研究过程简便、易行 2. 可以同时收集到较多的信息，用于研究复杂的和了解不多的问题 3. 实验性研究的基础
缺点	应用的普遍性差	除队列研究外，因果关系的确定有一定的局限性

笔记栏

表 4-12 实验性研究与类验性研究比较

比较内容	实验性研究	类实验性研究
设立对照组	一定有	不一定有
随机分组		
实验因素	一定有	一定有
实验效应	一定有	一定有
实验对象	一定有	一定有
优点	比较准确地解释实验因素与实验效应关系	1. 操作性强 2. 临床护理试验的常用方法
缺点	应用的普遍性差	因果关系的确认不如实验性研究强

表 4-13 各种实验性研究的比较

比较项目	动物实验	临床试验	社区干预试验
实验对象	动物	临床患者和部分健康人(产妇)	社区人群
非实验因素	易控制	难控制	难控制
适用范围	基础医学	临床医学、护理学、康复医学等学科	预防医护、社区护理学、全科医护、社区医学

表 4-14 各类观察性研究的比较

比较内容	现况调查	病例对照	队列研究
研究目的	寻找与健康和疾病的相关因素并建立假设	验证假说	验证假说
研究对象	一组人群	分为病例组和对照组	分为暴露组和非暴露组
研究时间	现况	过去	未来
研究方式	横断面	由果推因	由因推果
因果关系	仅提供线索	不完全确认	基本确定
对照	无对照但有分组	有对照	有对照
偏倚来源	主要是无应答	主要是回忆偏倚	主要是失访引起
研究类别	描述性研究	分析性研究	分析性研究
适用范围	描述事件的分布	一果多因的研究	一因多果的研究
论证价值	较低	中等	较高
研究特点	最常用	最省时	难度最大

第5节 医护科研方法案例

为了提高同学们对医护科研方法的理解,下面提供两个案例进行讨论。

例 4-1 游泳对新生儿生长发育和黄疸影响的临床研究

【摘要】 **目的**:探讨游泳对新生儿生长发育和黄疸的影响。 **方法**:将200例剖宫产出生的足月正常新生儿随机分为观察组(游泳组)100例和对照组(单纯沐浴组)100例,观察新生儿出生时及生后7天的体重、身长、摄奶量和胎粪初排时间、胎粪转黄时间及黄疸指数的变化。 **结果**:两组新生儿生后7天的体重、身长、摄奶量和胎粪初排时间、胎粪转黄时间和黄疸指数差异均有统计学意义。 **结论**:游泳有助于新生儿的生长发育,减少发生胆红素脑病的危险和降低新生儿病理性黄疸的发生。

请你根据上述所学的医护科研方法指出该项研究应用了何种研究方法?并请说明你的判断依据。

本案例采用的是临床实验性研究方法。你答对了吗?

笔记栏

例 4-2　基层医院儿科患者医院感染的调查分析

【摘要】　目的：探讨基层医院儿科患者医院感染的相关危险因素。　**方法**：采用回顾性调查方法对2004年1月至2006年1月间我院儿科住院患者7 432例的医院感染情况进行调查。　**结果**：基层医院儿科患者医院感染率为3.12%，感染例次率为3.40%；感染部位依次为胃肠道、呼吸道、口腔、皮肤软组织；婴幼儿医院感染率高于其他年龄组；医院感染患儿住院天数高于非医院感染患儿住院天数；原发非感染性疾病患儿医院感染率高于原发感染性疾病患儿医院感染率；有侵袭性操作患儿的医院感染率高于无侵袭性操作患儿的医院感染率，其差异均有统计学意义。　**结论**：基层医院儿科患者医院感染与年龄、部位分布、原发疾病、侵袭性操作等因素有关，提示控制医院感染可减少患儿住院天数。

请你根据上述所学的医护科研方法指出该项研究采用的是实验性研究方法还是非实验性研究方法？并请说明你的判断依据。最后请你比较上述两个研究方法的优缺点。

本案例采用的是非实验性研究方法中的回顾性调查方法。你答对了吗？

小结

医护科研方法是我们探索人类健康未知领域的一种武器。我们可以用这种武器去解决医护领域中的各种问题和挑战，当研究的问题没有明确的答案或不清楚时，观察性研究是我们最好的选择。这种研究方法会给我们提供重要的线索，并帮助我们建立一些假说，这对实验性研究来说是十分重要的。实验性研究在验证假说方面的作用是其他研究方法不可替代的。但必须要懂得每种研究方法都不是万能的，都有一定的局限性，必须根据研究目的来使用各种研究方法。

目标检测

1. 请问若要开展《临床护士心理健康状况调查及对策研究》、《音乐对预防老年痴呆效果的研究》、《不同消毒方法对手术器械消毒效果比较研究》课题，你将分别采用何种研究方法？
2. 试比较实验性研究与非实验性研究的主要区别。
3. 实验性研究分为几种？
4. 非实验性研究有哪些常用的研究方法？

（李晓惠）

笔记栏

第5章 医护科研设计

学习目标

1. 说出医护科研设计的概念及其意义
2. 叙述科研设计的步骤与内容
3. 联系实际理解医护科研设计的原则
4. 能够根据科研设计的目的选择观察性或实验性研究

第1节 概　　述

良好的医护科研设计是临床医学与护理科学、预防医学等各学科研究工作获得科研成果的重要因素之一。为了提高医学护理技术水平,就必须进行医学和护理学研究;为了提高医疗和护理质量,就要开展医学和护理科研工作。建好一幢大楼除了有高素质的建筑工人、优质的建筑材料、规范化的施工管理外,更重要的是有一流的设计师设计出优秀的设计方案。完成好任何一项工作都必须有周密的工作计划和实施方案,要出色地完成一项医学和护理科研工作也必须有一个良好的科研设计。如果设计错误,所得的资料再充分也会成为一堆废纸,所得的数据再完整也就会毫无价值。要达到预期的医学和护理科研效果,医护科研工作者必须从科学研究开始前,就要认真进行科学研究设计。

一、医护科研设计的概念

医护科研设计就是对医学和护理科研选题的假说提出、验证与确立结论等工作程序所作的周密计划与实施方案。它主要包括对科研对象的选择、对诊断指标和观察指标的确定以及对医护科研资料的搜集、整理与分析等内容。

二、医护科研设计的特点

医护科研设计不同于一般的科研设计,它要考虑其研究对象主要是人类的这个特点。医护科研设计的主要特点有:

1. 生物属性　人类既有生物的形态与功能的共性,又有其个性,比如,具有发达高级的神经系统并能直立行走,具有协调的肢体运动功能等。

2. 社会属性　人类不同于其他生物的方面在于人类具有语言、思维、心理活动及社会活动,受到各种人为的社会因素影响,如居住条件、人口密度、战争、交通、卫生条件、生活习惯、风俗及信仰等因素产生的影响。

3. 复杂性　在保持及提高人类健康水平的过程中,预防疾病及治疗疾病既受到自然因素影响又受到社会因素的影响,还要受到人类本身种属的特性影响。这三种因素存在着相互促进或相互拮抗等相互制约的关系,从而产生各种有利与不利的多因素影响。在医护科研中,往往也不能利用人类来进行实验,选择动物模型有时也比较困难,况且动物实验的结果往往不能切实反映人类的情况。

4. 变异性　人体在形态、功能、精神、心理、思维等方面变异较大,影响人类健康的自然因素与社会因素又变化万千,根据观察指标所得的数据差异甚大。加上有系统误差与抽样误差等误差的影响,因此,测得的数据离散性往往较大。

以上情况说明，在进行医护科研设计时，必须遵循医护科研设计的基本原则，考虑人类社会的生物、社会属性的影响以及各种复杂的多元因素与变异因素的影响，使医护科研的结果具有严密性与科学性，尽力排除各种干扰因素，以尽量少的实验对象，求得较大的效果。

三、医护科研设计的意义

在进行医护科研工作时进行科研设计具有十分重要的意义，医护科研设计的意义在于：

（1）保证了科研工作的计划性与程序性，保证科研工作的内容、组织、人力、财务、技术的落实。

（2）加强医护科研的专业设计，可以保证医学研究成果的科学性、创新性与可行性，使科研工作的结果能够回答所提出的问题。

（3）加强医护科研的统计设计，可以保证科研工作达到快捷、质优、节约的效果。用数理统计的原理确定样本的含量，选择合适的实验类型，可用较少的经费、较短的时间，获得较多的信息，取得较优的效果。

完善的科研设计，是科研工作过程的依据，是科研结果统计分析的基础，更是快捷、质优、节约的医学科学研究的保证。因此，医护科研设计是科研工作基本步骤中的一个关键。

本章主要论述医护科研设计种类及其基本原则。医护科研设计的种类可分为观察性研究设计和实验性研究设计两种类型。

第 2 节　观察性研究设计

观察性研究设计指对调查研究全过程所做的周密计划或方案。它涉及资料的搜集、整理、分析等过程。观察性研究设计目的是为了调查所获得的资料能否符合统计学的要求，以便能用尽可能少的人力、物力和时间，得出预期的结论。本节讨论如何制定调查资料搜集、整理和分析计划。

一、搜集资料的计划

（一）明确调查目的和指标

1. 调查目的　根据调查研究目的不同，可以把调查分为两类。一类是了解总体情况，另一类是探讨事物间的相互联系。前者如了解疾病发病水平、疾病防治效果、环境污染程度等。后者如了解生活习惯与某种疾病的关系、环境污染与健康的关系、防治方法与防治效果的关系等。

2. 调查指标　指根据调查目的所选定的统计指标，如集中趋势指标、发病率、患病率等。调查指标应该明确具体，能够说明调查目的所提出的问题，与调查目的紧密相关，以免使调查失去控制，使调查产生严重的盲目性。调查指标应尽量采用客观、特异和计量的观察作为依据。它与主观、非特异和计数的观察相比较，具有较高的灵敏性和准确性。

（二）确定调查对象和观察单位

确定调查对象就是确定调查的总体同质范围。组成总体或样本的个体称为观察单位。

（三）确定调查方法

根据研究和调查的目的，可选用不同的调查方法进行设计。现况调查主要是用于了解总体现状情况的调查方法，病例对照和队列研究调查是用于确定事物间相互关系的调查方法。

1. 现况调查设计

（1）普查法：即将全部观察单位一一调查。理论上了解总体情况最好做普查。但是，普查可能造成较大的误差，需要严密的组织计划和统一的方法来保证其准确性，如全国人口普查。

（2）抽样调查：从总体中随机抽取样本进行调查的方法称为抽样调查。根据调查目的与对象的不同，可采用不同的抽样方法。常用的抽样调查方法有以下几种。

1）单纯随机抽样（simple random sampling）：最简单与最基本的抽样方法。单纯随机抽样就是总体中的每个个体都有同等的被抽中作为研究对象的机会。单纯随机抽样首先应将总体内的每个个体按顺序编号，也可利用已有的不重复的号码，如身份证号、学号等，再按随机的方法进行抽取。利用随机数字表

笔记栏

是比较简单、可靠的方法。如果数量不大，也可以用抽签的方法。

单纯随机抽样的优点是简单易行。缺点是总体数量很大时，编号及抽样相对比较麻烦。而随机抽取的个体可能会很分散，调查起来很困难。而抽样比例较小且样本含量较小时，所得样本代表性差。

2）系统抽样（systematic sampling）：按照一定的顺序，机械地从每隔一定的数量的个体抽取一个个体进入样本。例如，从一所学校的4 000名学生中，抽取200名学生进行调查，抽样间隔为：4 000/200 = 20，即每20人中抽取一个，可在1～20之间随机确定一个数（假如是4），则按顺序抽取第4，24，44号，……。

系统抽样方法得到的样本在整个总体内的分布比较均匀，因而代表性较好。但每次抽样的起点必须是随机确定的。总体中的个体在排列上有周期性趋势时，抽取的样本可能有偏倚，在这种情况下不宜采用系统抽样方法。

3）分层抽样（stratified sampling）：先按某种特征（如年龄、性别、职业、受教育程度、民族等）将调查对象分为若干个类型、部分（统计上称为层），然后从各层中随机抽样。此法适用于分布不太均匀的总体中抽取有代表性的样本。各层如按同样比例抽样，则称按比例分层抽样。若各层抽样比例不同，内部变异小的层抽样比例小，内部变异大的层抽样比例大，则称最优分配分层抽样。

分层抽样要求层内变异越小越好，层间变异越大越好。这样可提高各层样本的代表性，进而提高整个样本的代表性。

4）整群抽样（cluster sampling）：这种抽样方法的抽样单位不是个体而是由个体组成的群体，如社区、街道、班级、乡、村、县、工厂、学校等。从相同类型的群体中随机抽取若干群体，被抽到的群体里的每个个体组成样本。群内个体数可以相等，也可以不等。

整群抽样要求各群内变异和总体的变异同样大，而各群间变异越小越好，以保证样本有很好的代表性。由于整群抽样在实际工作中易为群众所接受，抽样和调查都较方便，因而多用于大规模调查。但其抽样误差较大，分析工作量也较大。

笔记栏

上述四种抽样调查方法在实际调查工作中往往是几种方法同时应用，如二级抽样和三级抽样。

多级抽样

这是大型调查常用的一种方法，是上述抽样方法的综合运用。如要调查糖尿病患病率，从全市八个区中随机抽取两个区，每个区再随机抽取几个街道，这就是二级抽样；若再从每个街道随机抽取几个居委会，这就是三级抽样。依此类推，即可进行多级抽样。

接链

2. 病例对照研究设计

（1）从患者出发，去研究与患病相关的因素（从果到因）。先选定病例组，再设置条件尽可能相同但无某病的对照组，然后进行两组调查。追溯两组在各种可疑相关因素下的暴露情况，比较其差别，以探索可能的发病因素。其特点是先确定相互对照的两个组，然后分别“回顾”它们的暴露情况。在设计上可分成配对调查与成组调查。

1）配对设计：按照各病例的具体条件（年龄、职业、性别……）取条件相似的健康人与之配对，进行调查。各对子在可疑因素下暴露情况可以分成四种（表5-1）：

表5-1 配对设计示例

对照组	肺癌组	
	吸烟	不吸烟
吸烟	a	b
不吸烟	c	d

用χ^2检验判断可疑因素（吸烟）与患肺癌之间的相互关系。

2）成组设计：设立两个组，即患者组与对照组（健康人），两组间除患病情况不同外，其他情况相似，但患者与健康人之间并未配对。调查结果也是四种情况（表5-2）。

表5-2 成组设计示例

组 别	吸烟人数	不吸烟人数
肺癌组	a	b
对照组	c	d

用χ^2检验判断可疑因素（吸烟）与患肺癌之间的相互关系。

3. 队列研究设计　将选定的人群，随机分成两组，使其中一组暴露于某因素之下，而另一组不受该因素影响，其他条件基本相同。经过一定时期，再比较两组发病率。由于两组除了是否暴露于研究因素不同外，其他条件基本相同，如果发病率程度不同，可归因于该暴露因素。其特点是从因到果的研究，“往前看”这种“因”是否会造成某种“果”。根据研究时观察资料的完整性，在设计上可分两种情况（图5-1）。

1）前瞻性队列研究：从现在追踪到未来。研究开始时，两组中病例或死亡病例均未发生。

2）回顾性队列研究：是从过去追查到现在，故为回顾性的。研究开始时，两组中病例或死亡病例一般已发生。

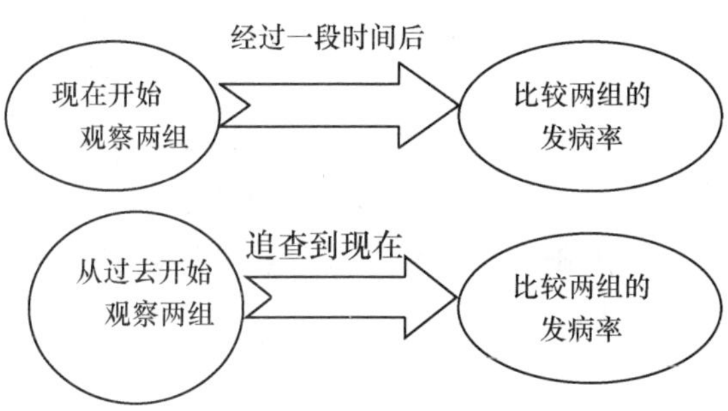

图5-1　前瞻性队列研究设计与回顾性队列研究设计

（四）确定调查样本含量

凡做抽样调查，都会遇到一个样本含量的问题，即样本含量究竟多少为好。一般来说，观察值变异大的，计量资料的样本含量应大些；观察值变异小的，计量资料的样本含量可小些。

所谓样本含量的估计，就是在保证调查结论具有一定可靠性的条件下，确定最少的观察单位数。这里介绍计算法。

1. 了解总体情况的调查时样本含量的估计

（1）调查指标为百分率时的样本含量估计可按式（5.1）计算

$$n = 1.96^2 p(1-p)/\delta^2 \qquad (5.1)$$

式中：n 表示样本含量；p 表示估计率，由调查者根据过去情况估计；δ 表示容许误差，即对样本率与总体率之容许差值（此数由调查者根据实际情况确定。）

例5-1　调查某市40岁以上的男子的冠心病患病率，根据外地过去的资料，初步估计患病率为10%左右，要求误差不超过2%，问样本含量应为多少？

$$n = 1.96^2 \times 10 \times 90 \div 2^2 = 864.36$$

预计抽查865名40岁以上男子，即可达到所要求的精确度。

（2）调查指标为平均数时，样本含量估计可按式（5.2）计算

$$n = 1.96^2 s^2/\delta^2 \qquad (5.2)$$

式中：n 表示样本含量；s 表示标准差，由调查者根据过去情况估计；δ 表示容许误差，即对样本均数与总体均数之容许差值（此数由调查者根据实际情况规定，其单位与标准差相同。）

例5-2　调查30～50个正常男子血清总胆固醇含量。根据前人调查资料，估计标准差约为0.91mmol/L，要求误差不超过0.156mmol/L，问样本含量应为多少？

$$n = 1.96^2 0.91^2 \div 0.156^2 = 130.72$$

预计抽查131名30～40岁以上正常男子，即可达到所要求的精确度。

2. 确定事物相互关系的调查的样本含量估计　参照下节实验设计的样本含量估计方法。

（五）确定调查项目和调查表

根据调查指标确定对每个观察单位的调查项目。调查项目分为备查项目与分析项目两种。确定备查项目是为了确保分析项目填写正确，提供核对依据和明确责任。这种项目不宜过多。一般包括被调查者和调查者有关情况，被调查者姓名、住址，调查者姓名，调查日期，编号等。确定分析项目是为了搜集直接用于计算调查指标所必须的各项原始资料，如诊断结果、年龄、性别等。

调查项目的提法要明确，使人一看就懂。尽量做到不加说明或稍加说明，就可使调查者有统一的理解。调查项目可设计成填空式、是非式、选择式，不用或少用问答式，填写方式要简便统一。

把调查项目有次序地排列成表格，就是调查表。调查表的基本形式可分为一览表式和卡片式，可参阅其他统计学书籍。

（六）确定调查方式

调查方式有以下几种：

笔记栏

1. 直接观察法 如儿童身高，调查者直接对观察单位进行观察和测量。这种调查所得资料准确，但工作量较大。

2. 采访法 调查者和被调查者直接交谈。此法所得资料详细、丰富，但资料的正确性与调查者的工作态度、能力和被调查者的合作态度、理解、表达能力有关。

3. 填表法 把调查表发给被调查者自己填写。此法工作量小，但内容不可太多太繁，项目提法必须十分准确，并附填写说明。

4. 通信法 与被调查者或家属通信，探询患者情况。但因被调查者配合程度不一，不易获得完整资料。

（七）制定调查的组织计划

调查组织计划包括组织领导、宣传动员、拟定进度、人员培训、任免分工与联系、经费预算、宣传材料及器材的准备等。此外，在大规模调查前，最好先做小范围试点，以便检查、修改调查计划。

二、整理资料的计划

（1）资料的检查核对。

（2）设计分组。

（3）拟整理表。

（4）归组汇总。参见本书第7章。

三、分析资料的计划

制定分析资料的计划，就是要考虑决定最后用什么方法进行统计分析。根据所确定的统计分析方法，又可对搜集和整理资料的方法和内容提出进一步地要求。因此，分析资料的计划实际上包含在搜集与整理资料的计划之中。如果事先不确定统计分析方法，就有可能在最后发现搜集或整理好的资料不能满足统计分析的要求。

1. 正确选择分析方法 根据分析目的、资料的性质和统计分析方法的应用条件，正确选择统计分析方法。

（1）选择适当的集中趋势指标和离散程度指标，描述资料的集中与离散情况。在抽样研究中还要选择适当的抽样误差指标，衡量指标的可靠性。

笔记栏

（2）选择适当的统计分析方法，由样本信息推断总体指标有无差别，两指标间有无联系等。如确定选用参数分析还是非参数分析，选用单变量分析（t 检验、方差分析、χ^2 检验、u 检验等）还是双变量分析（相关分析、回归分析）等。

（3）选择历史、外地的类似调查资料比较时，要特别注意比较是否具有良好的可比性。例如指标、调查的对象和范围是否一致等。

2. 恰当应用综合分析方法 综合分析方法就是把各种统计分析方法结合在一起进行统计分析的方法。它可以从不同的角度，把资料内部蕴藏的信息，尽可能完全提取出来。比如多组均数比较时，不仅要分析组间差异有无显著性，还要考虑组间有无某种变动趋势。将两个问题结合起来分析可以丰富我们对被研究对象的认识。

3. 结合专业进行统计分析 在分析资料的过程中要注意使专业知识与统计知识相结合。下结论要恰如其分，要有专业理论的依据，避免做专业上没有意义的分析。

4. 编制分析表和绘制必要统计图表 见本书第7章。

第3节 实验性研究设计

实验性研究设计是对实验性研究所做的周密计划，它涉及实验性研究资料的搜集、整理与分析全过程。实验性研究设计的基本内容、过程及原则与观察性研究设计是一致的。本节根据实验性研究的特点，在资料搜集方面做一些补充要求，其基本原则同样也适用于观察性研究设计。

一、实验性研究设计的原则

（一）随机化原则

1. 随机化（randomization）概念 随机是机会均等的意思。随机化的原则就是使研究对象中的每一个观察单位具有同等机会被抽取到。

我们知道，了解总体情况是科研中统计工作目的之一。但是，在多数情况下，不可能对总体的所有观察单位进行逐个观察。有时由于观察性检查是破坏性的，如检查一批鸡蛋中沙门菌污染情况,即使可能逐一检查,也不允许这样做。另外,医护科研时,常常设立对照组与处理组,往往要求非处理因素最好是完全一致的、均衡的。事实上不可能做到完全一致与绝对的均衡,只能做到基本的一致与均衡,在实验中能使两者趋于一致或均衡的主要手段是随机化。

在医护科研工作中,往往对观察时间较长的实验,其研究对象的实验前后的次序也要进行实验顺序随机化。总之,在医护科研过程中,凡可能影响结果的一切顺序因素及人员、仪器等因素,应一律加以随机化。

2. 随机化的种类 随机包括随机抽样、随机分组与顺序随机化等。

(1)随机抽样:机会均等的抽样方式,即以随机的原则从总体中抽取一定数量的观察单位组成样本,然后用样本来推断总体。用这种方式抽样,可以使总体内每一个观察对象具有同等被抽取到的机会。由随机抽样组成的样本,具有良好的代表性。

(2)随机分组:是使每一个观察对象具有同等机会被分配到处理组或各对比组中去,而不是凭研究者的主观意愿去分配观察对象。随机分组也是一种简便的均衡方式。影响研究结果的因素是多种多样的,有的影响因素甚至可能还未被研究者估计到,因而无论怎样去努力挑选条件一致的实验对象和搭配各种非实验因素,这种均衡总是不够完全的。这一点在动物实验、临床实验与预防医学调查研究中尤为突出。通过随机分组,各种已知或未知的未加均衡的、影响较小的混杂因素,在各组中可以取得进一步的均衡,以减少偏倚,使各组间具有可比性。

随机是随便吗

随机绝不是随便。随机可以做到机会均等,随便却不一定能做到机会均等。例如,随便从同一笼内的20只小白鼠中抓取十只分入甲组,余下十只作为乙组,则必然会将较灵活的小白鼠集中到乙组,人为地造成两组不均衡。

链接

(3)顺序随机化:实验前后次序的随机化。有些实验的过程较长,实验进行的先后顺序,对结果可能会发生影响(这是因为仪器的工作状态、试剂的浓度、测量者的生理与心理状态等,可能随时间的推移而发生变化)。这就需要进行顺序随机化处理,即实验不按固定的次序,而是使每一个受试对象具有同等机会处于任何序位上接受实验。

(二)对照原则

1. 对照的概念 有比较才能鉴别。在实验性研究中,往往需要对研究对象施加某项实验因素,观察其结果,但是有无结果或结果如何,必须设立未加实验因素的组作为比较的对象才能进行判断。也就是说,要设立对照组。所谓对照,就是在实验研究中,将具有相同性质的研究对象随机分成两组或多组,各组之间非实验因素影响具有一致性,其中一组或几组施加实验因素或不同程度的实验因素,另外一组未加实验因素,然后比较各组的实验结果。其中施加实验因素的各组称为实验组,未加实验因素的一组称为对照组。

在实验性研究中,不仅要设立对照组,而且还要求对照组与实验组之间具有良好的均衡性。没有均衡性的对照是无效的对照。所谓均衡性就是对比各组之间,非实验因素影响的一致性。

什么是非实验因素

在实验性研究中,我们目的是要回答某个问题,如使用某种药物能否治疗某种疾病;注射某种疫苗能否预防某种传染病的发生;采取某种实验步骤,是否影响实验观察的正确性;某种化学物质进入机体,是否对机体造成某种危害等等。总之,一方面是实验因素(如药物、疫苗、实验步骤、化学物质,等等);另一方面是实验结果(如疾病的痊愈、传染病发病的减少、实验观察正确性的提高、机体的损害等等)。众所周知,一个结果的产生,往往受各种因素的影响。例如药物对疾病的疗效,受到药物作用的强弱、剂量、给药方式、疾病严重程度、疾病的型或期、辅助治疗、休息、营养、一般健康情况、精神状态等因素的影响。如果我们只研究药物作用,那么,药物这一因素就称为实验因素,其他各种影响因素就称为非实验因素。

接链

笔记栏

如果非实验因素的影响在对比各组之间不一致,我们就很难判断各组之间的差别究竟是实验因素造成的还是非实验因素造成的。例如，疗效的提高，究竟是药物作用的结果，还是由于病情较轻、辅助治疗好、一般健康状况好等因素影响的结果。

实验影响结果的影响因素往往很多，非实验因素的均衡往往不容易做好，实验者必须精心设计、巧妙安排，尽可能使主要的非实验因素对各组的影响一致。

2. 对照的种类 对照有各种形式，可根据实验研究的目的和内容加以选择：

（1）空白对照：对照组的实验对象不加任何处理。如为了观察某种新的免疫疫苗预防效果，可设立非免疫组做空白对照。对非免疫组人群不接种该免疫制剂，也不接种其他免疫制剂，经一段时间后比较两组血清学和流行病学指标。

（2）标准对照：用标准值或参考值做对照。例如，实验指标为脉搏、体温时，可用脉搏、体温参考值做对照。有时，将实验组处于某种处理条件下，将对照组处于标准情况或正常情况下比较实验效果，也称标准对照。如以健康人群或正常喂饲条件下动物组的血清生化指标，也称标准对照。

（3）自身对照：对照组与实验组的实验单位是共同的。即对同一实验单位，施加不同处理，比较其效应。不同的处理可以同时施加在同一实验单位的不同部位，如同一人的左右前臂做不同的皮内试验；也可以对同一实验单位作一前一后的两种不同程度残余效应的处理，如刺激降压神经使血压升高，当血压恢复正常后，再刺激降压神经，使血压下降。又如对同一患者治疗前后，某生化指标的对比。自身对照实际上是更严格的配对对照。

（4）实验对照：使对照组处于某种有关的实验条件下，观察其结果，与实验组进行比较。例如，研究穴位注射的效应，采用穴位注射溶剂作对照，以消除单纯溶剂对穴位的刺激效应的影响，也消除单纯针刺激穴位效应的影响。

（5）相互对照：几个实验组相互对照，比较各组实验效应之强弱。例如，两种免疫方法都有效，比较其免疫水平；两种疗法都有效，比较其治愈率。虽然实验对照与相互对照都接受实验处理，但是实验对照的“实验”是为了消除某种非实验因素的干扰，而相互对照各组的“实验”本身就是实验因素，参与比较是为了判断各组实验因素的效应强弱。

（6）安慰剂对照：安慰剂对照的目的在于消除研究人员、患者和评价人员等由心理因素等影响而形成的偏倚，从而暴露出试验药物所产生的效应。通过对比，就可知道试验药物的特异作用。这对评价一种新药的治疗效果具有特别重要的意义。

什么是安慰剂

安慰剂是一种“假药”，其外观、形状、颜色、大小、质量、气味、口感和包装都与试验药物尽可能一样，安慰剂与试验药物的主要区别是不含试验药物的有效成分，也不对人体产生有害作用。

接链

（三）重复性原则

1. 重复概念 重复的原则是在相同实验条件下进行多次研究或多次观察。

2. 重复的种类 重复从广义上讲包括三种类型。

（1）样本内有足够数量的同质观察对象：重复太少不能满足统计学要求，但是大量重复并不能缩小样本内部的变异，因而也不能提高统计检验的灵敏度。恰恰相反，样本太大，不仅浪费，而且工作量大，参加工作人员多，操作粗糙，互不统一，使观察误差增大。对样本含量的要求是，既要保证实验结果的可靠，又要避免人为的浪费。

（2）同一研究结果的重复和验证：在实验性研究中，任何研究结果都要求重复验证，科学结论必须经得起实践的检验。

（3）同一研究对象重复观察：为了保证观察结果的精度，必须对同一研究对象进行多次测量。如在测量心率时，要求测量 3 次，以 3 次的平均值作为最后的观测值。

（四）均衡原则

均衡（balance）指各比较组之间除实验因素不同外，其他重要的、可控制的非实验因素的分布尽量保持一致。上面介绍的随机原则实际上是为了保证对比组间在大量不可控制的非实验因素的分布方面尽量保持一致的一

笔记栏

种统计学措施。在保持均衡性方面应注意以下几点：

（1）不同对比组实验对象在性别、年龄及健康状况上应保持一致。临床试验还应考虑病情及过去接受治疗的情况。当然，由于存在生命个体差异，不可能在所有特征上做到完全一致。

（2）不同对比组的实验条件和实验环境应保持一致。

（3）在临床试验中，由于患者对治疗的反应及医生对疗效标准的掌握与评价上容易受到心理影响，应特别注意盲法原则的应用。

（五）盲法原则

1. 盲法的概念 临床试验目的是为了正确评价一项治疗措施的疗效，用以指导临床实践。这就需要避免各种因素对正确评价的影响，即避免这些因素产生的偏倚。随机化方法可在很大程度上消除选择偏倚，而要消除观察偏倚就要运用盲法原则。盲法原则就是临床医师、研究对象和试验设计人员中的一个、两个或三个都不知道研究对象接受什么治疗措施。

2. 临床试验中盲法主要分为

（1）非盲试验（或称零盲试验）：在临床试验中，临床医师、研究人员和研究对象本人均知道分组情况和接受什么治疗措施。有些临床试验只能是非盲试验，如探讨改变生活习惯对冠心病发病的影响。这是非盲试验结论不可靠的原因。此法的另一方面的缺点是分配到对照组的患者因多种原因退出试验的事例并非少见。

（2）单盲试验：在临床试验中，研究对象不知道所接受的措施的具体内容，从而避免了他们主观因素对疗效造成的偏倚。临床医师了解这些措施，这样可使研究对象在临床试验过程中的安全得到了保证。但此法不能避免临床医师主观因素对疗效判断的影响。另外，有时要真正“盲”患者也很困难。

（3）双盲试验：在这种类型的试验中，患者和临床医师均不知道患者分组情况和接受的治疗具体措施。这样就极大地减少了两者的主观因素对判断研究结果的影响。这是此法的优点。但此法设计比较复杂，实施也较困难。还要有第三者负责监督试验全过程（包括毒副反应的检查）以保证研究对象的安全。此外，在药品制作、采购、分发、观察疗效等方面要有配套严格制度，并教育工作人员严格遵守。还应认识到，在试验过程中要“盲”临床医师确实困难。

（4）三盲试验：不但患者与临床医师不知道患者分组情况和接受的治疗具体措施，而且连监督搜集资料者与分析资料者也不了解分组情况，可避免各方面的偏性。

二、实验性研究设计的方法

这里介绍随机数字表方法的应用。

随机数字表是根据随机抽样的原理编制的。原表共有六张，本书选录一张。

（一）随机抽样

例 5-3 有100例10岁儿童，欲从其中随机抽取20名作乙脑免疫水平测定，要求用随机数字表确定这20名儿童。

将100名儿童按与乙脑免疫水平无关的特征（如身高或体重等）编号，任意从随机数字表中某行某列开始抽取20个两位数，如从附表1（随机数字表）横行第1纵列开始向右连续抽取61，65，68，…95。规定00为100号，如有重复数即删去，并继续向右取满20个两位数为止，凡编号与20个随机数字对应的儿童即为抽取到的样本成员。

（二）随机分组

例 5-4 现有体重近似的同性别的动物20只，试用完全随机的方法把它们分为两组。

先将动物按其体重由小到大依次编号为1，2，3，…20号，然后选用随机数字表进行随机分组。

方法是：从随机数字表上抄录随机数字，依次安排在每个动物编号下。规定对应单数随机数字为一组（甲组），对应偶数随机数字为另一组（乙组）。可从随机数字表2第11行第11列数字开始，向右抄录20个数字，抄录数字时，可以一位一位数字地抄录，也可以两位两位数字地抄录。本例用后者。

动物编号：1 2 3 4 5 6 7 8 9 10

随机数字：85 47 04 66 08 34 72

笔记栏

57 59 13

所属组别:甲 甲 乙 乙 乙 乙 乙 甲 甲 甲

动物编号:11 12 13 14 15 16 17 18 19 20

随机数字:82 43 80 46 15 38 26 61 70 04

所属组别:乙 甲 乙 乙 甲 乙 乙 甲 乙 乙

动物编号为1,2,8,9,10,12,15,18的进入甲组,其随机数字均为单数。编号为3,4,5,6,7,11,13,14,16,17,19,20的进入乙组,其随机数字均为偶数。

(三)实验顺序的随机排列

例5-5 对10个实验单位进行实验,确定其实验顺序。

先将实验单位编号,然后任意从随机数字表的某行某列开始取随机数字。从随机数字表2第50行第一纵列开始,向右连续取十个两位数,分别为13,13,92…74,其中有两个13,任意删去一个,继续向右取一个两位数(32)。将随机数字与动物编号一一对应,按照随机数字数值的大小,确定相对应的实验单位的实验顺序。十个随机数字中,99最大,相对应的实验单位实验顺序为第一,13最小,相对应的实验单位的实验顺序为第十,余类推。结果如下:

实验单位编号:1 2 3 4 5 6 7 8 9 10

相应随机数字:13 92 66 99 47 24 49 57 74 32

对应实验顺序:10 2 4 1 7 9 6 5 3 8

三、样本含量的估计

这里介绍查表法。

(一)两样本率比较时,样本含量的估计

估计之前应根据实验者的需要和要求,确定检验水准和把握度,还必须估计两样本率p_1和p_2及其总体率的差值δ。两样本率可根据以往经验、预试验结果或文献资料估计,总体率的差值若未知时,可根据p_1-p_2估计。

笔记栏

例5-6 比较两种化疗方法对淋巴系统肿瘤的疗效,估计两种疗法缓解率分别为15%与50%,确定$\alpha=0.05$,$1-\beta=0.9$,问需要治疗多少患者?

本例为双侧检验,$\alpha=0.05$,$1-\beta=0.9$,较小率为15%,$\delta=50\%-15\%=35\%$,经查附表2,得$n=35$,两组共70人,即两种化疗方法确有差别,则需治疗70人才能有90%的把握确认两者有差别。

(二)配对计量资料比较时,所需样本含量的估计

估计之前除应确定检验水准与把握度外,还必须估计各对差值的均值$\bar{d}$、差值的总体均数μ_d与总体标准差σ_d之比$\delta(\delta=\mu_d/\sigma_d)$,若总体均数$\mu_d$与标准差$\sigma_d$未知,可用$\bar{d}$和$s_d$估计之。

例5-7 研究维生素E对大白鼠肝中维生素A含量的影响。根据过去资料维生素E缺乏组与正常饲料组大白鼠肝中维生素A的含量平均差值$\bar{d}$约为0.8IU/mg,差值的标准差s_d约为0.53IU/mg,问至少需要多少大白鼠进行实验?

本例为配对计量资料,作双侧检验,$\alpha=0.05$,$1-\beta=0.9$,$\delta=0.8/0.53=1.5$,经查附表3,得$n=7$。即假定维生素E缺乏确可导致大白鼠肝中维生素A含量的改变,至少需七对大白鼠,才能以90%的把握度得出两者有差别的结论。

(三)两组均数比较时,所需样本含量的估计

估计前除应确定检验水准外,还应估计两样本均数、两总体均数之差与总体标准差的比值δ,若总体均数未知时,可按两样本均数估计,若总体标准差未知时,以两样本合并标准差估计。

例5-8 研究不同剂量某毒素对大鼠的毒性,过去试验结果剂量A大鼠肝重占体重百分比值(肝重比值)平均2.8,剂量B大鼠肝重比值平均为2.4,两组合并标准差0.16,确定$\alpha=0.05$,$1-\beta=0.9$,问至少需要多少只大鼠做实验?

本例作双侧检验,$\alpha=0.05$,$1-\beta=0.9$,$\delta=(2.8-2.4)/0.16=2.5$,经查附表4,得$n=5$,两组共需十只大鼠,即假定某毒素不同剂量可使大鼠肝重比值不同,则至少需要十只大鼠做实验,才能以90%的把握度得出不同剂量可使大鼠肝重比值有差别的结论。

第4节　医护科研设计案例

为了帮助大家学习本章内容，这里摘录部分医护科研论文中的有关科研设计内容，以供学习者参考，医学与护理的案例各一（计量资料与计数资料各一）（略有修改）。

一、上海市某社区2型糖尿病患者的干预研究

糖尿病是一种内分泌代谢性疾病，其发病率有逐年增高趋势，开展糖尿病教育在糖尿病中是不容忽视的一个方面。1996年，国际糖尿病联盟已把糖尿病教育列为糖尿病治疗的五项措施之一。但文献报道的糖尿病教育对糖尿病的治疗研究效果并不完全一致。本研究对2型糖尿病患者采用常规药物治疗并辅以糖尿病教育，与单纯药物治疗进行了对照研究，以探讨糖尿病教育对社区2型糖尿病的治疗性干预效果（以下主要是论文中的材料与方法）。

1. 调查对象　于2000年1～4月调查上海市闸北区彭浦街道243名糖尿病患者，采用系统抽样方法随机选择58例2型糖尿病患者（均符合1985年WHO糖尿病分型和诊断标准），均给予常规药物治疗；均进食糖尿病套餐；均排除糖尿病急性并发症（如酮症酸中毒）及脑血管病变、心肌梗死等；无阳痿、严重心肺疾病及其他内分泌疾病，肝肾功能正常。入选者随机分为干预组及对照组。干预组30人，男14例，女16例，平均年龄65岁，病程0.5～15.0年，中位数3年，对照组28例，两组在年龄、病程、家庭经济水平等方面无显著性差异。

2. 方法

（1）治疗前、治疗后4周两组均测空腹血糖、餐后2小时血糖、糖化血红蛋白（HbA1c），血、尿常规，血电解质，肝、肾功能，治疗前、治疗后第10，20，30天三餐前后1小时血糖（6次/天）。HbA1c采用BioRad的血红蛋白微柱测定法测定。取一天血糖最大值与最小值的差为1天内的血糖波动范围，取1天所测六次血糖的平均值为日平均血糖，血糖下降率＝（治疗前－治疗后血糖）/治疗前血糖。

（2）糖尿病教育：每周2次糖尿病教育。每次2小时，由糖尿病医师、专业护士、营养师及心理学专家进行，采用集体教育、小组教育和单人教育三种教育形式，多为三种形式并用。集体教育多采用听课、录像、幻灯讲座、文图宣传、联谊活动等形式进行糖尿病教育。同时允许患者讨论、提问，组员之间可互教互学，还可亲自实践注射胰岛素、练习测尿糖、使用微量血糖检测仪等，从而增加医护人员与患者之间的接触、沟通。内容包括：糖尿病基本知识、饮食控制的目的与意义，使用胰岛素和口服降糖药的注意事项，运动疗法的实施及注意事项等，尿糖、血糖监测意义及注意事项，高血糖和低血糖的症状，预防方法及相应的处理措施，各种并发症的表现及护理，特别重视糖尿病患者如何进行足部保健及其心理与生活质量方面的护理。

3. 数据处理　数据输入计算机自编程序处理，两组差异用t检验，多组差异用方差分析。

二、深圳市科技局《综合护理技术治疗类风湿关节炎临床应用研究》

1 立题依据

1.1 *研究背景*　类风湿关节炎（RA）是一种以关节病变为主的慢性全身性自身免疫性疾病，具有反复发作、致残率高等特点。约50%的患者在诊断确立后10年可因疾病的进展而被迫停止工作。

1.2 *研究目的*　鉴于本病顽固难愈，且主要病变部位在指间关节、掌指、腕、膝、踝等远端小关节，服用抗风湿的中西药难以直达病所，且疗程长，收效慢，副作用多。本课题在常规服用抗风湿药的基础上，应用综合护理技术局部外治，以期提高疗效，减轻痛苦，减少口服药的用量及毒副作用。通过前期临床观察，综合护理技术能显著地减轻或缓解关节局部症状，使病程明显缩短，已取得初步效果。但需进一步进行临床验证，以探讨综合护理技术治疗RA患者的有效性、安全性、科学性及作用机制，探讨其对RA疗效的规律性，制定操作规范，并推广应用。

笔记栏

1.3 *治疗现状与存在问题*　目前临床局

部治疗 RA 常用以下方法

1.3.1 物理疗法(TDP 灯照射):TDP 是特定电磁波谱的汉语拼音缩写,是电磁波的生物效应研究成功的一种医疗器械,具有促进代谢、改善血液循环、调节生理机能等抗炎消肿止痛的作用。该方法的不足之处是使用 TDP 灯时,患者皮肤常常发红或有灼痛感,容易发生皮肤灼伤。

1.3.2 中药外敷(加味双柏散外敷):其组方具有活血化瘀、清热解毒、消肿止痛的功效。现代药理研究分析,加味双柏散中各种药物均有一定的抗菌抑菌、抗炎止痛作用,并有改善局部血液循环、改善内环境和代谢状态、减少组织细胞变性坏死的作用,从而有利于组织细胞的再生与修复。该方法在临床护理中存在两个问题:①传统使用的加味双柏散是将药物用开水调成糊状后直接敷于患处,散热快,药物易干燥,不易被吸收,药物的生物利用度低。药理研究证明双柏散的抗炎效果以水提液及保持温热外敷为最好。②由于加味双柏散敷药时间要求较长,每天 6~10 小时,使患者行动不便,不利于早期关节的功能锻炼,而功能锻炼对于 RA 患者减轻局部症状,保护和改善关节的功能是极其重要的。

1.4 综合护理技术的构成及机制　综合护理技术是物理疗法(TDP 灯照射)、中医护理技术(以中医推拿按摩原理+功能锻炼的一种手法)、中药外敷(加味双柏散外敷)三项护理技术组合而成。该组合有效地解决了上述问题。

1.5 文献查阅　经查阅文献,RA 局部外治的方法,国内报道有中药离子导入,中药熏洗、熏蒸、外敷、药透、药浴,康复治疗,封闭治疗,针灸、红外线等方法。上述方法有一定效果,但不理想。双柏散外敷或 TDP 灯照射治疗 RA 的文献有见报道,而 TDP 灯照射、中医护理技术、加味双柏散外敷三者联用尚未见报道。

1.6 市场预测及发展前景　本课题在常规服用抗风湿药的基础上,以独特的中医护理技术为切入点,将其与 TDP 灯照射、加味双柏散外敷有机结合,直接作用于患处,相互取长补短,发挥各自的优势。目的在于缓解关节的局部症状,保护和改善关节功能,延缓关节病变的发展,降低致残率,提高患者的生活质量。为 RA 患者的康复提供一种安全、疗效持久的新途径。

2 研究目标、内容、方法和拟解决的关键问题

2.1 研究目标　鉴于 RA 患者顽固难愈,且主要病变部位远端小关节,服用抗风湿的中西药难以直达病所,且疗程长,收效慢,副作用多。本课题在常规服用抗风湿药的基础上,应用综合护理技术局部外治,以期提高疗效,减轻痛苦,减少口服药的用量及毒副作用。通过前期临床观察,综合护理技术能显著地减轻或缓解关节局部症状,使病程明显缩短,已取得初步效果。但需进一步进行临床验证,以探讨综合护理技术治疗 RA 患者的有效性、安全性、科学性及作用机制,探讨其对 RA 疗效的规律性,制定操作规范,并推广应用。

2.2 研究内容与方法

2.2.1 研究对象的选择深:圳市中医院风湿内科住院患者,为单纯的 RA 患者,诊断符合美国风湿学院 1987 年的诊断标准,年龄 16~62 岁,病程 3 个月至 14 年,并能配合完成临床观察者。

2.2.2 研究对象的分组与方法

2.2.2.1 方法:采用随机分组的方法,将 200 例 RA 患者分为 4 组,4 组均按常规抗风湿治疗,各组之间在性别、年龄、病程、功能分级、常规抗风湿药物使用等方面差异无显著性。

2.2.2.2 组别及定义:①综合护理技术组:TDP 灯照射、中医护理技术、加味双柏散外敷三项护理操作技术的组合;②单纯物理组:TDP 灯照射组;③中药外敷组:加味双柏散外敷组;④对照组:常规抗风湿治疗组,局部不加任何治疗及护理。

2.2.3 治疗部位的选择:统一选择治疗关节,如指关节、腕关节、膝关节、踝关节。

2.2.4 治疗仪器的选择:统一使用由重庆市新峰医疗器械销售有限公司销售的落地式 CQ—27 型 TDP 灯,功率≤250W。

2.2.5 疗程的确认:每日 1 次,统一 20 天为一个疗程,满一个疗程作统计对象。

笔记栏

2.2.6 各组护理技术的操作方法

2.2.6.1 单纯物理组：将仪器推放床旁，接通电源，打开 TDP 灯的开关，预热 4 ~ 6 分钟，患者取平卧或坐位，调节灯距，照射处皮肤距离涂料板 20 ~ 30cm，皮肤表面温度保持在 40℃左右，每次照射 30 ~ 60 分钟。

2.2.6.2 中药外敷组：将双柏散药粉加入适量的蜂蜜、水和凡士林煮沸后调成糊状，用 0.9% 氯化钠溶液棉球擦洗患处，将调好的药物平摊在“舒适妥”胶布上，厚薄适中，敷料范围大于患处 1.5cm，放入微波炉中加热 1 分钟，温度以患者感到舒适为宜，直接敷于患处。敷药时间每天 6 ~ 10 小时。

2.2.6.3 综合护理技术组：第一步，按照单纯物理组的方法，用 TDP 灯照射患处 10 ~ 15 分钟或至局部皮肤发红；第二步，运用中医护理技术的操作手法，按揉活动病变关节，每个关节反复操作 10 ~ 15 分钟，关掉 TDP 灯；第三步，按照中药外敷组的方法使用加味双柏散。

RA 患者中医护理技术的操作手法（略）。

2.2.7 数据处理与分析方法：采用 SPSS 10.0 统计分析软件对数据进行整理与统计分析。统计分析方法采用方差分析、χ^2 检验等。

2.3 主要的技术指标

2.3.1 临床疗效观察指标

2.3.1.1 临床主要症状、体征观察指标：晨僵时间；关节疼痛、压痛；关节肿胀；20m 步行时间；双手握力；日常生活能力。

2.3.1.2 实验室观察指标：血沉（ESR）、类风湿因子（RF）、C 反应蛋白（CRP）、免疫球蛋白（IgG，IgA，IgM）；血常规、尿常规、肝功能、肾功能、心肌酶、心电图。

2.3.1.3 患者满意度：采用统一设计的调查表，测定四组患者对四种不同的护理方法的评价。很满意为 5 分；较满意为 4 分；一般为 3 分；不太满意为 2 分；很不满意为 1 分。

2.3.2 临床效果判断标准按文献。临床治愈：症状和体征全部消失，功能活动恢复正常，实验室指标正常。显效：全部或主要症状体征明显好转或消失，关节功能基本恢复，能参加正常工作和劳动，实验室指标基本正常。有效：主要症状体征明显改善，关节功能部分恢复，实验室指标有所改善。无效：症状、体征及实验室指标均未改善。

2.4 拟解决的关键问题

2.4.1 通过比较四组 RA 患者各项临床疗效观察指标、各项实验室观察指标、患者满意度，评价综合护理技术的临床疗效。

2.4.2 探讨综合护理技术组合的科学性及作用机制，并制定操作规范。

2.4.3 在临床护理实践中，规范 RA 患者中医护理技术的操作手法。

3 技术路线（略）

4 可行性分析

4.1 研究人员的素质分析

4.1.1 课题负责人（略）。

4.1.2 课题主要技术人员（略）。

4.2 研究现场条件的分析

4.2.1 深圳市中医院是“三甲”中医院，又是广州中医药大学的附属教学医院，风湿科有两个门诊部和一个病房，病床 20 张，每年收治 RA 患者约 300 人，需 TDP 灯照射和加味双柏散外敷近千例次，有充足的临床病例来源，能完成科研所需病例。

4.2.2 组成加味双柏散的五味药取材方便，经烘干后粉碎成粗粉，过筛、混匀，即得棕色粉末，药物成本较低，易于配制。该院已具备该研究所需各种条件，制剂室有常州市第二干燥设备厂的 CT—CI 型热风循环烘箱，江阴瑰宝制药机械厂的 SJ—160 型高效粉碎机等，能完成药物的制作。检验科装备全自动生化分析仪。病房有重庆市新峰医疗器械销售有限公司销售的落地式 CQ—27 型 TDP 灯，功率≤250W。

4.3 研究条件和基础

4.3.1 前期研究基础：近年来，本科室开展了 TDP 灯照射加中药外敷治疗 RA 患者的研究工作，借鉴中医推拿按摩原理，结合关节功能锻炼的需要，创建了治疗 RA 患者的中医护理技术，将其与 TDP 灯照射、中药外敷有机结合，应用于临床深受患者的喜爱。

4.3.2 前期研究成果：该研究已进行了一年多的临床观察，收集病例 60 多例，已撰写相关论文一篇。

4.3.3 研究硬件条件：该院设备齐全，具备完成本课题的所有仪器设备，如下：全自动

笔记栏

生化分析仪(奥林巴斯 AII—2700,日本产),CT—CI 型热风循环烘箱(常州市第二干燥设备厂),SJ—160 型高效粉碎机(江阴瑰宝制药机械厂),落地式 CQ—27 型 TDP 灯,功率≤250W(重庆市新峰医疗器械销售有限公司)。

4.4 单位领导的支持 医院科研管理规范,单位领导对本课题组的人力、物力给予充分支持。

5 本项目的创新之处

5.1 该研究的特色 将独特的中医护理技术与其他两种护理技术有机结合,相互取长补短,发挥各自的优势,直接作用于患处,功效强而持久。既弥补了内治的不足,减少口服药的用量及毒副作用,又能加快新陈代谢,增强机体的免疫力。无创伤,无不良反应,患者乐于接受,为 RA 患者的康复提供一种安全、疗效持久的新途径。是中医护理现代化的体现。

5.2 借鉴中医推拿按摩的原理 结合关节功能锻炼的需要,在临床实践中探索并创建了一种治疗 RA 患者独特的护理手法,定义他为中医护理技术。

5.3 通过增加佐剂 改进加味双柏散的使用方法,提高了药物生物利用度。

6 预期结果和项目计划进度

6.1 预期结果

6.1.1 本课题在常规服用抗风湿药的基础上,以独特的中医护理技术为切入点,将其与 TDP 灯照射、加味双柏散外敷有机结合,直接作用于患处,相互取长补短,发挥各自的优势。目的在于缓解关节的局部症状,保护和改善关节功能,延缓关节病变的发展,降低致残率,提高患者的生活质量。为 RA 患者的康复提供一种安全、疗效持久的新途径。该研究既能弥补内治的不足,减少口服药的用量及毒副作用,又能加快新陈代谢,增强机体的免疫力。无创伤,无不良反应,患者乐于接受,可产生良好的经济和社会效益。

6.1.2 成果以论文的形式在国内核心刊物上发表 3 ~4 篇。

6.1.3 将目前有显著疗效的综合护理技术经严格规范后,在临床护理中推广应用,将全面提高护理工作质量及患者满意度,提升中医临床护理方面的竞争力。

笔记栏

6.2 项目计划进度(略)

第5节 实习:医护科研设计

(一) 实习目的

(1) 能够根据研究目的确定研究方法(观察性或实验性研究)。

(2) 掌握科研设计的基本步骤与基本原则。

(3) 能够根据科研设计的有关原则判断设计中的错误,并进行纠正。

(二) 实习内容

(1) 随着中国商业化进程的不断推进,心理抑郁与自杀意念对自身生存和健康的威胁,将远远大于一直困扰中国人的生理疾病。

曾有媒体进行过一项高校流行语调查,"郁闷"一词以 55% 的得票率高居榜首。大学一年级学生为"现实中的大学与想像中的象牙塔不一样"而郁闷,大学二年级学生为"敏感的校园人际关系"以及"校园内部贫富差距显露的社会不公"而郁闷,大学三年级和大学四年级学生则开始因为"考研、就业与恋爱带来的一系列问题"而郁闷。专家指出,"郁闷"是一种笼统的心理亚健康情绪的反映。

最能影响人自杀的因素是"死前 2 周抑郁程度重",此外,有自杀未遂既往史,朋友、熟人及有血缘关系的人曾有过自杀行为等都会导致个人自杀。研究表明,一例自杀死亡可使六个人受到严重影响,一例自杀未遂可使两个人受到严重影响,自杀死亡给他人造成的心理伤害持续 10 年,自杀未遂持续 6 个月;那么,每年有 150 万人遭受到亲友自杀死亡所带来的严重心理创伤,400 万人遭受到亲友自杀未遂所带来的严重伤害。基于此,我国每年有 1 700万人的心理和社会功能,因他们所爱的人的自杀死亡或自杀未遂,受到严重损害。

综上所述,大学生的心理抑郁与自杀意念研究表明,心理抑郁在大学生的自杀意念与行为中起到了极为重要的影响,请考虑护士毕业生的现实情况来进行心理抑郁与自杀意念的研究,对护士毕业生进行《护士毕业生心理抑郁原因与自杀意念倾向的研究》调查设计。

(2) 某医生在一次临床试验中需要用100例患者，他根据就诊先后顺序，欲将先就诊的50名患者分入A组，后就诊的50名患者分入B组。你认为这种设计方案是否遵循了有关科研设计的原则？理由是什么？

1. 医护科研设计就是对医护科研选题的假说提出、验证与确立结论的科研工作程序所作的周密计划与实施方案。它主要包括对研究对象的选择、诊断指标和观察指标的确定的医学专业设计以及对医护科研资料的搜集、整理与分析等内容。

2. 理解医护科研设计的各项原则：随机化、对照、重复、盲法等。

3. 能够根据资料的性质及科研的目的，运用查表法或计算法适当选择样本含量。

小结

目标检测

1. 为什么要进行科研设计？科研设计有哪些步骤？
2. 随机是“随便”吗？如何才能做到随机？
3. 为什么要进行对照？对照有哪些方法？
4. 在医护科研设计时为什么要遵循盲法的原则？各种盲法有什么意义？

(张勤国)

笔记栏

第6章 医护研究的基本要素

学习目标

1. 简述实验设计的基本要素、基本概念及实验效应指标的基本特征
2. 描述有效控制非实验因素的意义、各种观察性研究的研究对象和研究因素
3. 概述实验对象的选择原则

第1节 实验性研究的基本要素

实验因素、实验对象和实验效应是实验设计的三个基本要素，不论是动物实验、临床试验还是社区干预试验都有三个基本要素。它们贯穿于整个实验研究过程中，从不同侧面影响着实验研究的结果，在实验设计过程中必须予以足够重视。例如，用两种药物治疗糖尿病患者，观察比较两组患者血糖、尿糖的下降情况，这里所用的药物为处理因素、糖尿病患者为受试对象，血糖值、尿糖值为实验效应（如图6-1）。

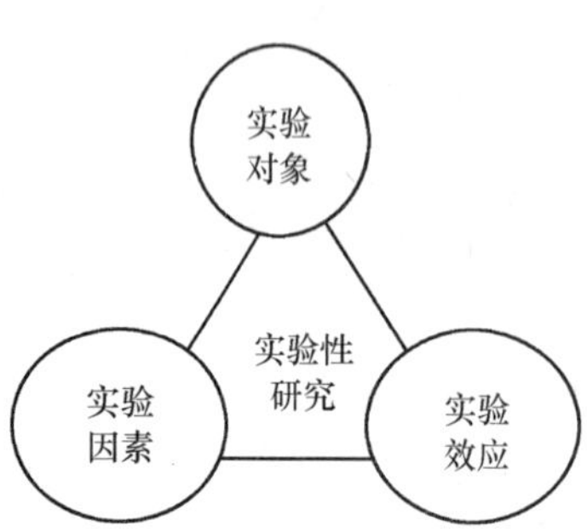

图6-1 实验设计的三大基本要素

一、实验因素

（一）定义

实验因素又可称为受试因素，是为达到实验目的所采用的作用于实验对象身上的因素。如医疗护理研究中的治疗方法和各种医疗护理措施等。如某种护理措施对压疮患者护理效果的临床评价研究，该种护理措施就是实验因素。如阿司匹林对冠心病防治作用的研究，药物阿司匹林就是实验因素。又如两种肛管用于人工肛门灌肠效果的比较，人工肛门灌肠也是实验因素。

（二）实验因素的选择与标准化

1. 实验因素的选择 在医学实验研究中，首先要考虑的就是如何选择和确定实验因素，因为实验因素是直接影响实验效果的主要因素之一。在进行实验因素设计时应注意以下几个问题：

（1）实验因素的强度：强度就是实验因素量的大小，即所使用的实验因素的次数、每次的剂量、疗程的数量以及实验因素的总量等。

在设计时要注意掌握实验因素的使用强度，过大可使实验对象受到伤害或在临床实践上无法使用，过小则难以出现预期的效应。如以观察药物疗效为例，药物的剂量强度必须适当，使用的剂量应在最小有效剂量和最大不中毒剂量范围之内。

此外，在试验设计时还要充分考虑用药的途径、用药的时间间隔等，这些均可对药物（实验因素）的强度产生影响。

（2）主要实验因素和次要实验因素：在实验性研究中，往往有多种因素同时作用于实验对象上，造成对实验效应的干扰。因此，必须选定其中起关键作用的主要实验因素，尽可能排除或控制非实验因素的干扰。如若想观察

笔记栏

某手术疗法的效果，则此手术疗法为实验因素，但参与实验的其他因素，如麻醉方法、手术器械、手术环境和手术者等，也都影响着手术效果。一般将这些除实验因素以外的其他影响因素称为非实验因素。因此，在科研设计时，就应考虑采用适当的方法尽可能排除非实验因素的干扰，以观察实验因素的实验效应。

（3）单因素和多因素：在一次实验中只观察一个因素的效应称为单因素研究，如维生素K的补充对幼鼠骨量及骨强度影响的研究，就是单因素研究。一次实验中观察多种因素的效应称为多因素研究，如中西医结合研究中，比较中药与西药联合的疗效，就属于多因素研究。一次实验的处理因素不要过多，否则分组过多，检测指标的样本过多，实验耗时过长，且难以掌握；实验处理因素又不宜过少，否则影响实验的深度、广度和效率。

（4）单水平和多水平：同一类别的实验因素，有不同的水平。如以药物作为实验因素，剂量就是水平。每一种剂量就是一个单水平，而不同剂量则为多水平。

不同的因素，不同的水平，可能产生不同的效应。依据因素的类别和水平的数目，可以产生四种不同类型的组合实验：单因素单水平、单因素多水平、多因素单水平、多因素多水平。如夏枯草提取物对原发性高血压患者降压作用的观察就属于单因素单水平的实验。而比较中药与西药联合的疗效，则为多因素单水平的研究。在实际工作中，究竟选用哪种实验，应根据实验目的以及实验的可行性等诸多因素来决定。同一因素有时可设几个不同强度或不同剂量即处理因素的水平。处理因素的水平亦不宜过多。

2. 实验因素的标准化和稳定性　实验因素的标准化是通过查阅文献或预备性实验筛选确定的"最适宜的因素"，对构成实验因素的多组成分已有明确的规定。处理因素在整个实验过程中应保持不变即应标准化，否则会影响实验结果的评价。如药物疗效的临床研究，应采用相同的计量标准对药物的质量（成分、纯度、生产厂、批号、配制方法等）做出统一规定并相对固定。

实验因素的稳定性是构成研究因素的多个组分及有关条件在研究过程中保持恒定不变，同时要求可能影响实验效应的非实验因素处于均衡状态。

3. 严格控制非处理因素　在医学实验性研究中，除把握好实验因素外，对非实验因素的控制同样是十分重要的，因为它直接影响实验效应的可信度。

控制非实验因素就是在实验过程中要严格控制，使各组在基本相同条件下进行实验，即实验组与对照组除了实验因素不同外，其他条件应尽可能一致，以便观察该实验因素所产生的实验效应。在实验过程中寻找和确定哪些因素是非实验因素，怎样对其实行严格的控制是非常关键的问题。

二、实验对象

（一）定义

实验对象又称受试对象，是由研究目的决定的具有某种特征的个体组成的群体，是实验因素所作用的对象，也是实验者所要认知的对象。

在医学实验性研究中，实验对象大多数是患者或动物，也可以是以人群作为实验对象，还可以是取自人或动物的生物材料，如器官、组织切片等。

（二）选择实验对象的基本原则

实验对象决定实验效应的真实性。因此，实验对象的选择是否科学、合理，是关系实验成功的关键。选择实验对象的一般原则是：

1. 入选的实验对象能够从科研中受益　如评价药物的疗效，研究人员应清楚地掌握该药的作用机制、适应证、禁忌证或敏感菌株等资料。这样就可选入敏感菌株感染的患者，而使其受益，从临床试验角度来说也可获得阳性结果。另外，当患者选入研究对象时，还应遵循知情同意的原则。

2. 实验对象应具有代表性　被选入的研究对象在病型、病情以及年龄、性别等方面应具备某病的特征，即代表性强。这样，试验获得的结论将具有明显的实用价值。若代表性差，科研结果的适用范围将受到限制。如1967年美国退伍军人管理局抗原发性高血压

笔记栏

治疗试验,试验对象只包括那些充分合作并能坚持治疗到底的未患继发性高血压和尿毒症的男性患者。这项工作组织严密,结论获得公认。但它只说明抗高血压药对于类似的男性患者有益,或许不适用于其他的高血压患者,如女性或老年高血压患者。

要使实验对象具有代表性,制定科学的选择标准就显得尤为重要。实验对象的选择标准包括准确的诊断标准、严格的纳入标准和明确的排除标准。

什么是知情同意

古希腊时期,患者是不能参加医疗决策过程的。在希波克拉底(hippocrates)誓言中:"进行治疗时,必须让患者不知何事而冷静处理,不可给予患者不安。""纵使有关治疗结果,亦不可告诉患者致生恐惧之事。"到了20世纪,社会关系状态发生巨大变化,医患关系物化,医患之间的信赖关系被淡化。加上消费者的权益,人权运动的发展,患者的自主权被提到了相当高的高度。第二次世界大战之后,纽伦堡审判揭开了知情同意的法理的序幕。让患者知情同意义务(informed consent,IC)是近些年来在医疗诉讼过程中逐步从一般注意义务中分化出来的特殊注意义务,即医师在进行医疗行为时,让患者在取得提供其医疗决定所必需的足够信息的基础上,做出医疗同意的义务。其目的是对患者人权的尊重,对医疗行为的理解和约束,其原则是为了达到疗效更佳、安全无害、痛苦最小、经济实惠等目的,同时也使患者的经济损失降到最低限度。

链接

3. 实验对象应具有客观性 当选择人体(健康人或患者)作为实验对象时,社会因素是另一个不容忽视的方面。如个人爱好、生活习惯、经济状况、家庭背景、文化差异等都是客观存在的因素,如果不加以重视,同样会影响实验效应。

4. 实验对象应具有依从性 依从性是实验对象能按照预定计划接受实验因素的合作程度(依从性对试验质量的影响及提高依从性的方法,详见第10章。)

5. 实验对象应有一定的样本含量 为了使研究的结果具有真实性和可重复性,应保证实验对象有一定的样本含量。样本含量的多少,一般根据研究目的的需要、指标的性质、误差的大小及实验对象对实验因素的反应而定。样本含量的具体估算方法参见第5章。

6. 注意志愿者作为实验对象对研究结果的影响 一般来说,志愿者(volunteer)多有难言的苦衷,如经济困难或自身患病求医心切等,这些均可对研究结果产生影响。由志愿者带来的偏倚详见第10章。

(三) 选择实验对象的方法

选择实验对象常采用抽样的方法:随机抽样、整群抽样和分层抽样(具体操作见第5章)。

三、实验效应

(一) 定义

实验效应是实验因素作用于实验对象所呈现的反应。实验效应主要是通过具体指标来反映。如对降压药的研究,就是通过具体血压值的变化来反映实验效应。指标的正确选定对实验效应的评价至关重要。

(二) 指标选定的原则

1. 指标的关联性 选用的指标须与临床试验所要回答的主要问题有密切的关系,即所选用的指标与本次试验的目的有本质上的联系。不同的实验目的,体现关联性的指标也不一样。如"青霉素对恶性疟疾疗效评价的研究"和"青霉素对治疗恶性疟疾的机制探讨"。前者的研究目的是疗效探讨,与疗效评价最相关联的指标应是病死率。后者的研究目的是机制探讨,其最相关联的指标应是能反映青霉素对恶性疟原虫在体内生活史的干扰等有关指标。

2. 指标的客观性 效应指标从性质上说可分为客观和主观指标两类。客观指标是那些不易受主观因素影响的,并能客观记录的指标,如红细胞的自动计数、心电图、血管造影、化验数据和微生物培养等。主观指标是靠实验对象回答或研究人员自行判断而不客观记录的指标,如研究对象陈述某些症状(如倦怠、疼痛、食欲不佳等)或研究人员通过体检获得的结果。这些指标易受主观因素的影响,其可靠性明显地不及客观指标。因此,在科研中尽量少用主观指标，而更多地选用客观指标。

3. 指标的灵敏性 又称反应性，是能如实地反映实验对象体内微量效应变化的指标。临床上，高度灵敏的指标很多。改进检测方法和研制新的仪器是提高指标灵敏性的主要途径。如在形态学上，光学显微镜用来观察组织和细胞水平的变化，电子显微镜可判断亚细胞超微结构的改变，细胞分光光度计可以测定细胞内某些物质含量的改变。可见，灵敏度可以提高观测结果的阳性率。

4. 指标的精确性 包括指标的准确性和可靠性。准确性是反映测定值与真实值的接近程度，是测定正确性的量度；可靠性是表示观测同一现象时多次测定结果的一致程度，即可重复性。

不同的指标，精确性要求不尽相同。影响指标精确性的因素很多，如检测指标的方法、仪器、设备、试剂及科研人员的技术水平和操作情况等均可影响到指标的精确性。

5. 指标的特异性 观测的指标应能特异性地反应某一特定的现象或效应，如研究抗病力，可选择相关的血液或免疫指标；研究营养状况可选择相关的消化吸收、代谢等指标。如痰中结核菌检出率是反映开放性肺结核疗效的特异性指标。

指标关联性和特异性的关系

关联性和特异性是性质不同的两个概念，但特异性与关联性密切相关，而有关联性的指标并不一定是特异的。事实上临床实践中有不少指标就不是特异的，如血清甲种球蛋白在诊断原发性肝癌上有较大的价值，但它并不是一个特异指标。至于像血清血蛋白与球蛋白的比值、血沉、白细胞总数和分类等均非特异的，因为多种疾病都可使它们发生改变。但在患某种疾病时与其他指标联合使用，依然能反映上述疾病的进展过程。如在急性支气管肺炎时，综合考虑白细胞总数和分类、X线所见、体温等指标可反映病情的变化。

链接

灵敏性和特异性常互为矛盾。同一指标，灵敏性高，其特异性往往下降，反之亦然。因此，在实际研究中，需要针对具体情况，十分恰当地权衡灵敏性和特异性之间的关系，以保证所选指标的有效性。

（三）指标的类型

生物体是复杂的，科学研究是无穷无尽的，观测指标自然也是多种多样的。为了方便学习和研究，可以把观测指标归纳为三大常用的类型（表6-1）。

表6-1 观测指标的类型

分类依据	类 型
1. 按反映机体的基本特征分	功能性指标：生理、病理、病理生理、生物化学、免疫指标 形态学指标：解剖学、组织学、组织化学、病理组织学指标等
2. 按所属学科分	生理指标：如血压、呼吸、脉搏、体温等 生化指标：如血清胆固醇、血糖、血红蛋白、各种酶类等 生物物理学指标：心电图、脑电图、肌电图、脑血流图等
3. 按数据来源分	主观指标：眩晕、乏力、疼痛、腹胀等 客观指标：血压、眼压、血脂水平、血糖水平等

寻找指标的途径和方法

1. 自创指标 根据专业理论假说与现实需要和可能，自己创造的一种观测指标。自创指标要求研究者对自己的专业知识有较深的理解和坚实的理论基础及敏锐的观察力和丰富的想像力。

2. 现成（定型）指标 各种科研论文、专科实验手册或专著上的现有的指标，都可视为是现成的指标。有些已被广泛应用的指标，则为定型指标。如冠心病病因研究中的血脂等。广泛查阅有关的文献资料是寻找指标的重要途径和方法。

接链

四、案例简析（以临床试验研究为例）

1. 题目 胰岛素清洗加湿润烧伤膏治疗糖尿病足的疗效观察（刘跃英，陈哲. 2007. 当代护士·学术版，1:38～39）

2. 目的 观察胰岛素清洗加湿润烧伤膏治疗糖尿病足的疗效。

3. 实验三要素

（1）实验对象：70例糖尿病足患者，均符合以下标准：① 符合美国糖尿病协会（ADA）

笔记栏

及 WHO 制定的糖尿病诊断标准；②均为糖尿病湿性坏死型。按计算机法随机将 70 例患者分为观察组和对照组各 35 例。两组患者年龄、性别、体重、病程、血糖（尿糖）、饮食控制情况，活动受限及足部溃疡面积等项比较，差异无统计学意义。

（2）实验因素：试验组采用胰岛素液清洗加湿润烧伤膏换药，2～3 小时一次，对照组采用 0.9% 氯比钠溶液清洗加湿润烧伤膏常规换药，6～8 小时一次，并观察两组治愈情况。

（3）实验效应：观察指标是溃疡面积。疗效判断指标是溃疡消失，局部组织完全修复为治愈；治疗 21 天后溃疡面积缩小、变浅，渗出液减少为好转；溃疡面积增大，渗出液增多，需改用其他方法为无效。

4. 简析 该临床试验根据研究目的，选择相应的试验对象（且两组具有可比性），并施以试验因素（胰岛素液清洗加湿润烧伤膏），选用相关指标观测试验效应。结果观察组治愈率为 94.29%，对照组治愈率为 57.14%，两组比较差异有显著意义。从而得出胰岛素清洗加湿润烧伤膏治疗糖尿病足具有加速创面愈合、缩短病程、提高治愈率的效果，在临床上值得推广的结论。实验设计合理，可操作性强。

第 2 节 观察性研究的基本要素

观察性研究与实验性研究的本质区别在于观察性研究中没有人为干预的因素或实验因素，因此，观察性研究的基本要素与实验性研究的基本要素不完全相同。与实验性研究相比，由于没有实验因素（干预措施），所以观察性研究中没有实验效应。观察性研究的基本要素主要是研究对象和研究因素。在不同的观察性研究中，由于研究的目的不同，所以各种观察性研究的研究对象的选择和研究因素的确定有一定的区别。观察性研究包括横断面研究、病例对照研究和队列研究。

一、横断面研究中的基本要素

横断面研究也称现况调查，是在某一人群中应用普查或抽样调查等方法收集一定时间内有关疾病、研究因素的资料，以描述疾病或健康状况的分布及研究因素与疾病的联系。横断面研究的主要目的是描述疾病、健康、行为事件在某一地区人群的分布情况，如不同性别、年龄、职业、文化、经济水平等的现患率和发生率，所以常用在社区诊断中。

（一）研究对象

横断面研究中研究对象主要是人群。一般人群中大部分是健康人，少部分是病人。人群又可分为不同特征的人群，如老年人、儿童、妇女等。研究人群的确定应根据研究目的而定。

（二）研究因素

横断面研究中的研究因素也称为影响因素。如当描述某些疾病的影响因素与疾病或健康的关系时，性别，年龄，职业，生活行为（吸烟、饮酒），体育运动量，饮食情况等观察变量，都被认为是研究因素或影响因素。

（三）案例分析

1. 题目 山东省居民伤害流行特征及其经济负担研究（郭晓雷，徐爱强，马吉祥等. 2006. 中华流行病学杂志，27(6)：551～552）

2. 目的 摸清山东省居民伤害的发生强度、危险因素及其经济负担。

3. 研究对象 采用多阶段分层随机抽样方法，抽取十个县（市、区）的 8 000 户居民，对抽中家庭的全部成员进行调查，共调查24 438 名城乡常住居民。由经过统一培训的调查员，入户询问 2003 年各种伤害发生情况、经济损失等。

4. 研究结果 伤害概况：24 438 名常住居民中 1 655 人曾发生一次以上伤害，发生率 6.77%；共发生 1 771 次伤害事件，伤害事件发生率为 7.25%，标化伤害事件发生率为 7.31%。因伤害死亡 17 例，病死率 69.56/10 万，标化病死率为 69.09/10 万。

5. 研究结论 山东省城乡常住居民标化伤害事件发生率为 7.31%，伤害标化病死率 69.09/10 万，表明伤害已经成为影响山东省居民健康的重要公共卫生问题。

6. 简析 该研究采用横断面研究方法，通过抽样调查获得山东省伤害的流行特征，方

笔记栏

法简单，又能在较短时间内得到调查结果，是常用的观察性研究方法。

二、病例对照研究中的基本要素

病例对照研究是一种常用的病因研究方法，其目的是分析某种疾病与危险因素之间的联系程度。因其在短时间内即能完成，花费的人力、物力少，因此应用非常广泛，尤其适用于病因复杂、发病率低、潜伏期长的疾病的病因学研究。

（一）研究对象

病例对照研究中的研究对象是病例和对照。病例与对照的选择，尤其是对照的选择是研究的关键。在选择病例组时，首要问题是必须要有明确的诊断标准，尽量选择确诊的新病例。病例和对照的来源有两个（表6-2）。

> 选择病例和对照的基本原则有两个：①代表性，即选择的病例能代表人群中的所有病例，对照也能代表产生病例的人群；②可比性，即在选择对照组时，必须注意对照组与病例组的均衡性，如性别、年龄、经济水平等。
>
> 接链

表6-2　病例与对照的选择

选择来源	病例组选择方法	对照组选择方法
1. 来自医院	以医院为基础的病例对照研究，选择某一所或几所医院某时期内就诊或住院的某种疾病的全部病例	选择同医院同期就诊或住院的其他病例作对照，要求对照所患的疾病与研究因素和研究疾病都没有关系
2. 来自社区	以社区人群为基础选择某人群一段时期内全部新病例或病例较多时以其中的一个随机样本作为研究对象	在与病例同社区无患者口中选取一个随机样本

（二）研究因素

病例对照研究中的研究因素也称为危险因素，可根据病因假设与研究所具备的条件确定研究因素的种类、数量及检测方法。病例对照研究的目的之一就是探讨与疾病有关的危险因素，从而为进一步验证病因假设提供依据。因此，准确地确定危险因素对研究结果是至关重要的。

（三）案例分析

1. 研究题目　少女阴道腺癌的病因研究。

2. 研究背景　1970年，美国麻省妇产科医生Herbst发现，1966～1969年间Vincent纪念医院收治了七例阴道腺癌患者。阴道腺癌是一种很少见的癌症，阴道癌占女性生殖系统癌的2%，阴道腺癌仅占阴道癌的5%～10%，且多发生在50岁以后的妇女。但这七例年龄都在15～22岁，且都为腺癌。患者发病的时间较为集中。这一现象引起了Herbst医生的注意，他怀疑该地区可能有某种（些）因素与阴道腺癌的异常发病有关。

3. 研究目的　寻找少女阴道腺癌的病因。

4. 研究对象　Herbst医生采用匹配的病例对照研究方法（1∶4），即每一个患者配以四个对照。

（1）病例组：Herbst医生将此七例与另外一所医院一例20岁阴道腺癌患者共八例作为病例组。

（2）对照组：选择与患者出生前后不超过5天的同病房中的女青年，共32个对照。

5. 研究因素（危险因素）　Herbst医生在调查表中涉及的危险因素包括：

（1）病例与对照自身方面的研究因素：出生体重、初潮年龄、吸烟史、饮酒史、服药史、疾病史。

（2）病例与对照母亲方面的研究因素：疾病史、饮食情况、吸烟情况、怀孕时的年龄、怀孕时X线照射史、服药情况、出血史、怀孕时合并症及以往流产史等。

6. 研究结果　所有患者的母亲在怀孕头3个月都服用了己烯雌酚，其服用指征是此次怀孕有出血或以往有流产史。研究结果提示母亲怀孕早期服用己烯雌酚可大大

笔记栏

地增加他们女儿出生后发生阴道腺癌的危险性。

7. 简析 阴道腺癌是一种罕见疾病，如果采用其他研究设计都满足不了样本量的要求，而利用病例对照研究仅通过八个患者和32个对照就基本解决了一个疾病的病因问题。此项研究是临床医生利用病例对照研究方法进行罕见病病因探讨的一个范例。

三、队列研究中的基本要素

队列研究主要用来研究一种暴露因素与疾病的发病危险之间的关联性。研究对象和暴露因素的确定是队列研究中首先要考虑的基本要素。

(一) 研究对象

队列研究的研究对象是在一个选定的人群中，将人群按是否暴露于某一因素，分为暴露组与非暴露组，或将人群按暴露水平分为不同的亚组，追踪观察一段时间，比较两组或各组疾病或死亡的发生情况。

在选择研究对象时，应使暴露组与非暴露组除暴露因素外，其他条件如年龄、性别、经济状况等应尽可能一致。对于暴露结果的判断，即观察指标的选择和确定原则与实验性研究中的实验效应的要求是一致的。

队列研究根据不同的研究目的，选择不同的研究对象(表6-3)。

表6-3 队列研究中研究对象的选择

种类 暴露人群(组)的选择	非暴露人群(组)的选择
1. 以某种特殊职业人群为暴露组，如选择石棉作业工人为暴露组	选择与暴露组人口特征相似的其他职业人群为对照组
2. 以一般人群中有暴露因素或暴露水平较高的人口作为暴露组，如以吸烟人群为暴露组	选择与暴露组人口特征相似其他人群或同一人群内部无暴露因素或暴露水平较低的人口作为对照组，如选用不吸烟的一般人群为对照组
3. 选择有组织的人群中有暴露因素或暴露水平较高的人口作为暴露组，如以医生协会登记注册的职业医师中吸烟的医生为暴露组	选择有组织的人群中无暴露因素或暴露水平较低的人口作为对照组，如以医生协会登记注册的职业医师中不吸烟的医生为对照组

(二) 研究因素

队列研究中的研究因素也称为暴露因素。暴露因素可以是环境因素，也可以是行为因素或是职业特征。

何为暴露

暴露是分析性流行病学所使用的术语，从广义上讲，是人体接触某种物质。如接触有害作业中的有毒气体、环境中的某些化学物、农药或服用某些药物，这些物质称为暴露因素，接触的人群称为暴露人群。有时也将具有某种特征的人群作为暴露人群，如吸烟人群、有高血压遗传史的人群或某种职业人群。一般暴露因素多指在自然状态下，有时暴露因素也可以是人为施加的。

链接

(三) 案例分析

1. 研究题目 风疹感染与先天性畸形关系的研究。

2. 研究目的 验证孕妇感染风疹是否能影响先天性畸形发生的概率。

3. 研究对象

(1) 暴露组：为英国1956年初至1957年12月在英格兰和威尔士的患有风疹的孕妇578例。

(2) 非暴露组：与暴露组同期的未患风疹的孕妇中随机抽取2%作为非暴露组5 717例。

4. 研究因素(暴露因素)感染风疹 追踪观察两组孕妇所生的婴儿直到2岁。比较两组婴儿患先天畸形的发生率。

5. 研究结果 结果显示暴露组(风疹组)先天畸形率为6.8%，非暴露组为2.3%。结果表明：孕妇感染风疹后，其后代患先天畸形概率是未感染风疹的三倍左右。

笔记栏

小结

实验性研究的三大基本要素：实验因素、实验对象和实验效应；观察性研究的基本要素：研究对象和研究因素。

在实验性研究中，把握实验因素的强度，类别(单因素、多因素)及水平(单水平、多水平)，严格控制非处理因素至关重要。选择实验对象时，应注意实验对象的代表性、客观性和依从性，并保证有足够的样本含量以满足实验的要求。实验效应常由具体的观测指标来反映。选定指标的原则应考虑指标的关联性、客观性、灵敏性、精确性和特异性。

观察性研究包括横断面研究、病例对照研究和队列研究。由于研究方案不同，选择研究对象和研究因素的方法也不同，各有其自身的特点。

目标检测

1. 实验性研究中的基本要素是什么？
2. 在实验性研究中，如何有效地控制非实验因素？
3. 选择实验对象的原则有哪些？
4. 选择实验效应指标的原则是什么？
5. 病例对照研究中选择研究对象的方法有哪些？
6. 队列研究中选择研究对象的方法有哪些？

(王玉昕　李晓枫　李晓惠)

笔记栏

第7章 计算机软件在医护科研中的应用

学习目标

1. 会用 Excel 建立数据库与数据录入
2. 应用 Excel 中常用的函数及公式进行统计指标的计算，会用 Excel 绘制、修饰统计图表，会用 Word 软件绘制各种统计表
3. 了解 Word 排版医护论文的方法

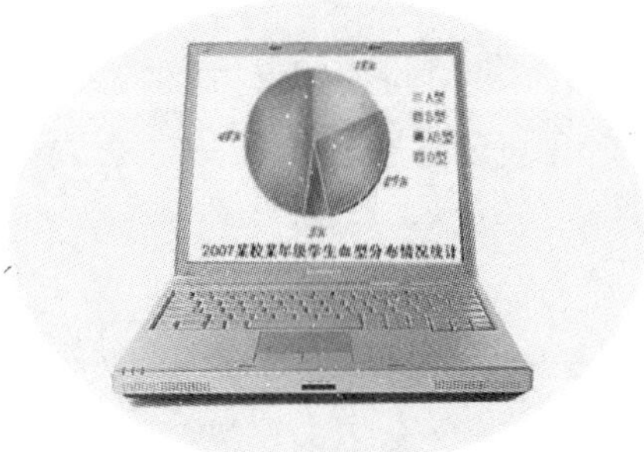

医护科研数据整理是进行统计分析的基础。数据整理就是将科研过程中收集的数据进行有序的整理，并汇总整理成有意义的信息，用于解释影响事物现状的可能原因及对未来事物发展的趋势提供预测信息。虽然有很多专业的统计软件如 SPSS，SAS，BMDP 等，但由于使用的领域过于狭窄，市场占有率低，导致会使用的人数少。Excel 软件是常用的办公自动化软件，提供了各种统计函数和数据分析工具。Word 软件具有强大的图文、表处理功能，运用其中的样式，能高效率地排版科研论文，所以 Excel，Word 是我们在医护科研中进行数据处理、科研论文高效排版的好帮手。在本章中以实际案例介绍 Excel 在进行医护科研时数据处理的操作理念与操作方法以及用 Word 排版科研论文的方法。

第1节 数据整理与Excel软件应用

1. 原始数据的审核 数据录入之前一般要经过审核、确定数据类型和录入方式。通过数据完整性和准确性的检查审核，排除原始数据中存在的错误，为资料分析提供可靠的保证。完整性检查指收集的数据有没有不合理的缺项和漏项，需人工检查。

2. 数据库建立时应注意的问题

（1）同质性指在同一变量下的数据应具有相同性质，如身高变量下只能输入身高数据。

（2）列的次序可以任意交换，如将“身高”变量放在“年龄”变量的前面或后面均可。

（3）记录的次序可以交换，如将记录按照“学号”顺序由低到高排列或由高到低排列均可。

3. 数据录入前应注意的问题 在医护研究中，一般将资料类型分为三种：计数资料、计量资料和等级资料。在数据录入前一般要将计数资料、等级资料中的文字转化为数字。

（1）计量资料呈连续性分布，具有度量衡测量单位。如“身高”、“体重”等。在录入时可直接输入数字大小，但是要统一数字保留小数的位数，如规定“体重”变量值要保留小数点后两位，所有记录的“体重”变量值都需保留小数点后两位。

（2）计数资料的变量值是间断性的、不连续的，而且没有度量衡测量单位。如表中“龋齿”、“沙眼”等，变量值是“无、有”。为了简化输入操作，需要对变量值进行数字化转变。

（3）等级资料是介于计量和计数资料之间的一种特殊类型的资料。如疾病疗效可分为治愈、好转、无效和死亡，依据这种分组所得到的观察单位数，即为等级资料。等级资料在录入时，有时也需要进行数据类型转换，如糖尿病人的尿糖测试结果，输入时可以用“0，1，2，3，4”分别代替“－、＋、＋＋、＋＋＋和＋＋＋＋”的“尿糖结果”。

接链

笔记栏

本节以学生体检的数据处理为例，介绍Excel的数据采集、数据处理和统计图表对结果的表达。其中包括数据录入、单元格设置、公式与函数、多工作表操作、统计图表制作、数据排序、分类汇总、数据透视表、数据筛选等内容。

一、数据整理的步骤

利用Excel进行数据整理的过程一般分为五步：原始数据的审核、数据库的建立、数据录入、各种函数公式的计算、统计图表对结果的表达。

二、数据整理中的主要知识点

(1)常用数据的输入方法。

(2)单元格的格式化设置。

(3)多工作表的操作：①工作表的重命名；②工作表的复制、移动、插入、删除；③工作表之间数据的复制、粘贴、单元格引用。

(4) 公式和函数的使用。

(5) 各种统计图表的制作。

(6) 数据的排序与分类汇总。

(7) 数据筛选与数据透视表。

三、学生体检表案例说明

每学期，学校医务室都要对学生进行体格检查，体检完成后医务室须把体检结果原始数据输入到“学生体检结果表”工作表，并根据该工作表数据，得到“各班体检结果统计”、“学生疾病患病率统计”及“学生身高分布情况统计”结果，除此以外，还要制作“学生血型分布情况各种统计图与统计表”，对体检结果进行分类汇总，并查找出符合条件的记录。学生体检资料的整理是为了发现学生健康中存在的问题，为学校采取干预措施提供科学依据。

四、案例实现步骤

（一）在Excel中建立数据库

1. 任务1　数据库的建立与数据录入。数据库是由线条组成的表格，表格由字段名（变量名）与记录组成。原始资料以表7-5为例。

【step 1】：新建Excel工作簿，将工作簿命名为“学生体检数据库（学生用）.xls”。

【step 2】：在工作表Sheet 1中的A1单元格内，输入标题“2007年某校某年级学生体格检查结果表”。选中A2单元格，输入“学号”，然后依次在B2～N2中输入“班级”，“身高（米）”，“体重（公斤）”，“体重指数（BMI）”等14个字段，建立数据库结构。图7-1就是一个学生体检的数据库。

	A	B	C	D	E	F	G	H	I	J	K	L	M	N
1	2007年某校某年级学生体格检查结果表													
2	学号	班级	身　高（米）	体　重（公斤）	体重指数（BMI）	BMI结果提示	血型	左眼视力	右眼视力	血红蛋白（克/L）	血红蛋白检查结果提示	沙眼	X胸透	龋齿

图7-1　数据库结构

【step 3】：输入记录各字段数据。将每个学生的体检数据录入到数据库中，本数据资料中有两种类型资料：计量资料和计数资料。身高、体重、视力及血红蛋白等是计量资料，可直接录入原始数据；沙眼、龋齿、血型、X胸透等资料属于计数资料，先进行数据转化后，再进行录入。转化数据如表7-1。

输入“学号”数据，操作步骤如下：

(1) 学生的学号是文本型数据，在输入数字前加上西文的“'”，或将单元格的格式设置为“文本”，然后输入学号“1001”。

表7-1　变量值数字化转换表

变量名称	文字	数字	文字	数字
沙眼	有	1	无	2
龋齿	有	1	无	2
血型	A	1	B	2
血型	AB	3	O	4
X胸透	正常	1	异常	2

(2) 鼠标指针指向A3单元格的“填充柄”(位于单元格右下角的小黑块)，此时鼠标指针变为黑“+”字，按住鼠标向下拖曳填充柄，拖曳过程中填充柄的右下角出现填充的数据，拖至目标单元格时释放鼠标，整个输入及填充过程如图7-2所示。

笔记栏

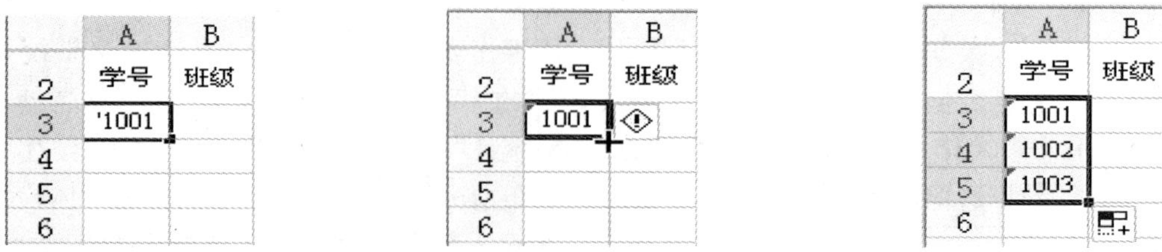

填充前　　填充中　　填充后

图 7-2　用填充柄填充数据

利用数据有效性输入“左眼视力”、“右眼视力”列的数据(计量资料),操作步骤如下:

“左眼视力”、“右眼视力”字段数据的录入:数据的准确性在医护科研中十分重要,可是人工输入时,往往会因为各种原因造成错误,而 Excel 中的“数据有效性”可控制输入错误的发生。下面介绍其使用。

(1) 选中“左眼视力”“右眼视力”列中的单元格,执行菜单栏【数据】→【有效性】命令,选择“设置”选项卡,在“允许”下拉列表中选择“小数”,在“数据”下拉列表中选择“介于”,在“最小值”文本框中输入“1.0”, 在“最大值”文本框中输入“5.5”,并选择“忽略空值”选项,如图 7-3 所示。

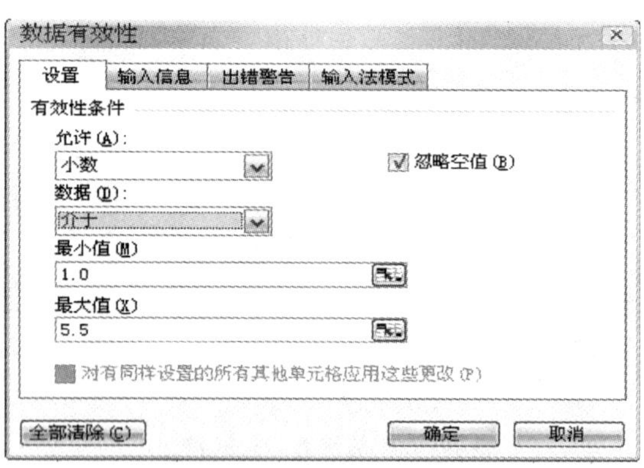

图 7-3　设置有效性条件

(2) 单击“输入信息”标签,打开“输入信息”选项卡,在“标题”文本框中输入“输入规定”,在“输入信息”文本框中输入“视力不能大于 5.5 或小于 1.0”, 如图 7-4 所示。

(3) 在“出错警告”选项卡中,从“样式”下拉列表中选择“停止”,在“标题”文本框中输入“输入错误”,在“错误信息”文本框中输入“请输入 1.0 ~ 5.5 的数据” 如图 7-5 所示。

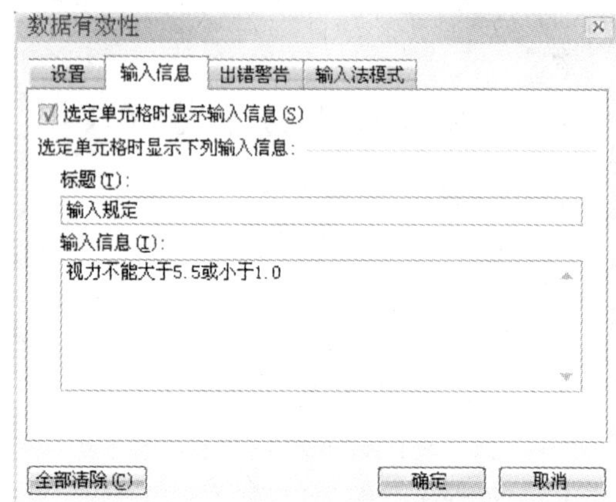

图 7-4　设置输入时的提示信息

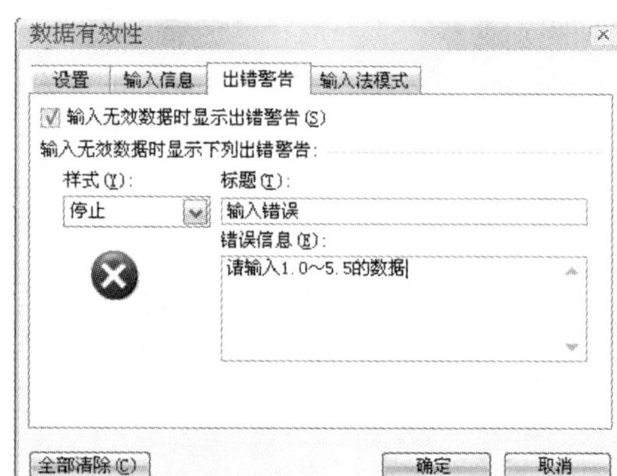

图 7-5　设置出错警告

(4) 设置完成后单击【确定】按钮,返回“学生体检表”中。

(5) 此时,如选定“左眼视力”“右眼视力”列中的单元格,便会有提示语句,如图 7-6 所示,帮助录入者正确输入数据。如输入一个错误数据,例如“7.2”,当单击其他单元格时,便会出现“输入错误”对话框,如图 7-7 所示。

笔记栏

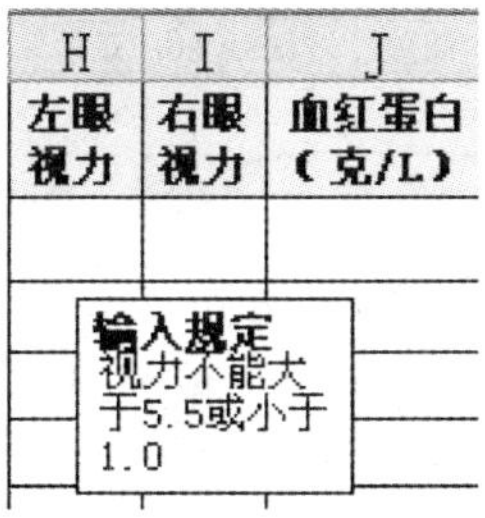

图7-6　输入信息提示

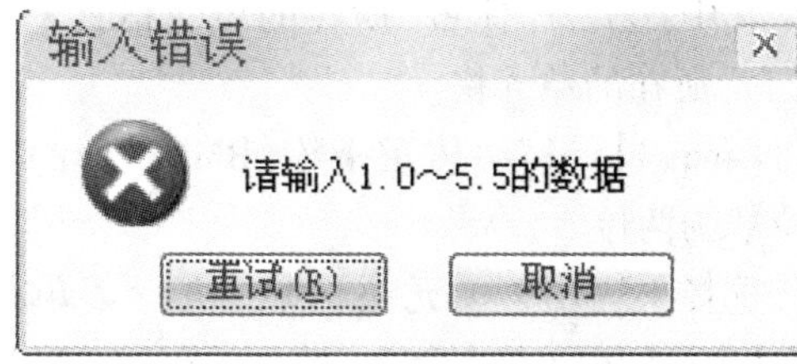

图7-7　出错警告

(6) 单击【重试】按钮,重新进行单元格数据的输入,而单击【取消】按钮则取消之前数据的输入。通过此方式,可有效限制用户在“左眼视力”“右眼视力”列中数据的输入,避免输入时一时大意出现的错误。

“血型”、“沙眼”、“X胸透”、“龋齿”的数据按照表7-1所示转化输入,至此,学生体检数据库的基本数据就录入完毕。如图7-8所示。

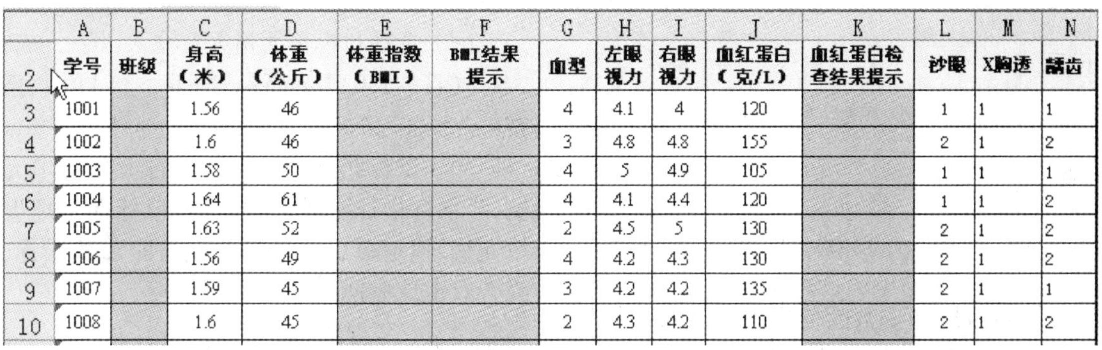

	A	B	C	D	E	F	G	H	I	J	K	L	M	N
2	学号	班级	身高（米）	体重（公斤）	体重指数（BMI）	BMI结果提示	血型	左眼视力	右眼视力	血红蛋白（克/L）	血红蛋白检查结果提示	沙眼	X胸透	龋齿
3	1001		1.56	46			4	4.1	4	120		1	1	1
4	1002		1.6	46			3	4.8	4.8	155		2	1	2
5	1003		1.58	50			4	5	4.9	105		1	1	1
6	1004		1.64	61			4	4.1	4.4	120		1	1	2
7	1005		1.63	52			2	4.5	5	130		2	1	2
8	1006		1.56	49			4	4.2	4.3	130		2	1	2
9	1007		1.59	45			3	4.2	4.2	135		2	1	1
10	1008		1.6	45			2	4.3	4.2	110		2	1	2

图7-8　学生体检数据库

2. 任务2　公式与函数。

【step 1】:使用LEFT函数,依据学号计算班级。LEFT函数是用来自某文本字符串的左边获取所指定的字数的字符串。

(1) 选择目标单元格B3,输入“=LEFT(A3,1)”,回车,第一位同学的班级就计算出了,如图7-9所示。

(2) 双击B3单元格右下角的“填充柄”,B3单元格的函数就复制到其他同学的班级列中,如图7-10所示。

图7-9　LEFT函数的使用

图7-10　双击填充柄复制函数

【step 2】:计算“体重指数“(BMI)”。

体重指数法:BMI是与体内脂肪总量密切相关的指标,主要反映全身性超重和肥胖。

计算公式:BMI = 体重(kg)/身高(m)^2

(1) 选择目标单元格E3,在单元格中先输入“=”,表明后面输入的内容是公式。

(2) H3中的公式为:“=D3/POWER(C3,2)”。POWER函数是返回一个数的乘幂。

笔记栏

(3) 按 Enter 键确认。

其中:D3 为"体重"所在的单元格;C3 为"身高"所在的单元格。

【step 3】:设置"体重指数(BMI)"列的小数位数为两位

选择 E3:E79 单元格区域,执行菜单栏【格式】→【单元格】命令,选择"数字"选项卡,如图 7-11 所示进行设置。

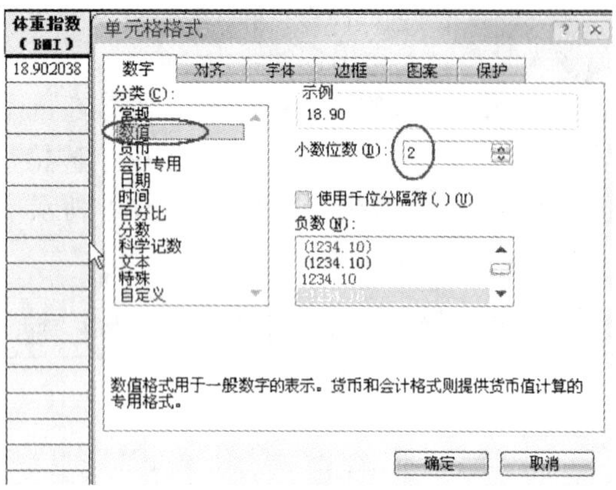

图 7-11 小数位数设置

【step 4】:IF 函数的使用,计算"BMI 结果提示","血红蛋白检查结果提示"。

如果体重指数为 20≤BMI ≤25,表明体重正常;BMI<20, 体重偏瘦;BMI>25, 体重超重, 操作步骤如下:

(1) 选择目标单元格 F3,执行菜单栏【插入】→【函数】命令,出现"插入函数"对话框,在"逻辑"类别中,选择"IF"函数,单击"确定"按钮。

(2) 出现"函数参数"对话框,在"Logical_test"编辑框中,单击 E3 单元格,然后输入">25"(或直接输入:"E3>25");在"Value_if_true"编辑框中,输入"超重";在"Value_if_false"编辑框中,输入"if(E3>=20,'正常','偏瘦')",此时,编辑栏中公式为"=IF(E3>25,'超重'),"if(E3>=20,'正常','偏瘦')"如图 7-12 所示。

(3) 单击"确定"按钮,然后将鼠标指向 F3 单元格右下角的填充柄,当鼠标指针变成**+**时,双击填充柄,就得出全体学生的"BMI 结果提示"。

如果血红蛋白为 110≤血红蛋白≤150,表明正常;血红蛋白<110, 贫血;血红蛋白>150, 偏高。操作步骤如下:

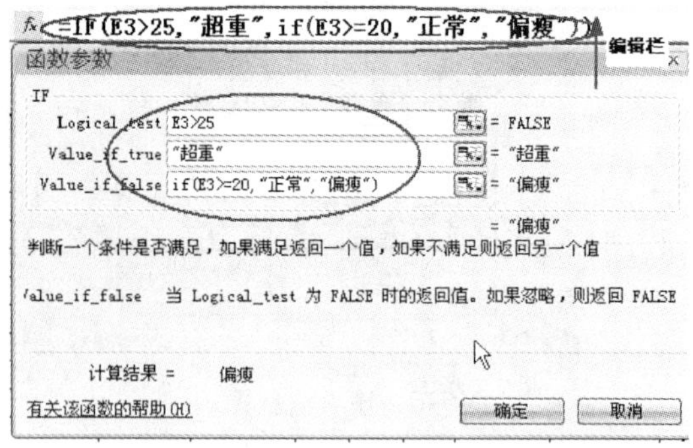

图 7-12 IF 函数编辑对话框

血红蛋白正常成人标准:男性:120 ~ 160g/L,女性:110 ~ 150 g/L(本案例都是女生)。

(4) 选择目标单元格 K3,输入以下公式:"=IF(J3>150,'偏高',IF(J3>=110,'正常','贫血')"。

(5) 鼠标指向 K3 单元格右下角的填充柄,当鼠标指针变成**+**时,按住鼠标向下拖曳填充柄,拖至最后的目标单元格时释放鼠标,或者双击填充柄。

(二) 分类汇总与筛选

1. 任务 1 将学生按"血型"分类汇总统计。

分类汇总是将观察单位按质或按量划分成若干组,按组分别汇总统计,汇总后用户能更快捷地获得需要的数据并作出判断。"分类汇总"有两层意思,即按什么分类(血型)和对什么汇总计数(血型)。

根据研究目的,对某个特征进行分类汇总前,首先要对进行分类操作的字段进行排序操作,即将分类字段进行排序,让同类型数据排列在一起,然后再作分类汇总。

为使分类汇总不影响原始数据库,我们需复制"学生体检结果表",并命名为"分类汇总"表。

【step 1】:工作表的复制及移动:在工作表"学生体检结果表"标签上单击鼠标右键,弹出快捷菜单,从中选择"移动或复制工作表"命令,弹出"移动或复制工作表"对话框,选中"建立副本"复选框,确定后就复制了"学生体检结果表",如图 7-13 所示。双击工作表标签,重命名为"分类汇总"。

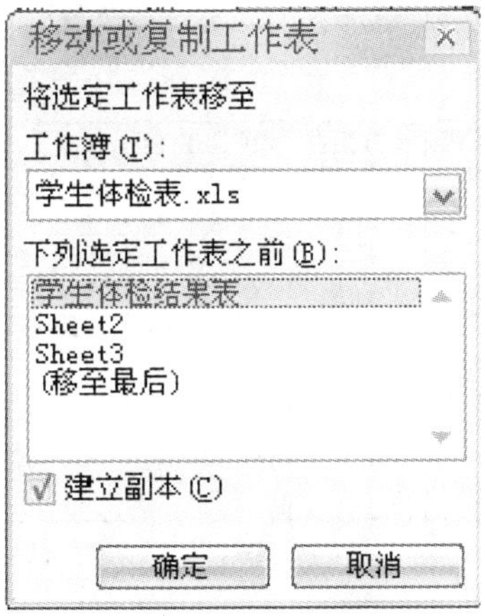

图 7-13 “移动或复制工作表”对话框

重复上述步骤，建立“学生体检结果表”两个副本，分别命名“自动筛选 A 型血人”，“自动筛选符合身高的学生”工作表，留待自动筛选、高级筛选时用。

【step 2】：对分类的列（血型）进行排序：单击数据库中的任一单元格，执行菜单栏【数据】→【排序】命令，弹出“排序”对话框，在“主要关键字”下拉列表中，选择“血型”字段，“升序”，“降序”单选按钮任选其一，如图 7-14 所示。

【step 3】：分类汇总：执行菜单栏【数据】→【分类汇总】命令，弹出“分类汇总”对话框，做如图 7-15 设置。

图 7-14 排序设置

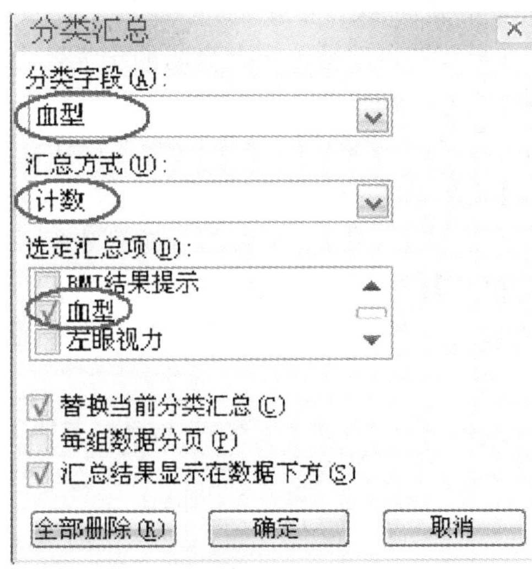

图 7-15 分类汇总

这时，已自动进行汇总统计，在工作表的左面出现符号 1 2 3，单击它打开或收缩分类数据，一般点选“2”，收缩到 2 级，如图 7-16 所示。

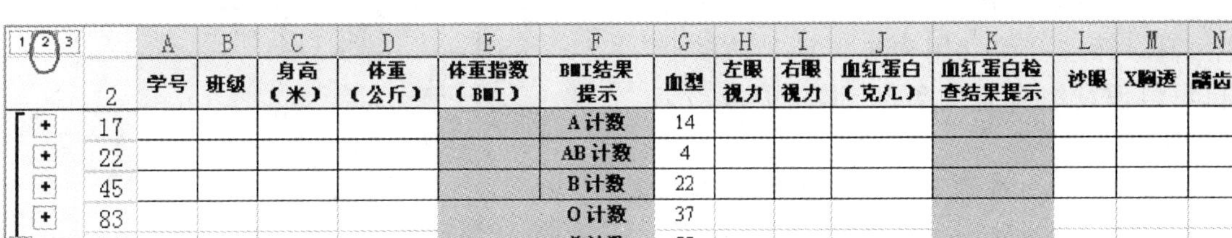

	A	B	C	D	E	F	G	H	I	J	K	L	M	N
2	学号	班级	身高（米）	体重（公斤）	体重指数（BMI）	BMI结果提示	血型	左眼视力	右眼视力	血红蛋白（克/L）	血红蛋白检查结果提示	沙眼	X胸透	龋齿
17						A 计数	14							
22						AB 计数	4							
45						B 计数	22							
83						O 计数	37							
84						总计数	77							

图 7-16 按“血型”对“血型”进行分类汇总计数

2. 任务 2 数据筛选是按指定的条件从所有数据中选出满足条件的记录，Excel 中的筛选操作有自动筛选和高级筛选两种方法，前者适合于简单条件，后者适合于复杂条件。

【step 1】：筛选出 A 血型的记录，操作步骤如下：

(1) 在“自动筛选 A 型血人”工作表中，单击数据库中的任一单元格。

(2) 执行菜单栏【数据】→【筛选】→【自动筛选】命令，此时表头列中自动出现下拉

笔记栏

箭头。

（3）单击“血型”列旁的下拉列表箭头，在下拉列表中选择“A”。筛选结果如图 7-17 所示。

2	学号	班级	身高（米	体重（公斤	体重指数（BMI	BMI结果提示	血型	左眼视	右眼视	血红蛋白（克/L	血红蛋白检查结果提	沙眼	X胸透	龋齿
48	2006	2	1.59	43	17.01	偏瘦	A	4.6	4.8	120	正常	有	正常	有
52	2010	2	1.55	50	20.81	正常	A	5	5.2	125	正常	无	正常	有
55	2013	2	1.6	58	22.66	正常	A	4.1	4.2	110	正常	有	正常	无
58	2016	2	1.55	50	20.81	正常	A	4	4	125	正常	无	正常	无
63	2021	2	1.6	50	19.53	偏瘦	A	5	5	120	正常	无	正常	无
71	2029	2	1.67	52	18.65	偏瘦	A	5.1	5.1	120	正常	无	正常	有
72	2030	2	1.58	47	18.83	偏瘦	A	4.4	4.4	125	正常	有	正常	无
79	2037	2	1.66	55	19.96	偏瘦	A	4.2	4.2	110	正常	有	正常	有

变为兰色

图 7-17　A 型血筛选结果

【step 2】：筛选出身高大于 1.67m，小于 1.55m 的记录，操作步骤如下：

（1）在“自动筛选符合身高的学生”工作表中，单击数据库中的任一单元格。

（2）执行菜单栏【数据】→【筛选】→【自动筛选】命令，此时表头列中自动出现下拉箭头。

（3）单击“身高”列旁的下拉列表箭头，在下拉列表中选择“自定义”，弹出“自定义自动筛选方式”对话框。做如图 7-18 设置，筛选结果如图 7-19 所示。

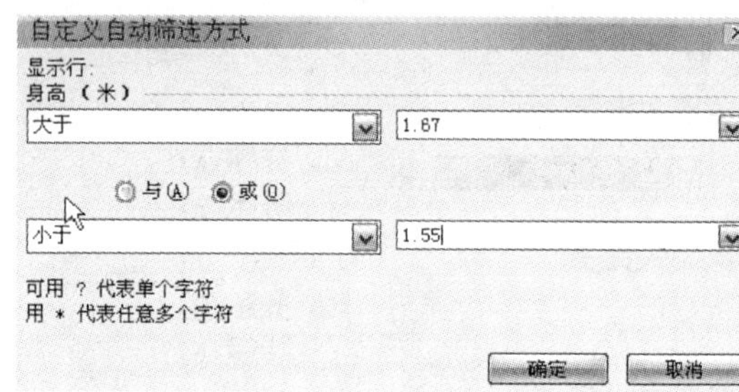

图 7-18　自定义筛选条件

2	学号	班级	身高（米	体重（公斤	体重指数（BMI	BMI结果提示
12	1010	1	1.54	49	20.66	正常
17	1015	1	1.54	38	16.02	偏瘦
21	1019	1	1.68	70	24.80	正常
36	1034	1	1.68	60	21.26	正常
53	2011	2	1.52	46.5	20.13	正常

图 7-19　筛选结果

3. 任务 3　高级筛选出视力不良的学生。高级筛选可帮助用户更灵活地收集信息，可以任意组合查询条件，弥补了自动筛选的不足。

【step 1】：构造筛选条件。临床诊断标准：左眼或右眼视力小于 5.0，均属于不正常范围，故筛选出左眼或者右眼视力小于 5.0 的所有记录即可。

录入筛选条件：在“高级筛选”工作表 A82，B82 单元格中录入“左眼视力”和“右眼视力”两个变量名，在 A83 和 B84 中录入筛选条件“ <5.0”，如图 7-20 所示。

	A	B	C
81			
82	左眼视力	右眼视力	
83	<5.0		
84		<5.0	
85			

图 7-20　设置高级筛选的条件区域

【step 2】：执行高级筛选。

（1）在“高级筛选”工作表中，单击数据库中的任一单元格。

笔记栏

（2）执行菜单栏【数据】→【筛选】→【高级筛选】命令，打开“高级筛选”对话框，列表区域为自动选定数据区域＄A＄2:＄N＄79。

（3）单击“条件区域”编辑框旁边的折叠按钮，拖动鼠标选中单元格区域＄A＄82:＄B＄84。

（4）在“高级筛选”对话框中，选择“将筛选结果复制到其他位置”单选按钮，激活“复制到”编辑框，选择一个起始单元格A86，对话框的设置如图7-21所示。

（5）单击【确定】按钮，数据记录最后筛选结果如图7-22所示。

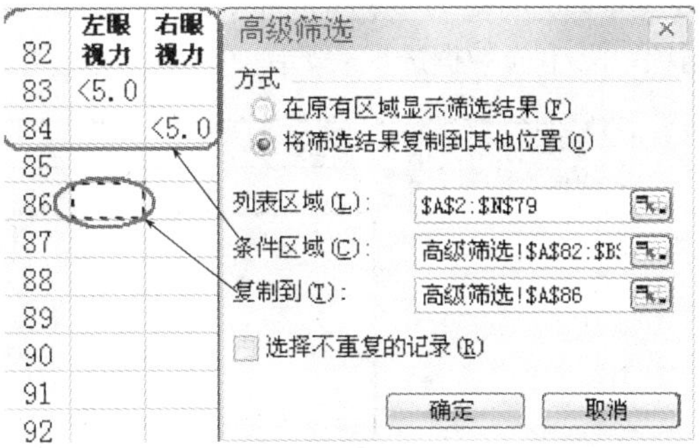

图7-21　条件区域与“高级筛选“对话框

	A	B	C	D	E	F	G	H	I	J	K	L	M	N
86	学号	班级	身高（米）	体重（公斤）	体重指数（BMI）	BMI结果提示	血型	左眼视力	右眼视力	血红蛋白（克/L）	血红蛋白检查结果提示	沙眼	X胸透	龋齿
87	1001	1	1.56	46	18.90	偏瘦	O	4.1	4	120	正常	有	正常	有
88	1002	1	1.6	46	17.97	偏瘦	AB	4.8	4.8	155	偏高	无	正常	无
89	1003	1	1.58	50	20.03	正常	O	5	4.9	105	贫血	有	正常	有
90	1004	1	1.64	61	22.68	正常	O	4.1	4.4	120	正常	有	正常	无
91	1005	1	1.6[illegible]	52	19.57	偏瘦	B	4.5	5	130	正常	无	正常	无
92	1006	1	1.56	49	20.13	正常	O	4.2	4.3	130	正常	无	正常	无
93	1007	1	1.59	45	17.80	偏瘦	AB	4.2	4.2	135	正常	无	正常	有
94	1008	1	1.6	45	17.58	偏瘦	B	4.3	4.2	110	正常	无	正常	无
95	1009	1	1.6	45	17.58	偏瘦	B	5	4.9	120	正常	有	正常	有

图7-22　高级筛选结果

（三）用数据透视表分析“血型”与“沙眼”的关系

数据透视表可以将数据的排序、筛选、分类汇总三个过程结合起来，便于在一个工作表中重新组织和统计数据，能很方便地对数据进行汇总和比较。下面介绍如何创建数据透视表。

【step 1】：选中“学生体检结果表”工作表的数据库中的任一单元格，执行菜单栏【数据】→【数据透视表和数据透视图】命令，弹出对话框，如图7-23所示。

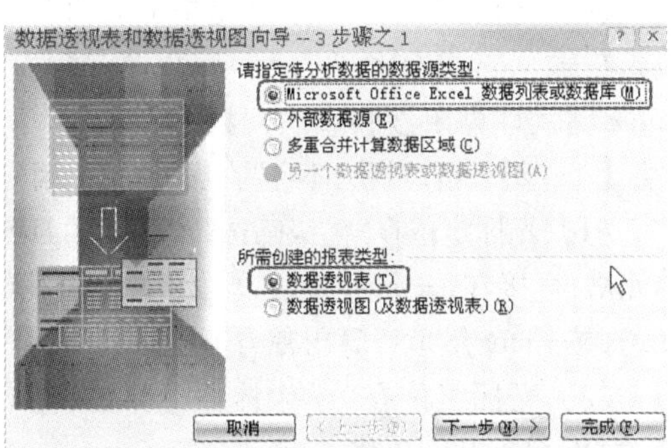

图7-23　数据透视表和数据透视图-1

【step 2】：单击“下一步”，选择建立数据透视表所在区域，如图7-24所示。

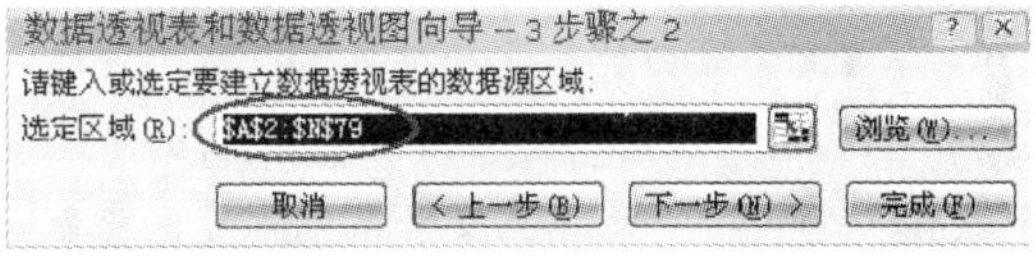

图7-24　数据透视表和数据透视图-2

【step 3】：单击“下一步”，打开“数据透视表和数据透视表视图向导之3”，取默认值后，单击“完成”按钮，在一新工作表出现如图7-25所示界面。

图7-25　数据透视表生成界面

【step 4】:将“血型”拖到左边图形的“行字段”上,“班级”拖到“列字段”上,“沙眼”拖到“数据项”中,生成数据透视表如图 7-26 所示。

3	计数项:沙眼	班级		
4	血型	1	2	总计
5	A	6	8	14
6	AB	3	1	4
7	B	11	10	21
8	B		1	1
9	O	20	17	37
10	总计	40	37	77

图 7-26 生成数据透视表

【step 5】:对“总计”字段排序,可以看出血型与沙眼患病关系的情况,如图 7-27 所示。

计数项:沙眼	班级		
血型	1	2	总计
O	20	17	37
B	11	10	21
A	6	8	14
AB	3	1	4
B		1	1
总计	40	37	77

图 7-27 排序后的数据透视表

派生变量

派生变量是由计量资料中某些观察变量进行运算而产生的新变量,又称衍生变量,如平均值、标准差和合计等,派生变量值常常是进行分析的重要依据。

链接

(四)统计函数与单元格引用

1. 任务 1 计数资料统计指标的计算。

如图 7-28 所示,从“学生体检结果表”工作表 P3 单元格开始,录入“学生疾病患病率统计”的各数据信息。最终统计结果如图 7-29 所示。

	P	Q	R	S
3	学生疾病患病率统计			
4	疾病名称	患病人数	体检人数	患病率
5	贫血			
6	视力不良			
7	龋齿			
8	沙眼			

图 7-28 学生疾病患病率统计

学生疾病患病率统计			
疾病名称	患病人数	体检人数	患病率
贫血	6	77	7.79%
视力不良	34		44.16%
龋齿	38		49.35%
沙眼	32		41.56%

图 7-29 疾病患病率计算

【step 1】:计算各种疾病患病人数(条件统计函数 COUNTIF)。

(1)光标定位在目标单元格 Q5,单击编辑栏左边的“插入函数”按钮 f_x,出现“插入函数”对话框,在“或选择类别”下拉列表框中,选择“统计”,在“选择函数”列表框中,选择“COUNTIF”函数,单击“确定”按钮。出现“函数参数”对话框。

(2)在“函数参数”对话框中,将插入点定位在第一个参数“Range”处,拖选参数范围 K3: K79。将插入点定位在第二个参数“Criteria”处,输入统计条件“贫血”,如图 7-30 所示,单击“确定”按钮,贫血患病人数就计算出来了。

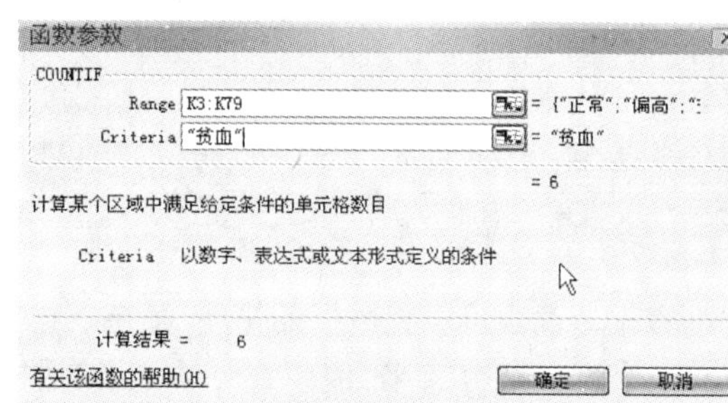

图 7-30 COUNTIF 函数参数对话框

(3)光标定位在目标单元格 Q7,直接在编辑栏输入:= COUNTIF(N3: N79,“有”),按 Enter 键就计算出龋齿患病人数。

(4)光标定位在目标单元格 Q8,直接在编辑栏输入:= COUNTIF(L3: L79,“有”),按 Enter 键就计算出沙眼患病人数。

【step 2】:统计“视力不良”人数(三维引用)。

(1)光标定位在“高级筛选”工作表的 H153 单元格,直接在编辑栏输入:= COUNT(H118: H152),按 Enter 键就计算出视力不良人数。

(2)光标定位在“学生体检结果表”工作表的 Q6 单元格,先输入“ = ”。

(3)再单击“高级筛选”工作表标签,在“高级筛选”中,单击视力不良人数所在的

H153 单元格。

（4）按 Enter 键确认。在“学生体检结果表”中，Q6 单元格中的值为“34”，而编辑栏中的公式为“ = 高级筛选！ H153”。

【step 3】：统计体检人数（统计函数 COUNT）。

光标定位在目标单元格 R5，单击“常用”工具栏中“自动求和”按钮 Σ · 旁边的下拉按钮，从弹出的菜单中选择“计数”命令，单元格中出现了函数 COUNT，直接用鼠标在工作表中拖选参数范围 C3: C79，按 Enter 键确认。在 R5 单元格中显示出计算结果。编辑栏的公式为“ = COUNT(C3: C79)”。

【step 4】：计算各疾病患病率。

（1）选择目标单元格 S5，在编辑栏处的输入公式：= Q5/ $R $5，按 Enter 键确认。

（2）单击“格式”工具栏中的“百分比样式”按钮 %，将及格率设置成百分比样式，单击“格式”工具栏中的“增加小数位数”按钮 .00，将患病率保留两位小数。

（3）拖曳 S5 单元格的填充柄，将公式复制到 S8 单元格（计算各疾病患病率）。

最终统计结果如图 7-29 所示。

2. 任务 2　学生血型分布情况统计（三维引用）。

【step 1】：如图 7-31 所示，从“学生体检结果表”工作表 P20 单元格开始，录入“学生血型分布情况统计”的各数据信息。

	P	Q	R	S	T
20	学生血型分布情况统计				
21	血型	A型	B型	AB型	O型
22	人数				

图 7-31　学生血型分布情况统计

【step 2】：从“分类汇总”表中，将四种血型的“计数”的数据引用到“学生体检结果表”中的相应单元格中。

（1）在“学生体检结果表”中，选择目标单元格 Q22，在 B3 单元格中先输入“ = ”。

（2）再单击“分类汇总”工作表标签。

（3）在“分类汇总”工作表中，单击“A 计数”对应的单元格 G17。

（4）按 Enter 键确认。在“学生体检结果表”中，Q22 单元格中的值为“14”，而编辑栏中的公式为“ = 分类汇总！G17”。最终统计结果如图 7-32 所示。

学生血型分布情况统计				
血型	A型	B型	AB型	O型
人数	14	22	4	37

图 7-32　学生血型统计结果

3. 任务 3　计量资料统计指标的计算。如图 7-33 所示，从“学生体检结果表”工作表 P10 单元格开始，录入“各班生长发育指标统计”的各数据信息。最终统计结果如图 7-34 所示。

	P	Q	R
10	各班生长发育指标统计		
11	班级	一班	二班
12	人数		
13	平均身高		
14	平均体重		
15	身高标准差		
16	体重标准差		
17	身高(MAX)		
18	体重(MIN)		

图 7-33　各班生长发育指标统计

	P	Q	R
10	各班生长发育指标统计		
11	班级	一班	二班
12	人数	40	37
13	平均身高	1.61	1.60
14	平均体重	49.98	50.58
15	身高标准差	0.0391	0.0366
16	体重标准差	6.89	4.96
17	身高(MAX)	1.68	1.67
18	体重(MIN)	38	43

图 7-34　各班生长发育指标计算

笔记栏

【step 1】：身高、体重的平均数计算（AVERAGE 函数）。

（1）光标定位在目标单元格 Q13，单击“常用”工具栏中“自动求和”按钮Σ·旁边的下拉按钮，从弹出的菜单中选择“平均值”命令。

（2）单元格中出现了求平均值函数 AVERAGE，直接用鼠标在工作表中拖选参数范围 C3：C42，按 Enter 键确认。

（3）在 Q13 单元格中显示出计算结果。编辑栏的公式为“= AVERAGE（C3：C42）”。同样方法算出二班平均身高，一、二班平均体重。

【step 2】：身高、体重标准差计算（STDEV 函数）。

将光标插入点放入单元格 Q15 中，单击编辑栏左边的“插入函数”按钮 fx，出现“插入函数”对话框，在“或选择类别”下拉列表框中，选择“统计”，在“选择函数”列表框中，选择“STDEV”函数，单击“确定”按钮。出现“函数参数”对话框，将插入点定位在第一个参数“Number”处，拖选参数范围 C3：C42，单击“确定”按钮，一班身高标准差就计算出来了。编辑栏的公式为“= STDEV（C3：C42）”。同样方法算出二班身高标准差，一、二班体重标准差。

【step 3】：最大值函数 MAX，最小值函数 MIN。

选择目标单元格 Q17，单击“常用”工具栏中“自动求和”按钮Σ·旁边的下拉按钮，从弹出的菜单中选择“最大值”命令，用鼠标在工作表中重新选择参数范围 C3：C42，此时编辑栏中的函数为：× ✓ fx =MAX(C3:C42)，单击编辑栏中的“输入”按钮✓确认。在 Q17 单元格中显示出计算结果。同样方法算出二班最高身高值，一、二班最轻体重值。

最终统计结果如图 7-34 所示。

4. 任务 4 学生身高分布情况统计。

【step 1】：如图 7-35 所示，从“学生体检结果表”工作表 P24 单元格开始，录入“学生身高分布情况统计”的各数据信息。

【step 2】：光标定位在目标单元格 Q26，直接在编辑栏输入：= COUNTIF（$C$3:$C$79，“<1.54”），按 Enter 键就计算 154cm 组段人数。如图 7-36 所示。

	P	Q
24	学生身高分布情况统计	
25	身高组段	人数
26	154以下	
27	154~156	
28	156~158	
29	158~160	
30	160~162	
31	162~164	
32	164~166	
33	166以上	

图 7-35 学生身高分布情况统计

fx =COUNTIF($C$3:$C$79,"<1.54")

P	Q	R
学生身高分布情况统计		
身高组段(cm)	人数	
154以下	1	
154~156	8	
156~158	9	
158~160	10	
160~162	19	
162~164	12	
164~166	11	
166以上	7	

图 7-36 学生身高分布统计结果

【step 3】：拖曳 Q26 单元格的填充柄，将公式一直复制到 Q33 单元格。

【step 4】：对 Q27 ~ Q33 单元格的公式进行改造，如 Q27 中的公式为 = COUNTIF（$C$3：$C$79，“<1.56”）- Q26。最终统计结果如图 7-36 所示。

（五）统计图表的制作

在医护科研中，统计结果的表达常常需要根据数据类型和分析目的制作统计图和统计表，Excel 用统计图来表达数据比直接堆砌数字要直观，往往从数字上看不出的问题，一转换成图就马上清晰地暴露出来了。常用的医学统计图有圆形图、百分条图、直条图、直方图和线条图，常用的统计表有简单表和组合表。

笔记栏

统计图的制作要求与方法

1. 图形的选择　根据资料的性质和分析目的，恰当地选择图形是正确表达统计结果的前提。如圆形图或百分条图适用于说明事物内部构成情况，表达构成比资料中各分类部分的比重；直条图使用于表示各个相互独立指标之间比例对比关系，给人以“比高低”现象；直方图适合用于表达各分组单位出现的频数。

2. 标题　统计图的标题位于图的下方，标题要简明扼要，指明时间、地点和内容。

3. 标目和尺度　纵轴尺度须从“0”开始，由下到上，代表同一数值的尺度均须相等。纵横轴的长度比例一般以5:7为宜，纵横轴须有标目，标目有单位的须注明。

4. 图线和图例　图线的粗细可与纵横轴线条相似，不同类型图线可采用不同的线条（实线、虚线、点线）或不同颜色线条来表示，并附上图例说明。

5. 各种统计图的制作流程　如图7-37所示。

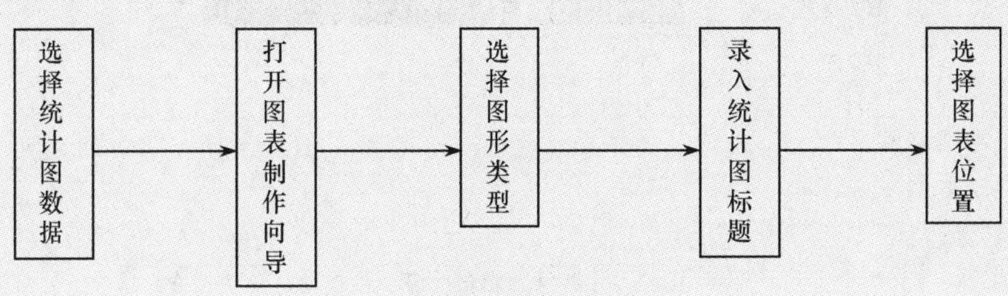

图7-37　统计图制作流程

1. 任务1　圆形图制作。

【step 1】：在“圆形图”工作表中，选择要生成统计图的数据区域，执行菜单栏【插入】→【图表】命令，弹出“图表向导-图表类型”对话框，选择饼图如图7-38所示。

【step 2】：单击“下一步”按钮，系统弹出“图表源数据”对话框，再单击“下一步”按钮，弹出“图表选项”对话框，在“标题”选项卡中，设置图表标题，“数据标志”选项卡中选择“显示百分比”，如图7-39所示。

【step 3】：单击“下一步”按钮，出现“图表向导-4步骤之4-图表位置”对话框，如图7-40所示，选择图表位置为“作为其中的对象插入”到源数据所在的“圆形图”表中。

【step 4】：单击“完成”按钮。完成图表的创建，图表效果如图7-41所示。

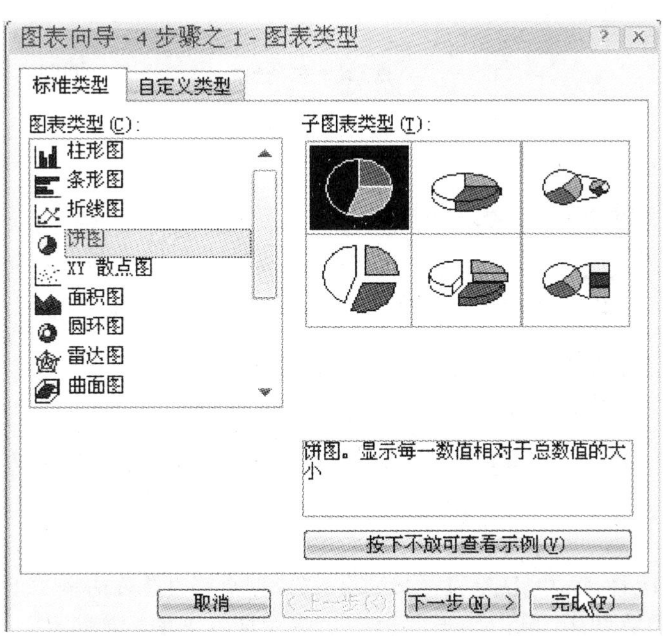

图7-38　“图表类型”对话框

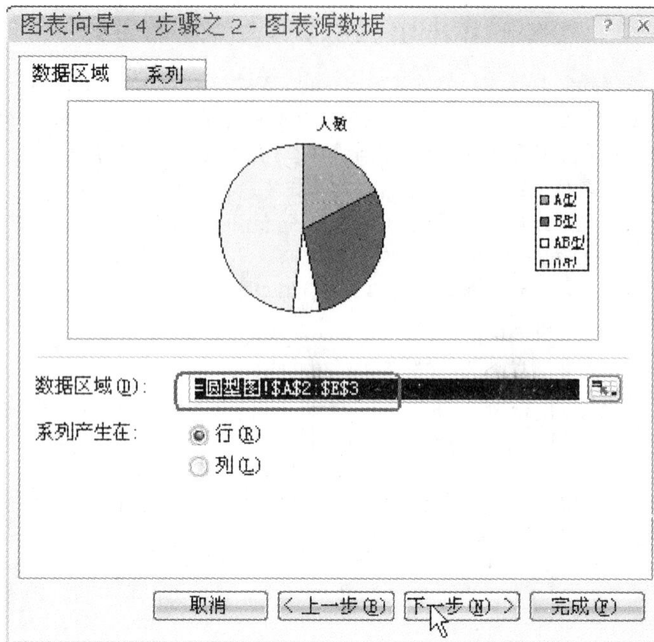

图 7-39　统计图数据源对话框

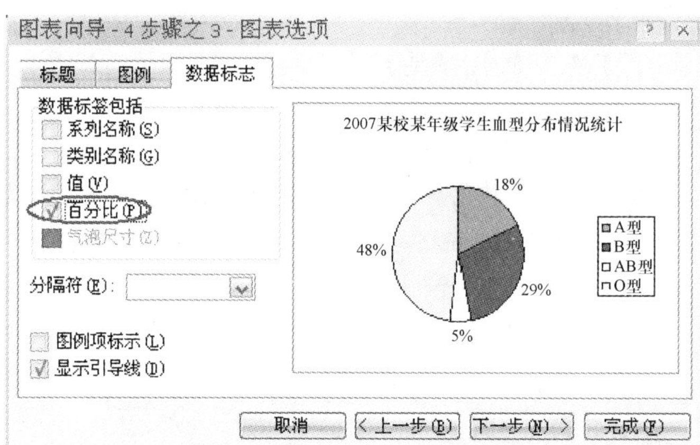

图 7-40　统计图选项对话框

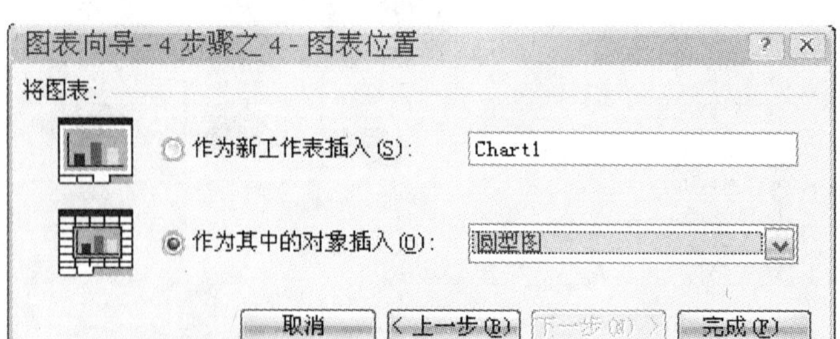

图 7-41　统计图位置对话框

【step 5】:美化统计图:单击图表区域选定图表区后,可以缩放图表,单击图形,选定图形中任何一块,按右键弹出快捷菜单中选定“数据点格式”命令,如图 7-42 所示,进入“数据点格式”对话框,如图 7-43 表示,单击图案标签下的“填充效果”命令,可以进行图形格式编辑,经过编辑后图形格式如图 7-44 所示。

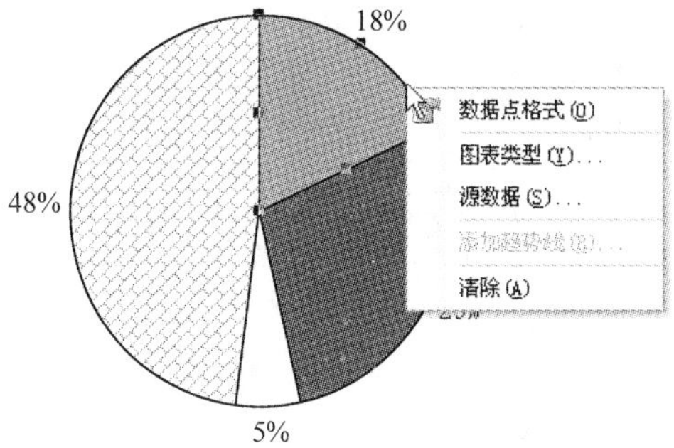

图 7-42　图表数据点格式

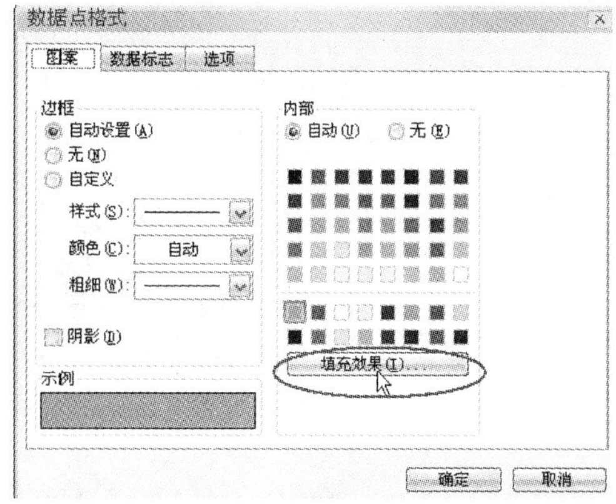

图 7-43　数据点颜色格式

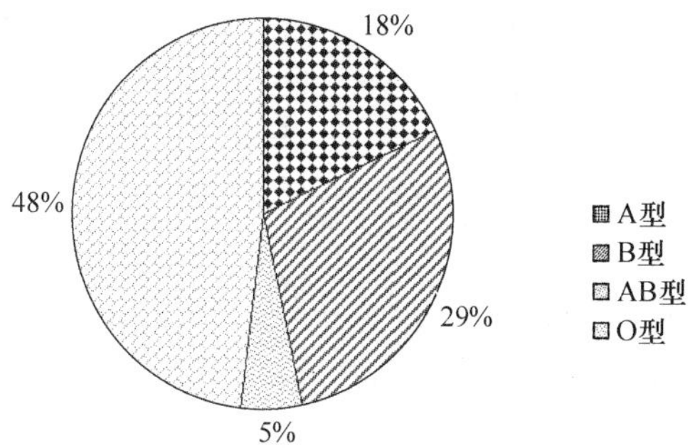

图 7-44　圆形统计图

2. 任务 2　百分比条图制作。

【step 1】:在“百分比直条图”工作表中,选择要生成图表的数据区域。

【step 2】:打开“图表向导”,选择图表类型,如图 7-45 所示。

【step 3】:在“图表向导-4 步骤之 2”对话框中,选择“系列产生在列方式”,如图 7-46 所示。

【step 4】:在“图表向导-4 步骤之 3”对话框中,作如图 7-47 设置。

【step 5】:录入统计图标题:单击“网格线”标签,如图 7-48 所示,取消选中的网格参数,并重复圆形图第 5 步骤。百分比条图生成如图 7-49 所示。

【step 6】:美化统计图:选定绘图区,单击鼠标右键,在弹出的菜单中选择“绘图区格式”命令,在弹出的“绘图区格式”对话框中选择区域为“无”选项,如图 7-50 所示,即取消背景颜色,经过编辑后图形格式如图7-51所示。

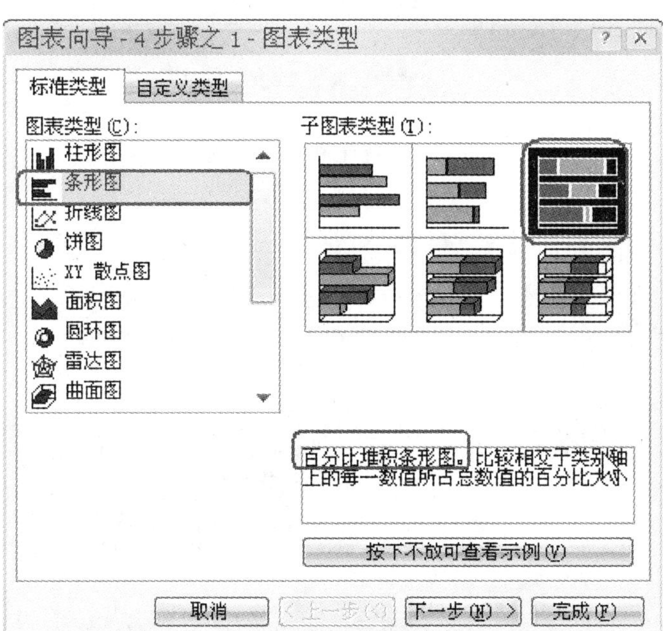

图 7-45　“图表类型”对话框

笔记栏

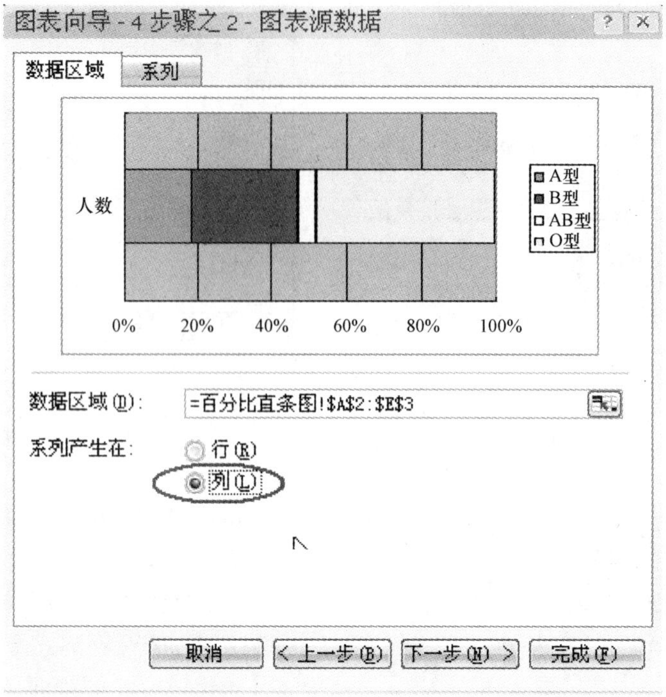

图 7-46　统计图数据源对话框

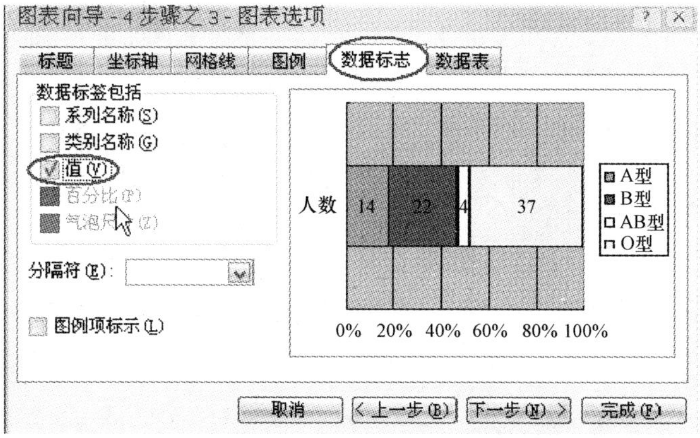

图 7-47　统计图选项对话框

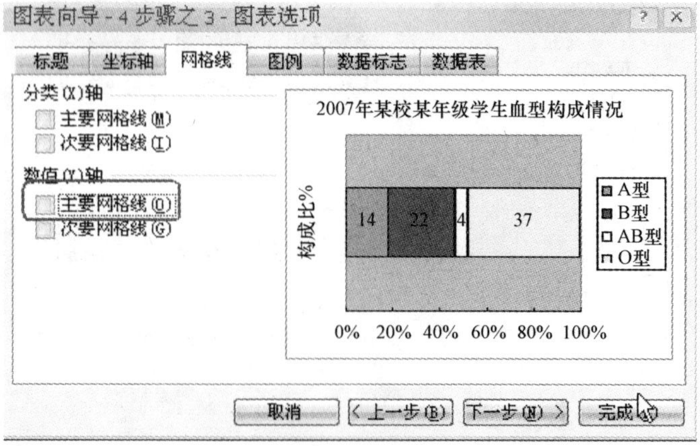

图 7-48　统计图选项对话框

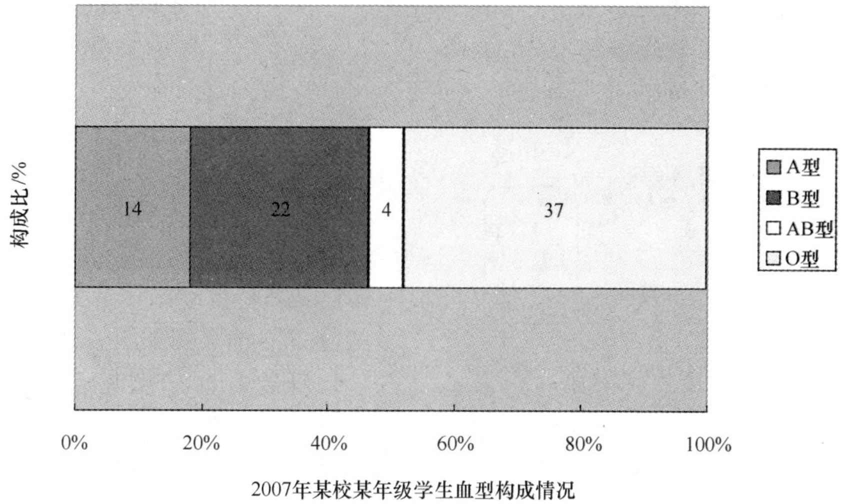

图 7-49　百分比条图

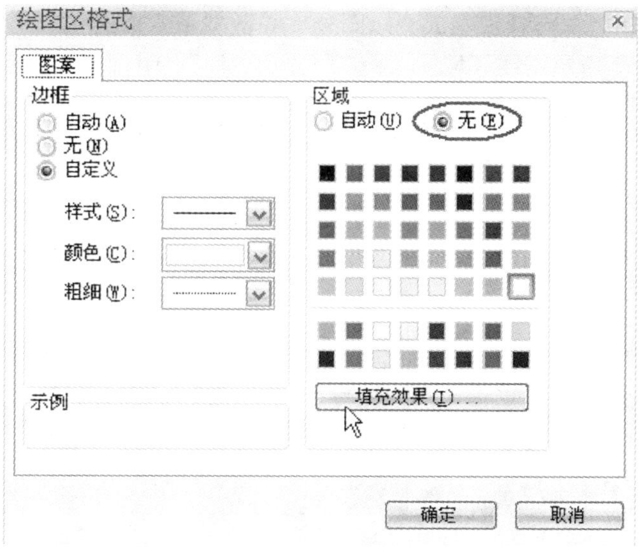

图 7-50　绘图区格式的设置

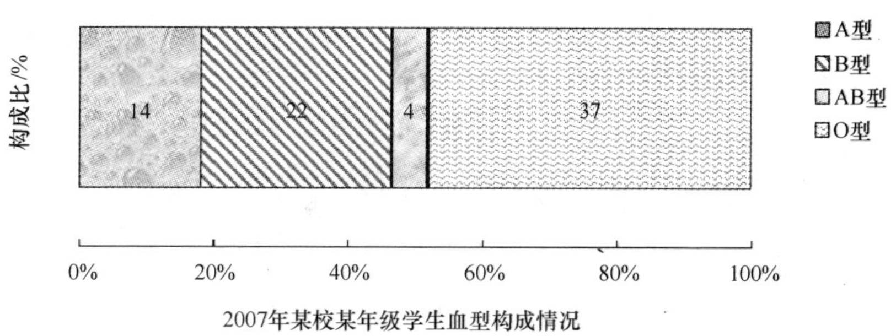

图 7-51　修正后百分比条图

3. 任务3 直条图制作。

【step 1】:把“学生体检结果表”工作表中的疾病患病率统计数据选择性粘贴到“直条图”工作表中,如图7-52所示。

	A	B	C	D
1	疾病患病率统计			
2	疾病名称	患病人数	体检人数	患病率
3	贫血	6	77	7.79%
4	沙眼	32		41.56%
5	视力不良	34	排序	44.16%
6	龋齿	38		49.35%

图7-52 记录按患病率排序

【step 2】:排序:医学统计中要求统计直条图按大小值顺序排列,为此需要对患病率进行排序操作,使数据按大小值顺序排列,如果数据按照升序排序,结果如图7-53所示。

【step 3】:按住Ctrl键,选择要生成直条图的数据区域,如图7-53所示框线区域。

【step 4】:打开“图表向导”,选择图表类型——“簇状柱形图”子图。

	A	B	C	D
1	疾病患病率统计			
2	疾病名称	患病人数	体检人数	患病率
3	贫血	6	77	7.79%
4	沙眼	32		41.56%
5	视力不良	34		44.16%
6	龋齿	38		49.35%

图7-53 排序结果

【step 5】:重复制作百分比条图第4,5,6步骤,生成的直条图如图7-54所示。

4. 任务4 直方图制作。

【step 1】:选择要生成直方图的“学生身高分布情况统计”数据区域。

【step 2】:重复制作直条图第4,5步骤,先生成的直条图,如图7-55所示。

【step 3】:生成直方图:通过对直条图的修改,单击数据序列,选中所有直条按右键,选中“数据系列格式”命令,如图7-55所示,在弹出的对话框中选择“选项”标签,如图7-56所示,分类间距设为0,直条图转变成直方图。最终直方图生成,效果如图7-57所示。

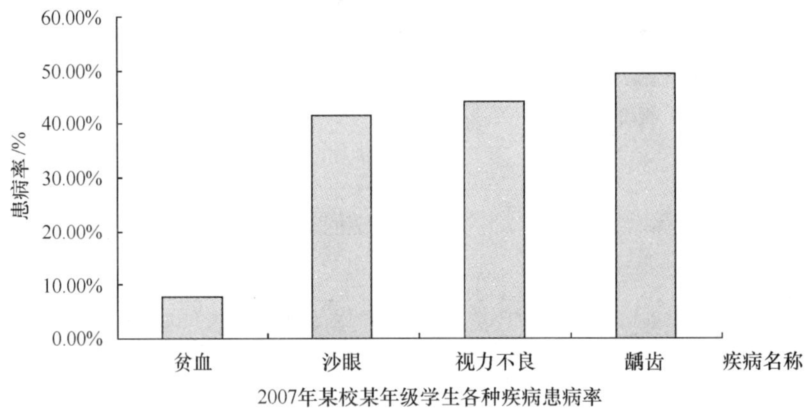

图7-54 直条统计图

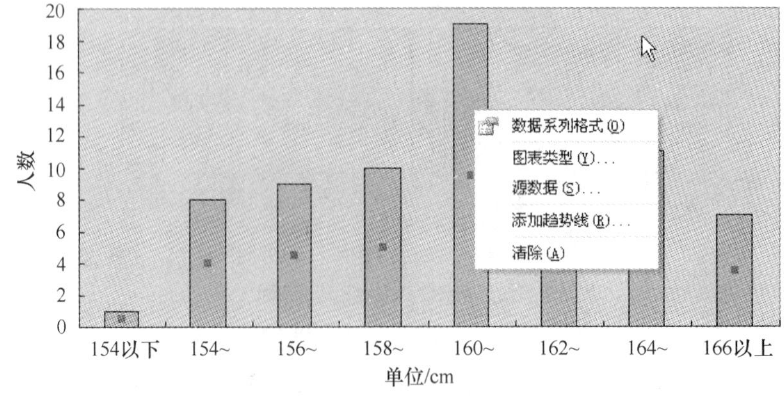

图7-55 身高直条图

笔记栏

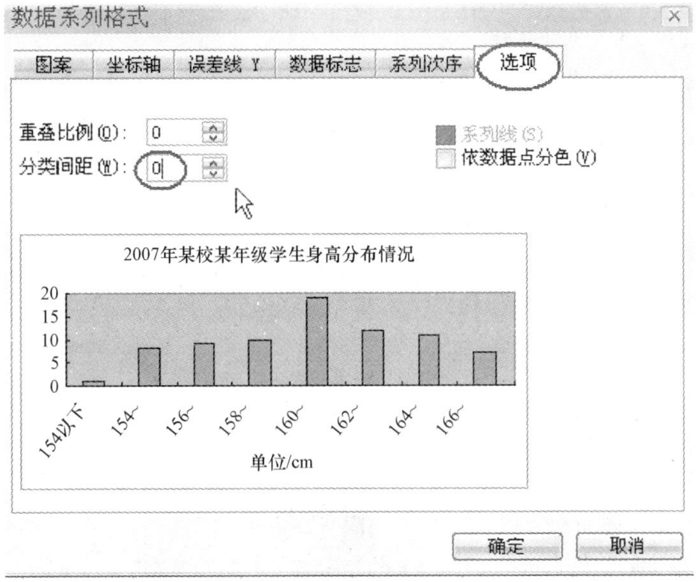

图7-56　数据序列命令

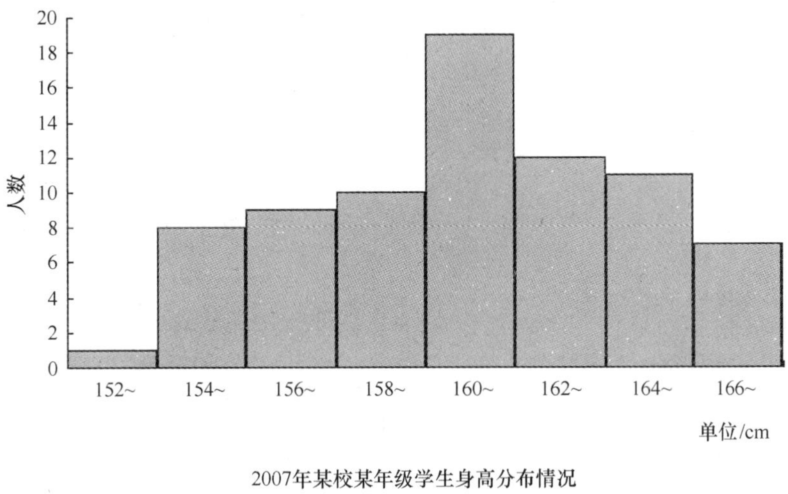

图7-57　直方统计图

5. 任务5　线图制作。

【step 1】:在“线图”工作表中,选择某疾病病死率趋势的数据区域A2:G4。如图7-58所示。

【step 2】:打开“图表向导”,选择图表类型,如图7-59所示。

【step 3】:在“图表向导-4步骤之2”对话框中,选择“系列”选项卡,把系列中“疾病类型”删除,如图7-60所示。删除后的效果为图7-61所示。

【step 4】:重复制作直条图第4,5,6步骤,某疾病病死率趋势线图效果如图7-62所示。

(六)统计表的制作

统计表是资料整理结果的最常用的表达方式之一。医护科研数据,通过计算机软件提供的分析结果,一般需要将统计数据和分析结果制作成统计表,即需要加上表格线,以便打印输出。

	A	B	C	D	E	F	G
1	某地2001～2006年某疾病死亡率趋势(1/10万)						
2	疾病类型	2001	2002	2003	2004	2005	2006
3	复发病历	53	51	59	69	68	70
4	首发病历	47	38	40	49	40	43

图 7-58　生成线图的数据库

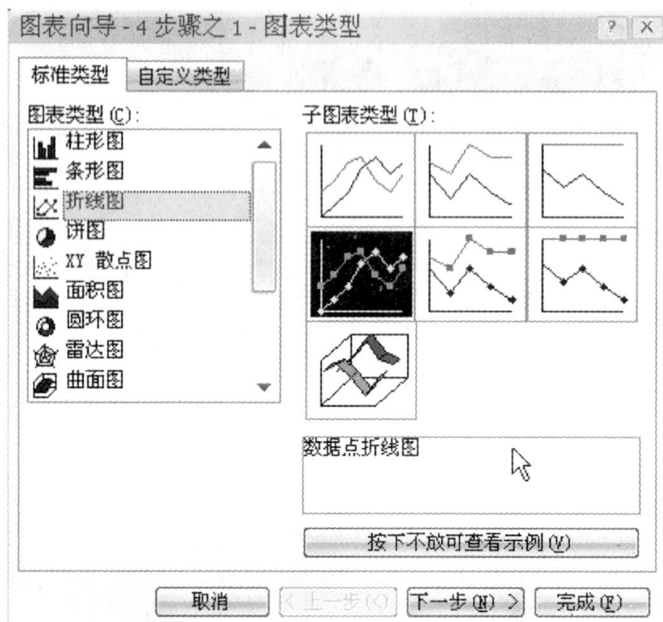

图 7-59　统计图选项对话框

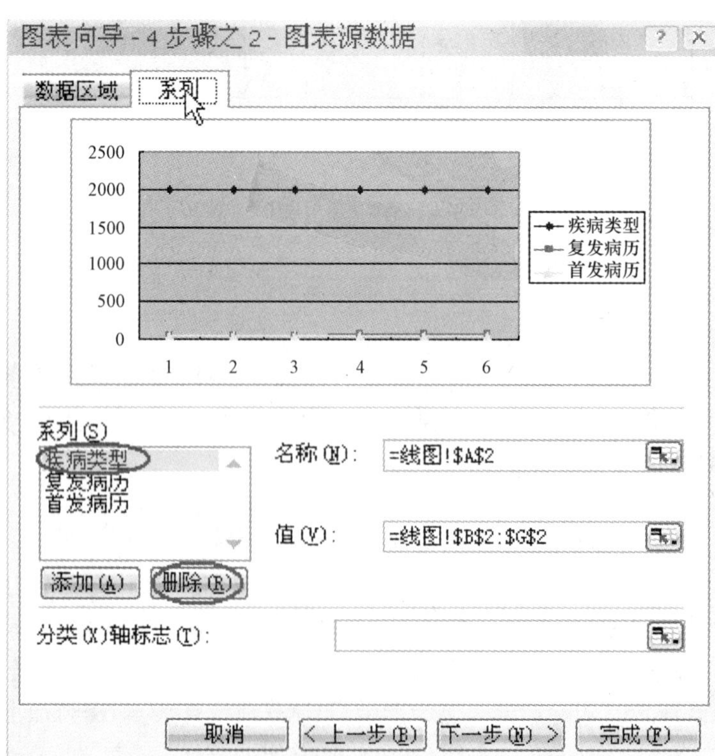

图 7-60　生成图表系列选项

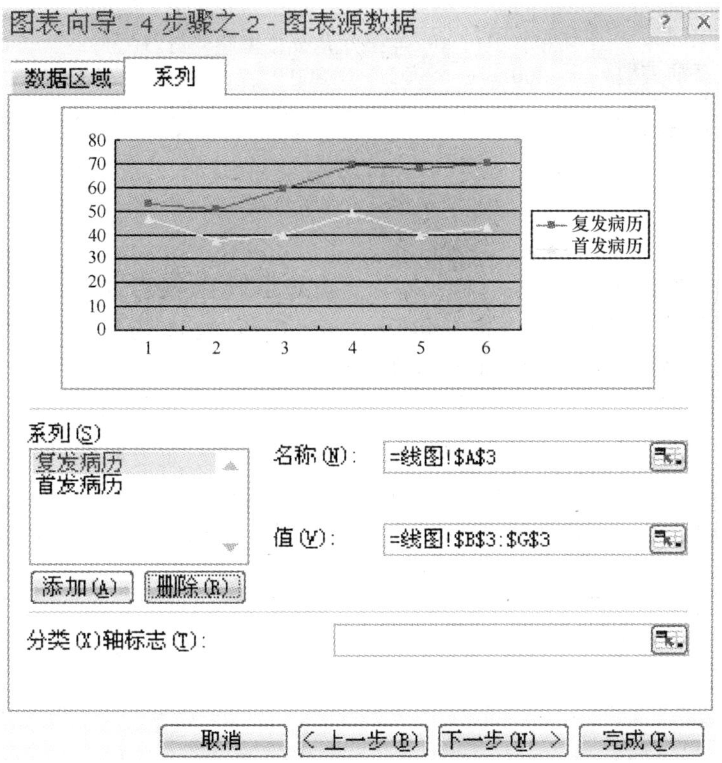

图7-61　折线图图表源对话框

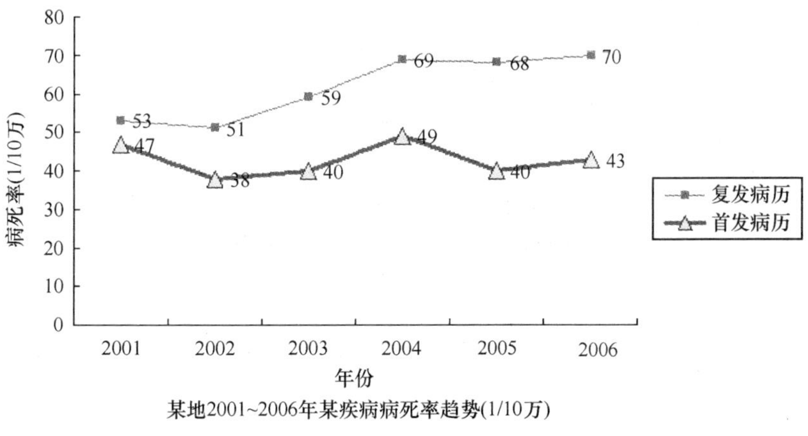

图7-62　折线统计图

1. 统计表的结构　统计表的结构如表7-2所示，每张统计表都应有一个标题，即表的总名称，另外还有横标目和纵标目，横标目用于说明横向数字的含义，纵标目说明纵栏数字的含义。必要时在横标目之上还冠以总标目。统计表有线条和数字，有时还有文字说明和备注。

2. 统计表的制作要求

(1) 统计表的标题应在表的上方正中。

(2) 统计表内不应有纵线。

(3) 表内数字的小数点应对齐，小数点的位数应一致。

表7-2　统计表标题①

类别②	变量名1②	变量名2②
类别1	变量值	变量值
类别2	…	…

注：①为线计表名称；②为栏目名称；③为栏目线；④为底线。

任务　统计表的制作方法。

【step 1】：如图7-63所示，制作“某疾病病死率趋势”统计表。

	A	B	C	D	E	F	G
1	某地2001～2006年某疾病死亡率趋势(1/10万)						
2	疾病类型	2001	2002	2003	2004	2005	2006
3	复发病历	53	51	59	69	68	70
4	首发病历	47	38	40	49	40	43

图 7-63 “某疾病死亡率趋势”统计表

【step 2】:制作表格线。

(1) 设计顶线和底线:选中表格线包括的所有数据单元格(标题除外的所有数据),执行菜单栏【格式】→【单元格】命令,弹出“单元格格式”对话框,选择“边框”标签,如图 7-64 所示,选择线条样式,然后单击边框线条相对位置,选择完毕单击“确定”按钮,统计表的顶线和底线作好了,如表 7-3 所示。

(2) 设计标目线:选中与标目有联系的单元格 A2:G2,重复底线的制作步骤,完成的统计表如表 7-4 所示。

表 7-3 某地 2001～2006 年某疾病病死率趋势

(1/10 万)

疾病类型	2001	2002	2003	2004	2005	2006
复发病历	53	51	59	69	68	70
首发病历	47	38	40	49	40	43

表 7-4 某地 2001～2006 年某疾病病死率趋势

(1/10 万)

疾病类型	2001	2002	2003	2004	2005	2006
复发病历	53	51	59	69	68	70
首发病历	47	38	40	49	40	43

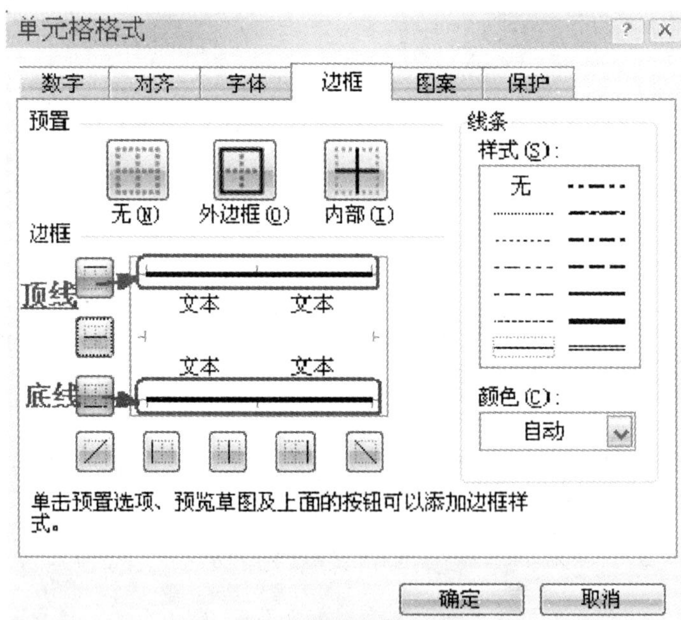

图 7-64 统计表顶线和底线设计

附 2007 年某校某年级学生体格检查结果(表 7-5)。

表 7-5 2007 年某校某年级学生体格检查结果表

学号	身高/m	体重/kg	血型	左眼视力	右眼视力	血红蛋白/(g/L)	沙眼	X 胸透	龋齿
1001	1.56	46	O	4.1	4	120	有	正常	有
1002	1.6	46	AB	4.8	4.8	155	无	正常	无
1003	1.58	50	O	5	4.9	105	有	正常	有
1004	1.64	61	O	4.1	4.4	120	有	正常	无
1005	1.63	52	B	4.5	5	130	无	正常	无
1006	1.56	49	O	4.2	4.3	130	无	正常	无

笔记栏

续表

学号	身高/m	体重/kg	血型	左眼视力	右眼视力	血红蛋白/(g/L)	沙眼	X胸透	龋齿
1007	1.59	45	AB	4.2	4.2	135	无	正常	有
1008	1.6	45	B	4.3	4.2	110	无	正常	无
1009	1.6	45	B	5	4.9	120	有	正常	有
1010	1.54	49	AB	4.7	4.7	130	无	正常	有
1011	1.56	45	A	4.5	4.8	135	无	正常	无
1012	1.61	45	O	4.2	4.3	120	无	正常	有
1013	1.63	60	A	4.8	4.5	130	无	正常	无
1014	1.67	44	O	4.2	4.3	120	无	正常	有
1015	1.54	38	O	4.5	4.5	130	有	正常	无
1016	1.62	44	O	4	4	130	无	正常	无
1017	1.56	50	O	4.3	4.4	130	无	正常	无
1018	1.56	46	A	4.8	4.9	125	无	正常	有
1019	1.68	70	O	5.3	5.3	110	有	正常	无
1020	1.58	45	A	4.4	4.4	120	无	正常	无
1021	1.56	55	O	4.5	4.5	110	有	正常	有
1022	1.63	46	B	4.3	4.8	120	无	正常	无
1023	1.63	50	B	4.8	4	130	无	正常	无
1024	1.65	55	O	4.4	4.1	135	无	正常	有
1025	1.58	45	O	4.4	5	135	有	正常	无
1026	1.6	50	B	3.4	3.4	120	无	正常	无
1027	1.63	50	O	4.1	4.1	120	无	正常	有
1028	1.64	54	O	4.2	4.2	95	无	正常	无
1029	1.65	54	B	5.3	5.1	110	有	正常	无
1030	1.56	46	B	4.7	4.8	130	有	正常	有
1031	1.6	46	A	5.3	5.3	130	有	正常	无
1032	1.61	50	O	5.2	5	110	无	正常	有
1033	1.64	70	O	4.1	4.1	130	无	正常	无
1034	1.68	60	O	4.5	4.6	120	有	正常	无
1035	1.58	44	B	4	4.0	125	无	正常	有
1036	1.63	53	A	4.8	4.8	115	无	正常	无
1037	1.64	44	B	3.8	4	95	有	正常	无
1038	1.65	57	B	4.9	4.1	120	无	正常	有
1039	1.67	50	O	4.8	4.5	130	无	正常	无
1040	1.6	45	O	4.8	4.9	120	有	正常	无
2001	1.58	50	B	4.4	4.4	130	无	正常	有
2002	1.6	55	O	4.4	4.4	125	有	正常	无
2003	1.6	46	O	5	4.9	95	无	正常	有
2004	1.63	57	B	4.3	4.2	115	有	正常	有
2005	1.55	52	B	4.3	4.2	120	无	正常	无
2006	1.59	43	A	4.6	4.8	120	有	正常	有
2007	1.58	50	B	4.8	4.8	130	无	正常	有
2008	1.63	49	O	5	5	130	有	正常	无
2009	1.64	46	O	4.6	4.5	125	无	正常	有
2010	1.55	50	A	5	5.2	125	无	正常	有
2011	1.52	46.5	O	5.2	4.4	120	无	正常	有
2012	1.58	47	O	4.8	4.3	110	无	正常	有

笔记栏

续表

学号	身高/m	体重/kg	血型	左眼视力	右眼视力	血红蛋白/(g/L)	沙眼	X胸透	龋齿
2013	1.6	58	A	4.1	4.2	110	有	正常	无
2014	1.64	60	O	5	5	115	有	正常	无
2015	1.55	43	O	4.9	4.8	135	有	正常	有
2016	1.55	50	A	4	4	125	无	正常	无
2017	1.61	58	B	4.2	4.2	120	无	正常	有
2018	1.62	51	O	4.3	4.2	120	有	正常	无
2019	1.64	55	O	4.8	4.8	120	无	正常	有
2020	1.55	45	O	4.3	4.2	125	有	正常	有
2021	1.6	50	A	5	5	120	无	正常	无
2022	1.6	52	O	4.9	4.9	120	有	正常	有
2023	1.63	46	O	4.6	4.6	130	无	正常	无
2024	1.63	49	O	4.2	4.2	115	有	正常	有
2025	1.56	44	B	5	5.2	110	无	正常	有
2026	1.64	60	O	5	4.2	110	有	正常	无
2027	1.61	48	B	4.6	4.6	120	无	正常	有
2028	1.6	48	O	3.2	4	95	有	正常	有
2029	1.67	52	A	5.1	5.1	120	无	正常	有
2030	1.58	47	A	4.4	4.4	125	有	正常	无
2031	1.6	49	B	4.3	4.2	130	无	正常	有
2032	1.6	47	B	4.1	4	110	有	正常	无
2033	1.6	60	B	5	5.1	90	无	正常	有
2034	1.66	58	B	4.8	4.7	115	有	正常	无
2035	1.55	48	AB	4.3	4.3	130	无	正常	有
2036	1.57	47	O	4.8	4.9	120	有	正常	无
2037	1.66	55	A	4.2	4.2	110	有	正常	有

第2节 论文排版与Word软件应用

一般来说，学位论文至少几十页，属于长文档，而在论文的编辑排版上可能经常要不断地调整格式。如果你发现自己正在做与论文内容无关的繁琐的排版工作，一定要停下来学一下Word在编辑长文档的方法与技巧。这其中包括：页面设置、应用样式、添加目录、设置文档属性、添加页眉和页脚、添加页码、制作论文模板等内容。

应用样式

Word中的样式是被冠以同一名称的一组命令或格式的集合。Word每种内置样式都有字体、段落、制表位、边框、语言、图文框、编号及快捷键八种设置。通过选中文本，再单击任务窗格中的一种样式，方便地将样式中所有格式应用于此文本，这样就保持文档的一致性。

一篇论文应该包括两个层次的含义：内容与表现，前者是文章作者用来表达自己思想的文字、图片、表格、公式及整个文章的章节段落结构等，而后者则是论文页面大小、边距、各种字体、字号等。相同的内容可以有不同的表现形式，例如一篇文章在不同的出版社出版会有不同的表现形式；而不同的内容可以使用相同的表现形式，例如一个期刊上发表的所有文章的表现形式都是相同的。这两者的关系不言自明。Word倡导一种所见即所得的方式，将编辑和排版集成在一起，使得作者在处理内容的同时就可以设置并立即看到其表现。可惜是很多作者滥用“所见即所得”功能，将内容与表现混杂在一起，花费了大量的时间在人工排版上，但是工作效率和排版效果都不好。

笔记栏

链接

一、Word 编辑论文总原则

Word 编辑论文(长文档)总原则:内容与表现分离,就是说作者只要关心文章的内容,所有与内容无关的排版工作,作者只需将自己的排版意图以适当的方式告诉 Word,Word 就会去完成。大家要记住 Word 不仅仅是一个编辑器,还是一个排版软件,不要只拿它当记事本或写字板用。

二、Word 编辑论文主要建议

Word 编辑论文主要建议:

(1) 一定要使用样式,除了 Word 原先所提供的标题、正文等样式外,还可以自定义样式。如果你发现自己是用选中文字然后用格式栏来设定格式的,一定要注意,想想其他地方是否需要相同的格式,如果是的话,最好就定义一个样式。对于相同排版表现的内容一定要坚持使用统一的样式。这样做能大大减少工作量和出错机会,如果要对排版格式(文档表现)做调整,只需一次性修改相关样式即可。使用样式的另一个好处是可以由 Word 自动生成各种目录和索引。

(2) 一定不要自己敲空格来达到对齐的目的。只有英文单词间才会有空格,中文文档没有空格。所有的对齐都应该利用标尺、制表位、对齐方式和段落的缩进等来进行。如果发现自己打了空格,一定要谨慎,想想是否可以通过其他方法来避免。同理,一定不要敲回车来调整段落的间距。

(3) 使用节,如果希望在一片文档里得到不同的页眉、页脚、页码格式,可以插入分节符,并设置当前节的格式与上一节不同。

(4) 使用大纲视图写文章的提纲,调整章节顺序比较方便。

(5) 使用文档结构图让你方便地定位章节,快速浏览任意章节。

(6) 及时保存,设置自动保存,还有一有空就敲"保存"快捷键 Ctrl + S。

三、论文编辑排版步骤

(1) 按"论文格式"要求进行页面设置。

(2) 按"论文格式"要求对章节、正文等所用到的样式进行定义。

(3) 将论文的各级标题、正文应用于不同的相应大纲级别的样式及正文样式。

(4) 按照设置的标题级别为毕业论文添加目录。

(5) 利用插入域的方法为每章插入页眉页脚。

(6) 浏览修改,直至满意。

四、Word 中简单统计表制作

在 Word 中,同样可以制作统计表,但不能根据表格数据制作统计图,可以在 Excel 中把制作好的统计图用"复制"/"粘贴"的方法将统计图复制到 Word 中。在 Word 中创建表格有两种方法,一种是插入表格,另一种是绘制表格。制作表格时,要将视图选择为"页面"视图,以便了解表格在页面中的确切位置。

1. 资料　图 7-65 所示。

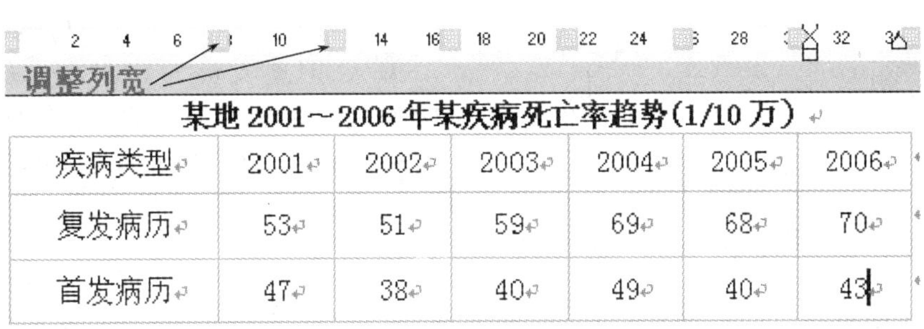

疾病类型	2001	2002	2003	2004	2005	2006
复发病历	53	51	59	69	68	70
首发病历	47	38	40	49	40	43

图 7-65　表格列宽调整

2. 制作步骤

(1) 插入表格

1) 方法一:根据题意,需要产生 3 行 × 7 列的表格,首先将光标插入点放在插入表格的位置,执行菜单栏【表格】→【插入】→【表格】命令,在弹出的对话框中选定表格的行数为"3"和列数为"7",如图 7-66 所示,选择完毕后单击"确定"按钮,生成指定的表格。

2）方法二：单击工具栏上"插入表格"按钮，按住鼠标左键拖动光标选择表格的行数和列数，释放左键，表格就生成了，如图7-67所示。

（2）数据录入与调整边框：将数据录入到表格中，用光标拖动标尺的滑块调整表格的行高和列宽，如图7-65箭头所示。

（3）添加统计表的顶线和底线：选中表格中所有单元格，执行菜单栏【格式】→【边框和底纹】命令，单击弹出对话框中的"边框"标签，选择宽度为1.5磅，然后单击预览视图上下两条线，在预览视图中单击左右两边线条，取消纵线，选定后单击"确定"按钮退出。

（4）添加统计表的标目线：选中与标目线有联系的单元格，重复第(3)步，设计标目线，标目线宽度选择1磅即可。左右两边线条不需要，直接在对话框预览图上单击左右相对位置，以取消线条，如图7-68中箭头所示，选定后单击"确定"按钮退出。

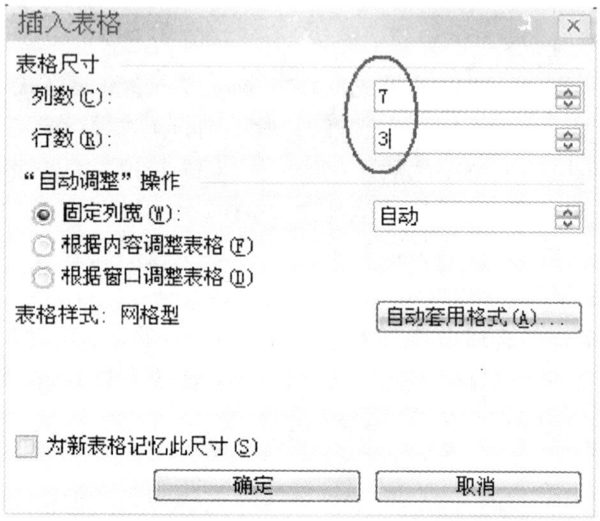

图7-66 插入表格对话框

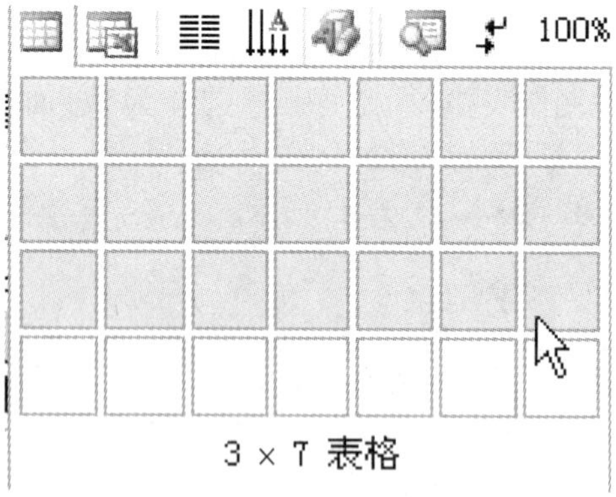

图7-67 插入表格按钮

通过上述调整即可创建出表7-6所示统计表。

表7-6 某地2001～2006年某疾病病死率趋势(1/10万)

疾病类型	2001	2002	2003	2004	2005	2006
复发病历	53	51	59	69	68	70
首发病历	47	38	40	49	40	43

五、Word中组合统计表制作

1. 资料来源 某市2003年与2006年卫生技术人员构成比资料如下：

2003年中医师为1 620人、西医师为7 800人、护理人员为6 200人、药剂人员为1 500人、其他人员为1 200人，各组构成比分别为8.84%、42.58%、33.84%、8.19%、6.55%。

2006年中医师为2 200人、西医师为8 500人、护理人员为7 000人、药剂人员为1 800人、其他人员为1 600人，各组构成比分别为10.43%、42.28%、33.18%、8.53%、7.58%。

2. 操作步骤

（1）插入表格：观察资料结构，可以采用5列8行表格，所以插入一个有5列8行的表格。

笔记栏

（2）调整表格：在表格中录入数据，移动标尺上的滑块将表格宽度调整适中，选中表格中第一行中的第二、第三单元格，执行菜单栏【表格】→【合并单元格】命令，将两个单元格合并，选中第四、第五单元格，同样操作合并命令，如图7-69所示。

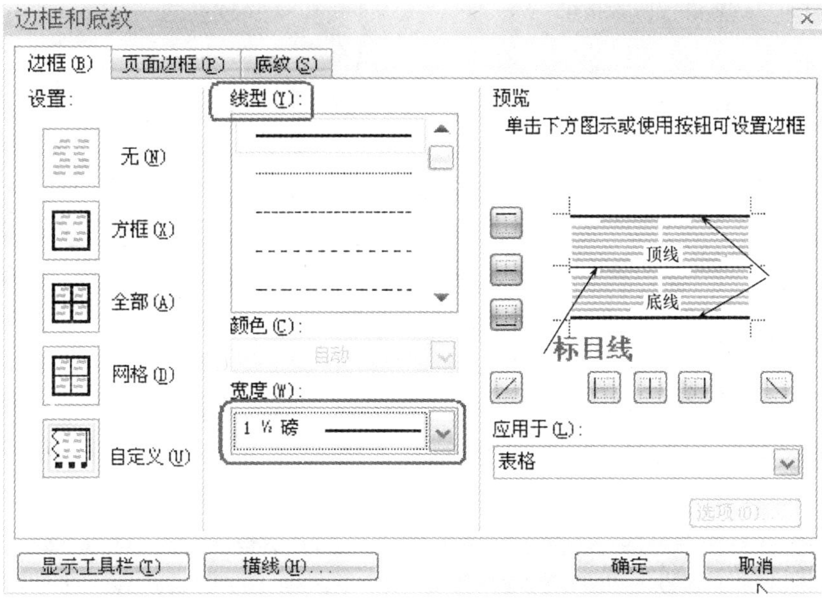

图7-68 边框和底纹对话框

某市2003年与2006年卫生技术人员构成比

人员分类	2003年		2006年	
	人数	构成比(%)	人数	构成比(%)
中医师	1620	8.84	2200	10.43
西医师	7800	42.58	8500	40.28
护理人员	6200	33.84	7000	33.18
药剂人员	1500	8.19	1800	8.53
其他人员	1200	6.55	1600	7.58
合计	18320	100	21100	100

图7-69 数据录入

（3）录入数据：在表格的上方将统计表标题录入，在第一行表格内录入变量名，一个变量名占一列，在变量名对应的下面单元格内录入相应的变量值，如图7-69所示。

（4）添加表格线

1）添加统计表顶线和底线：选中表格中所有单元格，执行菜单栏【格式】→【边框和底纹】命令，单击弹出对话框中的“边框”标签，选择宽度为1.5磅，然后单击预览试图上下两条边的相对位置，在预览试图中单击左右两边线条，取消左右两边线，选定后单击“确定”按钮退出。

2）添加标目线：选中与标目线有联系的单元格，在“边框和底纹”的对话框中选择宽度为1磅的实线，然后单击预览试图中细线的相对位置，单击“确定”按钮退出。

3）添加组合线：应用Word的绘图工具，在第二、三列的第一行表格中下方添加一细线，线条设计结果采用预览方式查看，如表7-7所示。

笔记栏

表 7-7 某市 2003 年与 2006 年卫生技术核算人员构成比

人员分类	2003 年		2006 年	
	人数	构成比/%	人数	构成比/%
中医师	1 620	8. 84	2 200	10. 43
西医师	7 800	42. 58	8 500	40. 28
护理人员	6 200	33. 84	7 000	33. 18
药剂人员	1 500	8. 19	1 800	8. 53
其他人员	1 200	6. 55	1 600	7. 58
合计	18 320	100	21 100	100

六、Word 制作统计表应注意的问题

1. 增加行或列 观察统计表，确定表格的行数和列数，一次性将所需表格的基本行列构成制作出来，如果发现少一行或一列，选定某一行或一列，执行菜单栏【表格】→【插入】→【行】或【列】命令，增加一行或一列。

2. 删除表格 选中表格所有单元格，执行菜单栏【表格】→【删除】→【表格】命令，即可删除表格，如果需要删除几行或几列，选中需要删除的行或列，执行菜单栏【表格】→【删除】→【行】或【列】命令。

3. 移动表格 将光标移到表格的左上角，按住鼠标左键拖动如图 7-70 中箭头所指符号，表格即可移动。

某市 2003 年与 2006 年卫生技术人员构成比

人员分类	2003 年		2006 年	
	人数	构成比/%	人数	构成比/%
中医师	1 620	8. 84	2 200	10. 43
西医师	7 800	42. 58	8 500	40. 28
护理人员	6 200	33. 84	7 000	33. 18
药剂人员	1 500	8. 19	1 800	8. 53
其他人员	1 200	6. 55	1 600	7. 58
合计	18 320	100	21 100	100

图 7-70 移动表格

第3节 实 习

一、数据库的建立与数据录入

1. 实习目的

（1）能运用 Excel 软件建立数据库。

（2）学会在 Excel 软件中录入数据。

（3）能对数据进行审核和检错。

（4）能运用 Excel 软件对数据进行整理。

（5）能根据分析目的进行各种统计指标的计算。

2. 实习内容 某社区医生为做好老年人群保健工作，对本社区 60 岁以上老年人进行了一次健康调查，现将部分调查数据列表 7-8 如下。

表 7-8 2006 年某社区老年人健康调查结果

编号	性别	年龄	文化程度	高血压	冠心病	牙病	白内障	支气管炎	消化道溃疡	关节炎	血红蛋白/(g/L)	自我健康评价
1	女	68	初中	正常	有	无	有	无	无	有	110	不好
2	男	62	大学	有	无	有	有	无	有	无	123	一般
3	男	70	初中	正常	无	无	无	无	无	无	122	好
4	女	78	初中	正常	无	无	无	无	无	无	144	很好
5	男	66	大学	正常	无	有	无	有	有	无	130	很差
6	男	67	初中	有	有	无	无	无	无	有	120	很差
7	男	69	初中	正常	无	无	无	无	无	无	110	好
8	女	65	初中	正常	无	无	无	无	无	无	120	不好
9	男	76	初中	正常	无	有	有	无	无	无	125	很差
10	女	77	大学	有	有	无	无	无	无	无	133	不好
11	男	78	小学	正常	无	无	无	有	有	无	121	不好
12	男	81	初中	正常	无	有	无	无	无	无	122	一般
13	女	79	小学	正常	无	无	无	无	无	无	122	好
14	女	65	大学	有	无	有	无	无	无	无	123	好
15	女	68	初中	正常	无	无	无	有	无	无	121	好
16	男	79	大学	正常	无	有	有	无	有	无	111	很差

续表

编号	性别	年龄	文化程度	高血压	冠心病	牙病	白内障	支气管炎	消化道溃疡	关节炎	血红蛋白/(g/L)	自我健康评价
17	女	91	小学	有	有	无	无	有	无	有	131	一般
18	男	75	小学	正常	无	无	无	无	无	无	111	好
19	男	75	初中	有	无	无	无	无	无	无	125	好
20	男	63	大学	正常	无	有	无	无	无	无	125	好
21	女	63	高中	正常	无	无	无	无	有	无	131	好
22	女	68	小学	正常	无	有	无	有	无	有	115	一般
23	男	73	初中	正常	无	无	有	无	无	无	128	一般
24	男	73	大学	有	有	有	无	无	无	有	101	很差
25	男	75	高中	正常	无	无	无	有	无	无	121	不好
26	女	64	小学	正常	无	无	无	有	无	无	118	好
27	男	74	初中	有	无	无	无	有	无	有	101	好
28	女	74	小学	正常	无	无	无	有	无	无	118	好
29	男	75	大学	正常	无	有	无	无	有	无	112	一般
30	女	72	高中	有	无	无	无	无	无	无	113	好
31	女	84	初中	正常	有	无	有	无	无	无	118	不好
32	男	85	小学	有	无	无	无	有	无	无	126	好
33	女	84	小学	正常	无	无	无	有	无	无	118	不好
34	女	81	初中	正常	无	无	无	有	无	有	113	很差
35	女	84	高中	有	有	有	无	无	有	无	118	不好
36	男	86	小学	正常	无	无	无	有	无	无	127	好
37	女	76	高中	正常	无	无	无	无	无	无	119	好
38	女	74	初中	正常	无	无	无	有	无	无	117	不好
39	男	74	小学	正常	无	无	无	有	无	有	123	好
40	男	73	高中	正常	无	有	无	有	无	无	125	一般
41	女	71	大学	正常	无	无	无	无	有	无	128	不好
42	女	73	初中	正常	无	无	无	无	无	无	137	好
43	女	78	小学	正常	无	无	无	有	无	有	121	一般
44	男	83	初中	有	有	无	无	无	无	无	115	不好
45	女	75	小学	正常	无	无	无	无	无	无	126	好
46	女	62	高中	正常	无	有	无	无	无	无	116	好
47	男	63	小学	正常	无	无	无	无	无	有	115	好
48	女	64	小学	正常	无	无	无	无	无	无	113	好
49	男	64	大学	正常	无	有	无	无	有	无	117	一般
50	男	63	小学	正常	无	无	无	无	无	无	113	好
51	女	67	初中	正常	无	无	无	无	无	无	113	好
52	女	68	小学	正常	无	无	无	无	无	无	128	一般
53	男	76	小学	正常	无	无	无	无	无	无	128	好
54	男	66	小学	正常	无	无	无	无	无	无	115	好
55	女	68	初中	正常	无	无	无	无	无	无	120	好
56	女	69	小学	正常	无	无	无	无	无	无	123	好
57	男	67	小学	正常	无	无	无	无	无	无	100	好
58	女	63	小学	正常	无	无	无	无	无	有	96	不好
59	女	75	高中	正常	无	无	无	无	无	无	118	好
60	男	73	初中	正常	无	有	无	无	无	无	124	好
61	女	78	高中	正常	有	有	无	无	无	无	96	不好
62	男	79	高中	有	有	有	无	无	无	有	127	不好

要求：

（1）请同学在Excel软件中建立数据库，并进行录入数据。

（2）在数据录入时，请用数据有效性防止数据录错。

（3）运用Excel软件对数据进行整理。

（4）运用函数计算的血红蛋白的均数和标准差。

（5）运用Excel软件统计各种疾病的患病率和自我健康评分构成比。

二、统计图表的制作

1. 实习目的

（1）学会用Excel软件制作常用的统计表。

（2）知道正确统计表的制表原则和要求。

（3）能运用Excel软件制作常用的统计图。

（4）能根据资料的性质和分析要求正确选择统计图。

2. 实习内容

（1）某院消化内科对消化性溃疡患者采用新药物治疗，并与原有的常规药物进行疗效比较。请用Excel软件对统计结果制作成统计表进行表达。统计结果如下。

1）旧药疗效

例数：128；显效：64；有效：44；无效：20；有效率：84.37%。

2）新药疗效

例数：136；显效：84；有效：41；无效：11；有效率：91.9%。

（2）试根据表7-9资料，用Excel软件制作圆图和百分条图。

表7-9　某市不同级别医院护理人员学历分布

（百分比%）

医院级别	中专	百分比	大专	百分比	本科	百分比	合计	百分比
一级	588	90.5	62	9.5	0	0.0	650	100.0
二级	496	60.5	238	29.0	86	10.5	820	100.0
三级	208	36.6	277	48.8	83	14.6	568	100.0

（3）试根据表7-10资料，用Excel软件制作直条图。

表7-10　发达国家和地区居民婴儿病死率的比较

国家/地区	婴儿病死率（按每千名活产婴儿计算的死亡人数）	年
香港	3.2	1999
深圳	6.3	1999
美国	7.1	1999
英国	5.8	1999
新加坡	3.2	1999
日本	3.4	1999

（4）试根据表7-11资料，用Excel软件制作线图。

表7-11　2000～2006年香港注册护士和登记护士人数的变化

年份	注册护士	登记护士
1996	26 430	9 965
1997	27 405	10 745
1998	28 095	11 155
1999	28 164	11 381
2000	28 806	11 902

（5）请课代表将全班同学的脉搏数（心率）的数据写在黑板上，用Excel软件制作成直方图。

三、医护论文的排版

1. 实习目的

（1）能按“论文格式”要求进行版面规划。

（2）学会用Word样式快速对论文排版。

（3）能为长论文自动生成目录（扩展延伸目的）。

2. 实习内容　按照国内任一本护理杂志的编排格式要求，对本书第10章研究论文范文和综述论文范文进行排版。

在医学科研中，资料的整理和结果的表达是十分重要的，Excel软件可以为科研资料的整理提供很多功能，主要有数据库建立、数据整理、常用统计指标的计算以及统计图、统计表的制作。

论文编辑排版步骤：页面设置、定义样式、应用样式、分节、添加目录、插入页眉页脚。

Word制作统计表的步骤：设计统计表、插入表格、调整表格、录入数据、添加线条。

小　结

目标检测

1. Excel 中数据的输入有很多快速输入的技巧,你能说出几种吗?
2. 条件统计函数 COUNTIF 的应用场合是什么? 其中的两个参数各代表什么?
3. 分类汇总的含义是什么? 为什么分类汇总前先要进行排序呢?
4. 高级筛选中,要定义哪三个区域?
5. 在统计结果的表达中,资料的类型与统计图的选择有关系吗? 构成比资料应采用什么统计图类型?
6. 选择图表的数据源时,如何选择不连续的数据区域?
7. 用 Word 制作统计表与用 Excel 制作统计表有哪些异同点?
8. 如何将 Excel 制作的统计图放在 Word 中和文档一起编辑?

(王 珊)

笔记栏

第8章 资料类型与医学统计方法的选择

学习目标

1. 说出计量资料、计数资料和等级资料的概念及其主要异同点
2. 叙述 t 检验的使用条件及秩和检验的使用条件
3. 简述 χ^2 检验的使用条件
4. 列出计量资料、计数资料和等级资料的常用检验方法

资料的分析主要是借助医学统计方法来实现的。医学统计方法的种类很多,每种统计方法都有一定的使用条件和范围,如何正确地选择统计方法,并了解每种统计方法的使用条件和使用范围是进行资料分析的关键,而掌握好统计方法的诀窍是首先搞清楚资料分析的目的和熟悉资料的类型。

随着信息技术的飞速发展,计算机随处可见,各种数据处理软件和统计软件唾手可得,这就使得我们能从繁琐复杂的统计计算中解脱出来。但其负面作用是计算机和统计软件的盲目使用,不管是什么研究类型的数据都简单地交给计算机处理,用计算机取代统计,可能会造成大量统计方法的滥用和误用。而医学研究的许多数据关系到人类的健康,统计方法的误用会导致严重的伦理问题。这就提示我们要注重“统计方法”的选择、重视“数据

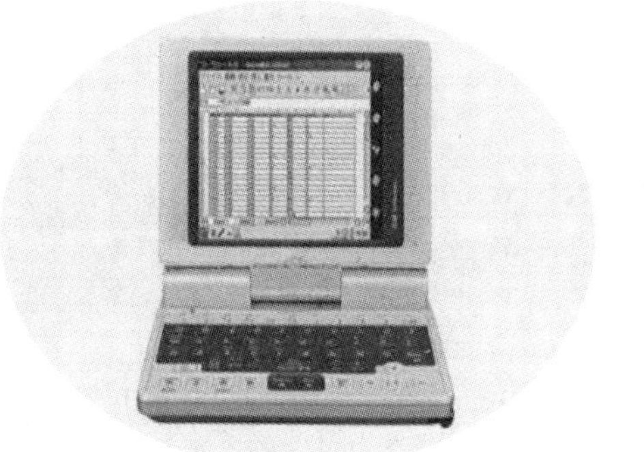

第1节 概　　述

在医护科研中,一般将不同性质的实验结果资料分为计量资料、计数资料和等级资料等类型。应当指出,根据不同的研究目的和数据分布特点,在一定条件下,同一实验指标所得的资料,其类型可以相互转化。例如研究某方法对贫血的治疗效果,其指标是血红蛋白,若仅为判断是否有效,则可确定一个血红蛋白界值将疗效划分为有效与无效,这属于计数资料;若欲了解血红蛋白变化的数量,则按血红蛋白测定值的变化大小进行分析,属于计量资料;但若变化范围较大,程度很不一致,则可按变化程度将疗效分为若干等级,属于等级资料。所以实验资料的分类应做到“具体情况,具体分析”。但资料类型一经确定,对它们的统计描述、统计推断方法和检验分析方法各不相同。

笔记栏

医学科研中常用统计分析软件

①SAS统计分析系统(statistics analysis system),被誉为标准统计软件,应用领域遍及医药卫生、工农业生产和教育科研等行业,其网址为 http://www. sas. com/offices/asiapacific/china/;②SPSS 社会科学统计软件包(statistical package for the social sciences),是世界上应用最广泛的专业统计软件之一,应用遍及全世界各领域,在国际学术界得到广泛地认可。其数据输入与管理方式类似 Excel 表格,易学易用,并能方便地读入、输出其他类型的数据库,因此是非专业统计人员的首选统计软件,其网址为 http://www. spss. com. cn 和 http://www. spssgz. com. cn/;③Stata 统计软件,占用硬盘很小,但统计分析功能很强,甚至超过了 SAS 和 SPSS,其网址为 http://www. stata. com。另外,如果读者对其他软件包仍有兴趣,还可访问医学统计之星(http://medstatstar. myetany. com)和 37℃ 医学网网站(http://www. 37c. com. cn/topic/009/00901. asp),以上统计软件的电子教程详见医学统计之星网站。

接链

质量"的保证和统计结果的"表达"。正确运用统计方法可以帮助我们科学地认识客观事物，阐明事物固有的规律。因此，正确掌握和运用统计方法是医学科研人员一项必备的基本功。

> **何为参数检验**
>
> 参数检验要求样本来自正态分布的总体，在这种分布的基础上，运用统计学原理，用从样本计算出来的统计指标量（如样本均数），对总体统计指标量（如总体均数）进行估计和检验，将这类检验方法称为参数检验。
>
> 接链

第2节 计量资料与 t 检验

一、计量资料

计量资料（measurement data）是对每个观察单位用定量的方法测定某项指标数量的大小所得的资料，一般有度量衡单位。与计数资料的主要区别在于观察单位之间只有量的差别，没有质的不同。

二、t 检验的使用条件

t 检验是计量资料的常用检验方法，属于参数检验。

t 检验具体条件有：

（1）两样本是计量资料并均来自正态分布总体。

（2）总体标准差 σ 未知。

（3）两个小样本均数比较时，要求两总体方差相等，即方差齐同。故在做 t 检验之前，首先应做方差齐性检验。

三、t 检验的使用范围

（1）用于样本均数与总体均数之间的比较。

（2）用于配对计量资料的显著性检验。

（3）用于两样本均数的比较。如分析资料是多个样本均数之间的比较时，可用方差分析。

> **何为显著性检验**
>
> 显著性检验即假设检验，是判断相比较的2个或多个总体参数之间其差异是否有显著性的方法，从而得知相比较的总体参数之间的差异是来自抽样误差，还是来自本质差异。这种用于判断差别属于哪一种情况的统计学检验，就是假设检验。
>
> **何为方差分析**
>
> 方差分析是用于多组总体均数间差别的一种常用检验方法。其分析目的是通过分析多个处理组均数之间的差别，来推论多个处理组之间的差别是否有统计学意义。
>
> 接链

四、t 检验的常用方法与类型

t 检验的检验类型、计算公式及注意事项见表8-1。

表8-1 t 检验的检验类型、计算公式及注意事项

检验方法	统计推断目的	计算公式	自由度(ν)	使用条件及注意事项
$\bar{x}-\mu$ 比较	样本均数所代表的未知总体均数 μ 与已知总体均数 μ_0 是否相等	$t=\lvert\bar{x}-\mu\rvert/s_{\bar{x}}$	$n-1$	总体均数 μ_0 一般指理论值、标准值或经过大量观察得到的稳定值等
配对比较	配对差值的总体均数 μ_d 是否为零	$t=\lvert\bar{d}\rvert/s_{\bar{d}}$	$n-1$ n：对子数	配对设计比较的检验效率高
$\bar{x}_1-\bar{x}_2$ 比较	两样本均数分别所在的总体均数 μ_1 和 μ_2 是否相等	$t=\lvert\bar{x}_1-\bar{x}_2\rvert/s_{\bar{x}_1-\bar{x}_2}$	n_1+n_2-2	①两样本含量较小时，应事先作方差齐性检验，方差齐同时作 t 检验，方差不齐同时作 t' 检验（校正 t 检验）；②两样本含量相等时检验效率高

笔记栏

何为配对资料

①随机配对设计：将受试对象按某些混杂因素（如性别、年龄、窝别等）配成对子，每对中的两个个体随机分配给两种处理（如处理组与对照组）。②自身对照：即将同一受试对象做两次不同地处理。这种设计的优点是配对设计减少了个体差异。

链接

五、案例分析

例 8-1 已知某市 35 例难产儿出生体重 $\bar{\chi}=3.42$kg，$s=0.40$kg，一般婴儿出生体重 $\mu_0=3.30$kg（大规模调查获得），问相同否？

1. 资料分析

（1）资料类型分析：因研究指标为体重，而且给出的数据是有计量单位的均数和标准差，故此研究资料类型属于计量资料。

（2）显著性检验的方法的选择：因本研究目的是比较难产儿与正常产儿出生体重是否有差别，故检验方法应选样本均数与总体均数的比较的 t 检验。

2. 显著性检验分析

（1）建立假设、确定检验水准 α。

$H_0:\mu=\mu_0$（无效假设）即难产儿与正常产儿出生体重相同

$H_1:\mu\neq\mu_0$（备择假设）即难产儿与正常产儿出生体重不相同

双侧检验水准：$\alpha=0.05$

（2）计算检验统计量

$$t=\frac{3.42-3.30}{0.40/\sqrt{35}}=1.77$$

$$t<t_{0.05,34},\nu=n-1=35-1=34$$

医学统计学 P 值的含义

概率 P（probability）是某事件出现机会（或可能性的大小），可用分数% 或小数表示。其波动范围在 0～1 之间，当 $P=0$ 时，某事件绝对不会发生；$P=1$ 时，某事件绝对会发生；P 越接近 1，表示发生某现象的可能性愈大。在医学上，当 $P<0.05$ 或 5% 时，认为是小概率事件，则认为不会发生某事件；当 $P>0.05$ 时，5% 时，则认为发生某事物的可能性极大，即认为有可能发生。在医学上 P 值的含义指抽样误差的概率。

链接

笔记栏

（3）查表，确定 P 值，下结论。

查附表 5，$t_{0.05,34}=2.032$，$P>0.05$，

按 $\alpha=0.05$ 水准，不拒绝 H_0，即两者的差别无统计学意义，故就现有资料尚不能认为难产儿与正常产儿出生体重有显著性差别。

例 8-2 对 13 名慢性胆囊炎患者施行切除术，切除前后患者体重如表 8-2。问施行胆囊切除术前后患者体重有无改变？

表 8-2 13 名慢性胆囊炎患者施行切除术前后体重变化/kg

患者编号	治疗前	治疗后	差数(d)	d^2
1	43	52	9	81
2	48	52	4	16
3	39	45	6	36
4	46	53	7	49
5	59	49	-10	100
6	48	55	7	49
7	39	52	13	169
8	58	52	-4	16
9	51	51	0	0
10	43	50	7	49
11	38	41	3	9
12	50	54	4	16
13	58	73	15	225
合计			61	815

1. 资料分析

（1）资料类型分析：因研究指标为体重，有计量单位（kg），故此研究资料类型属于计量资料。

（2）显著性检验的方法的选择：因本研究的目的是比较患者手术前后体重是否有改变，属于自身对照，故检验方法应选配对计量资料比较的 t 检验。

2. 显著性检验分析

计算 t 值：本例 $n=13$

$$\sum d=61,\sum d^2=815$$

$$\bar{d}=\sum d/n=61/13=4.692$$

$$s_d=\sqrt{\frac{\sum d^2-(\sum d)^2/n}{n-1}}$$

$$=\sqrt{\frac{815-61^2/13}{13-1}}=6.49$$

$$t=\frac{4.692}{6.49/\sqrt{13}}=2.607$$

$$V=n-1=13-1=12$$

公式中,d 为差数的均数,s_d 为差数的标准差。

结论:查附表5,$t_{0.05,12}=2.179$,因计算 $t>t_{0.5,12}$,故 $P<0.05$,可认为慢性胆囊炎患者胆囊切除后体重会增加。

例8-3 某医院研究游泳对新生儿生长发育的影响,选择足月产正常新生儿200例,随机分为两组。观察组100例,进行10分钟的自编水中被动操和5分钟的婴儿自主游泳等训练;对照组100例实行单纯沐浴。分别记录两组新生儿的体重指标如表8-3。问游泳对新生儿的生长发育有无影响?

表8-3 两组新生儿生长发育情况(体重)比较($\bar{x}\pm s$)

组别	例数	体重/g	
		出生时	出生7天
观察组	100	3453.5±299.7	3507.2±334.8
对照组	100	3458.6±229.2	3357.8±262.2
t 值		0.135	3.513
P		>0.05	<0.01

1. 资料分析

(1) 资料类型分析:因研究指标为新生儿体重,有计量单位(g),故该资料类型为计量资料。

(2) 显著性检验的方法选择:因本研究目的是比较游泳组与单纯沐浴组新生儿体重(g)是否不同,属两样本资料比较,故选用两样本均数比较的 t 检验。

2. 显著性检验分析 查附表5,$t_{0.05,198}=1.972$,因刚出生时计算 $t=0.135<t_{0.05,198}$,即 $P>0.05$,不能拒绝 H_0,故可认为两组新生儿出生时体重无显著性差别,具有可比性;而出生7天后计算 $t=3.135513>t_{0.05,198}$,即 $P<0.05$,拒绝 H_0,故可认为游泳对新生儿的生长发育有促进作用。

第3节 计数资料与 χ^2 检验

一、计数资料的概念

计数资料(enumeration data)是将观察单位按照某种性质或类别进行分组,然后清点各组观察单位的个数所得的资料。与计量资料的主要区别在于观察单位之间只有质的不同,没有量的差别。

二、χ^2 检验的使用范围

χ^2 检验(chi-square test),或称卡方检验,是用途较广的计数资料的假设检验方法之一。其基本思想是:判断实际数与假设的理论数的符合程度。对资料的要求和使用范围是:

(1) 用于两个或多个样本率(或构成比)之间的比较。

(2) 用于配对计数资料的差异显著性检验。

(3) 检验两类事物间是否存在一定联系。

三、χ^2 检验的常用方法与类型

χ^2 检验的常用方法与类型内容见表8-4。

表8-4 χ^2检验的检验类型、计算公式及注意事项

检验方法	统计推断目的	计算公式	使用条件及注意事项
四格表资料χ^2检验(基本公式法)	两组总体率(π_1 和 π_2)是否相同,或两组总体构成是否相同	$\chi^2=\Sigma\frac{(A-T)^2}{T}$ 或 $\chi^2=\frac{(ad-bc)^2n}{(a+b)(c+d)(a+c)(b+d)}$	1. $n\geqslant40$ 2. $t\geqslant5$
四格表资料χ^2检验(校正公式法)	两组总体率(π_1 和 π_2)是否相同,或两组总体构成是否相同	$\chi^2=\Sigma\frac{(\lvert A-T\rvert-0.5)^2}{T}$ 或 $\chi^2=\frac{(\lvert ad-bc\rvert-n/2)^2n}{(a+b)(c+d)(a+c)(b+d)}$	1. $n\geqslant40$ 2. $1\leqslant t<5$
行×列表资料χ^2检验	各组总体率是否相同,或各组总体构成是否相同	$\chi^2\Sigma\frac{(A-T)^2}{T}$ 或 $\chi^2=n(\Sigma\frac{A^2}{nRnc}-1)$	1. $t<5$ 的格子数不能多于总格子数的1/5 2. 不宜有一格子的理论数 $t<1$
配对计数资料χ^2检验(基本公式法)	两组总体率(π_1 和 π_2)是否相同,或两种诊断试验的效能是否相同	$\chi^2=\frac{(b-c)^2}{b+c}$	$b+c>40$

笔记栏

续表

检验方法	统计推断目的	计算公式	使用条件及注意事项
配对计数资料 $\chi2$ 检验(校正公式法)	两组总体率(π_1 和 π_2)是否相同,或两种诊断试验的效能是否相同	$\chi^2=\frac{(\lvert b-c\rvert-1)^2}{b+c}$	$b+c\leq 40$

四格表资料(表8-5)

表8-5 四格表资料(2×2)

组别	有效例数	无效例数	合计
实验组	$a\ (t_{1,1})$	$b\ (t_{1,2})$	$a+b$
对照组	$c\ (t_{2,1})$	$d\ (t_{2,2})$	$c+d$
合计	$a+c$	$b+d$	$a+c+b+d=n$

实际频数:a,b,c,d;理论频数:$t_{1,1}\ t_{1,2}\ t_{2,1}\ t_{2,2}$。

链接

四、案例分析

例8-4 某市健康教育所调查吸烟者与不吸烟者慢性支气管炎的患病情况资料如表8-6,问吸烟者与不吸烟者的慢性支气管炎患病率有无本质差别?

1. 资料分析

(1)资料类型分析:因研究指标为吸烟者与不吸烟者的慢性支气管炎患病人数与不患病人数,故属于计数资料。

表8-6 吸烟者与不吸烟者慢性支气管炎患病率比较

分组	患病人数	未患病人数	合计	患病率/%
吸烟者	43(a)	162(b)	205($a+b$)	21.0
不吸烟者	13(c)	121(d)	134($c+d$)	9.7
合计	56($a+c$)	283($b+d$)	339(n)	16.5

(2)显著性检验的方法选择:因该研究中将资料研究对象分两组(吸烟者与不吸烟者),且观察结果仅考虑是否患慢性支气管炎,属于四格表资料,故选用四格表资料的 χ^2 检验。

2. 显著性检验分析

(1)计算检验统计量:因为本例 $n=339>40$,最小 $t_{2,1}=\frac{134\times 56}{339}=22.1>5$,故选用四格表资料 χ^2 检验的基本公式。即

$$\chi^2=\frac{(ad-bc)^2n}{(a+b)(c+d)(a+c)(b+d)}$$

$$=\frac{(43\times 121-163\times 13)^2}{(43+162)(13+121)(43+13)(162+121)}$$

$$=7.47$$

$$\nu=(2-1)(2-1)=1$$

(2)查附表6,$\chi^2_{0.05,1}=3.84$,$\chi^2_{0.01,1}=6.63$,计算 $\chi^2>\chi^2_{0.01,1}$,$P<0.01$;故可认为吸烟者比不吸烟者更容易导致慢性支气管炎。

例8-5 某医院为探讨行之有效的放射性药物注射方法,现分别采用两步注射法(用注射器抽吸0.9%氯化钠溶液5~6ml,连接头皮针,于皮肤消毒后行静脉穿刺,见回血后注入1~2ml0.9%氯化钠溶液,确认针头在静脉内后外固定,注入放射性药物,再将余下的3~4ml0.9%氯化钠溶液注入后拔针)和传统注射法(用注射器直接静脉穿刺给放射性药物)给药,有关资料如表8-7,问两步注射法与传统注射法致药物血管外漏出情况有无差别?

表8-7 两步注射法与传统注射法致药物血管外漏出情况比较

分组	漏出人数	未漏出人数	合计	漏出率/%
两步注射法	1(a)	19(b)	20($a+b$)	5.0
传统注射法	8(c)	12(d)	20($c+d$)	40.0
合计	9($a+c$)	31($b+d$)	40(n)	16.5

1. 资料分析

(1)资料类型分析:因研究指标为两步注射法与传统注射法致药物血管外漏出人数与未漏出人数,故属于计数资料。

(2)显著性检验的方法选择:因该研究中将研究对象分两组(两步注射法与传统注射法),比较两组药物血管外漏出率,故该资料属于四格表资料,故选用四格表资料的 χ^2 检验。

2. 显著性检验分析

(1)计算检验统计量:因为本例 $n=40$,

最小 $t_a=\frac{9\times 20}{40}=4.5<5$

故选用四格表资料 χ^2 检验的校正公式，即

$$\chi^2=\frac{(|ad-bc|-n/2)^2n}{(a+b)(c+d)(a+c)(b+d)}$$

$$=\frac{(|8\times 19-1\times 12|-40/2)^2\times 71}{20\times 20\times 9\times 31}$$

$$=5.161$$

$\nu=(2-1)(2-1)=12$

(2) 结论：查附表6，得 $\chi^2_{0.05,1}=3.84$，因计算 $\chi^2>\chi^2_{0.05,1}$，$P<0.05$，故可认为两步注射法比传统注射法导致的药物血管外漏出率低。

例 8-6　某市重污染区、一般市区和农村出生婴儿的致畸情况如表8-8，问三个不同区域出生婴儿的致畸率有无差别？

表 8-8　某市三个不同区域出生婴儿的致畸率比较

地区	畸形数	无畸形数	合计	致畸率/%
重污染区	114	3 278	3 392	36.61
一般市区	444	40 103	40 547	10.95
农村	67	8 275	8 342	8.03
合计	625	51 656	52 281	11.95

1. 资料类型分析　本研究根据某市污染程度不同，将研究对象分三组（重污染区、一般市区和农村），然后清点每组出生婴儿的畸形数，属于3行2列的计数资料，显著性检验方法应选用行列表资料的 χ^2 检验。

2. 显著性检验分析

(1) 计算统计检验量：本例 $n=52281$ 最小，$t_{1,1}=\frac{3392\times 625}{52281}=44.6>1$

$$\chi^2=52281\times(\frac{114^2}{3392\times 625}+\frac{3278^2}{3392\times 51656}+\frac{444^2}{40547\times 625}+\frac{40103^2}{40547\times 51656}+\frac{67^2}{84342\times 625}+\frac{8275^2}{8342\times 51656}-1)$$

$$=148.98$$

$\nu=(3-1)(2-1)=2$

(2) 结论：查附表6，得 $\chi^2_{0.01,2}=9.21$，因计算 $\chi^2>\chi^2_{0.01,2}$，$P<0.01$。

故可认为三个不同区域出生婴儿的致畸率有差别。

例 8-7　某医生用两种检验方法对已确诊的120名乳腺癌患者进行检验，获得如下资料（表8-9）。问两种检验方法对乳腺癌患者的检验结果有无差别？

表 8-9　两种检验方法对乳腺癌患者的检验结果

甲法	乙法		合计
	+	−	
+	43(*a*)	32(*b*)	75
−	17(*c*)	28(*d*)	45
合计	60	60	120

1. 资料分析　该研究的目的是要回答两种检验方法的阳性检出率有无差别，显然这个资料是配对的计数资料，应选用配对计数资料 χ^2 检验公式进行显著性检验。

由上表可见：甲、乙两法均能检出对子数为43(a)，甲、乙两法均不能检出的对子数为28(d)，这是结果相同的部分；甲法能检出而乙法不能检出的对子数为32(b)，乙法能检出而甲法不能检出的对子数为17(c)，这是结果不同的部分。显然，分析甲、乙两法对乳腺癌患者的检验结果有无差别，只考虑结果不同部分的差异。若甲、乙两法对乳腺癌患者的检验结果无差别，则总体 $b=c$，但是由于抽样误差的影响，可能样本 $b\neq c$，为此须进行假设检验。

2. 显著性检验分析

(1) 算检验统计量。因本例 $b=32$，$c=17$，$b+c>40$，故应选用配对计数资料 χ^2 检验的基本公式

$$\chi^2=(b-c)^2/b+c=(32-17)^2/32+17$$

$$=4.5918$$

$\nu=1$

(2) 结论：查附表6，得 $\chi^2_{0.05,1}=3.84$，因计算 $\chi^2>\chi^2_{0.05,1}$，$P<0.05$，故可认为甲法对乳腺癌患者的检出率比乙法高。

第4节　等级资料与秩和检验

一、等级资料的概念

等级资料(ranked data)是先将观察单位按照某种性质或属性的不同程度分组，再清点各组观察单位的个数所得的资料，又称半定量资料。

与计数资料的不同点：属性分组有程度的差别，各组按不同程度顺序排列；与计量资料的不同点：每个观察单位没有进行确切定量。

二、秩和检验的使用范围

秩和检验(rank sum test)是非参数检验的方法之一。

笔记栏

何为非参数检验

非参数检验又称分布自由统计，是不要求数据总体呈某种特定分布形式的统计方法。也由于这种统计方法并非是参数间的比较，而是用于分布之间的比较，所以称为非参数检验。非参数检验的优点是计算简便，易于理解；且不受总体分布的影响，不仅可用于计量资料，而且可用于等级资料，只要资料能分为优劣程度差数的符号等，均可应用，所以使用范围广。但其检验效率低于参数检验，故在实际应用中，当资料满足参数检验的条件时，应尽量采用参数检验统计方法。

链接

秩和检验的使用范围：

（1）偏态分布或分布形式未知的计量资料（尤其是 $n<30$）。

（2）等级资料。

（3）个别数据偏大（小）或数据的某一端无确定的数值。如“<0.01mg”。

（4）各组离散程度相差悬殊，即各总体方差不齐。

三、常用秩和检验的基本步骤

（一）配对比较的符号秩和检验

例 8-8 用两种方法测定空气中 CS_2 的含量（mg/m^3）见表 8-10，问两种方法所得到的结果有无差别？

表 8-10 两种方法测定车间空气中 CS_2 含量/（mg/m^3）

样品号 (1)	化学法 (2)	色谱法 (3)	差值 (4)=(2)-(3)	秩次 (5)
1	50.7	60.0	-9.3	-9
2	3.3	3.3	0	-
3	28.8	30.0	-1.2	-4
4	46.2	43.2	3.0	7.5
5	1.2	2.2	-1.0	-3
6	25.5	27.5	-2.0	-5
7	2.9	4.9	-2.0	-6
8	5.4	5.0	0.4	1
9	3.8	3.2	0.6	2
10	1.0	4.0	-3.0	-7.5

$t_+=10.5$，$t_-=34.5$。

1. 资料分析 由于本研究中用两种不同方法测定空气中 CS_2 的浓度，所得的数据资料呈偏态分布，故只能选用配对比较的符号秩和检验。

2. 显著性检验分析

（1）建立检验假设、确定显著性水准。

H_0：差值的总体中位数 $M=0$，H_1：差值的总体中位数 $M\neq0$。

双侧检验水准：$\alpha=0.05$

（2）差值 d：算出每对观察值的差值，保留正、负号。

（3）编秩次：按差数的绝对值由小到大编秩，根据差值的正、负给秩次标上正负符号。

注意：①遇差值等于 0，舍去不计，对子数 n 相应减少。②遇差值相等，正负号相同，仍按顺序编秩。③遇差值相等，正负号不同，取平均秩次。

（4）秩和、确定检验统计量（t 值）：分别将正、负秩次相加，求出其秩和（t_+、t_-），以绝对值较小者为 t，本例 $t=10.5$。

（5）确定 P 值和做出推断结论：

1）查表法：当 $n\leqslant25$ 对时，查“配对比较”附表 7。

判断标准：①t 值在上、下界值范围内（不包括端点），P 值大于相应概率。②t 值在上、下界值范围外（包括端点），P 值小于相应概率。

结果：本例 $t_+=10.5$，$n=9$，查附表 7：$t_+=10.5$，在双侧 $P=0.1$ 的范围内，故 $P>0.10$，按双侧 $\alpha=0.05$ 水准，不能拒绝 H_0，故就现有资料尚不能认为两法测定空气中 CS_2 的含量有差别。

2）正态近似法（u 检验）：当对子数 $n>25$ 时，超出“配对比较”的 t 界值表的范围，无法查表，采用 u 检验。

$$u_t=n(n+1)/4$$

$$\sigma_t=\sqrt{n(n+1)(2n+1)/24}$$

$$u=[\,|t-u_t|-0.5\,]/\sigma t$$

（二）两组计量资料的秩和检验

例 8-9 某实验室观察局部湿热治疗小鼠移植性肿瘤的疗效，以生存日数作为观察指标，结果如表 8-11，问两组小鼠生存日数有无差别？

笔记栏

表 8-11 两组小鼠发癌后生存日数

实验组		对照组	
生存日数	秩次	生存日数	秩次
10	9.5	2	1
12	12.5	3	2
15	15	4	3
15	16	5	4
16	17	6	5
17	18	7	6
18	19	8	7
20	20	9	8
23	21	10	9.5
90 以上	22	11	11
		12	12.5
		13	14
$n_1=10$	$t_1=170$	$n_2=12$	$t_2=83$

1. 资料分析 由于本研究中两组小白鼠的生存日数(天)原本属于计量资料,但所得数据资料呈明显偏态分布,故只能选用两组计量资料的秩和检验。

2. 显著性检验分析

(1) 建立检验假设、确定显著性水准。

H_0:两组总体分布相同,H_1: 两组总体分布不同,$\alpha=0.05$。

(2) 编秩次:先将两组数据由小到大排队,再统一编秩。

注意:①同组同值按顺序编;②异组同值取平均秩次。

(3) 求秩和、确定检验统计量(t 值):当两组例数相等时,取任一组的秩和为 t。

当两组例数不等时,取样本数小者的秩和为 t 值。本例 $n_1=10, n_2=12$,故 $t_1=170$。

(4) 确定 P 值和做出推断结论

1) 查表法:查附表 8,找到 n_1 与 n_2-n_1 相交处所对应的四行界值,将检验统计量 t 值与 t 界值相比。判断标准:①如果 t 值在界值范围内,P 值大于相应概率。②如果 t 值恰好等于界值,P 值等于相应概率。③如果 t 值在界值范围外,P 值小于相应概率。

结果:本例 $n_1=10, n_2=12$,故 $t_1=170$,查得双侧 $P<0.01$,按双侧 $\alpha=0.05$ 水准,拒绝 H_0,接受 H_1,故可认为实验组小鼠生存日数较对照组长。

2) 正态近似法(u 检验):当 n_1 或 n_2-n_1 超出"两样本比较的秩和检验"的 t 界值表范围,无法查表,采用 u 检验。

$$u_t = n_1(n_1+n_2+1)/2$$

$$\sigma_t = \sqrt{n_1 n_2(n_1+n_2+1)/12}$$

$$u = [\,|t-u_t|-0.5\,]/\sigma_t$$

(三) 两组等级资料的秩和检验

例 8-10 某医院用某药治疗不同临床类型的老年慢性支气管炎患者,疗效见表8-12第(2)(3)栏,试比较两种病情疗效是否有差异?

表 8-12 某药对两种病情支气管炎的疗效

疗效(1)	不同临床类型(人数)			秩次范围(5)	平均秩次(6)	秩和	
	单纯性(2)	单纯合并肺气肿(3)	合计(4)			单纯性(7)	单纯合并肺气肿 (8)=(3)(6)
控制	65	42	107	1~107	54	3 510	2 268
显效	18	6	24	108~131	119.5	2 151	717
有效	30	23	53	132~184	158.0	4 740	3 634
无效	13	11	24	185~208	196.5	2 554.5	2 161.5
合计	126	82	208			12 955.5	8 780.5

1. 建立检验假设、确定显著性水准

H_0:两种病情患者的疗效总体分布相同,H_1:两种病情患者的疗效总体分布不同,双侧检验水准 $\alpha=0.05$。

2. 编秩次和求平均秩次

(1) 确定各等级的秩次范围:先计算各等级的合计人数,见第(4)栏,再编定秩次范围。如疗效为控制者共107 例,其秩次范围1~107。

(2) 求平均秩次:平均秩次为秩次范围的上、下限值的平均数。如疗效为控制者的平均秩次 $=(1+107)/2=54$,仿此得第(6)栏。

3. 求秩和及确定检验统计量(t 值) 求出较小样本的秩和为 t(若两样本含量相等时,可求任一组的秩和为 t);分别用各等级例数乘以平均秩次,再求和得到 t_1, t_2。见第(7),(8)栏。本例 $n_1=82, n_2=126, t=8\,780.5$。

4. 确定 P 值和做出推断结论

(1) 查表法:查附表 8,找到 n_1 与 n_2-n_1

相交处所对应的界值，将检验统计量 t 值与 t 界值相比。

判断标准：①t 值在界值范围内，P 值大于相应概率。②t 值恰好等于界值，P 值等于相应概率。③t 值在界值范围外，P 值小于相应概率。

若 n_1 和 n_2 超出表的范围，采用 u 检验（用 u_c 确定 P 值）。

（2）正态近似法（u 检验）：本例 $n_1=82$，$n_2=126$，检验统计量 $t=8\ 780.5$。由于本例 $n_1=82$，超过附表 5 的范围，故需用 3u 检验。

$$u=\frac{|t-n_1(N+1)/2|-0.5}{\sqrt{\dfrac{n_1n_2}{12N(N-1)}\left[N^3-N-\sum(t_j^3-t_j)\right]}}$$

式中"t_i"为第 j 个相同秩次的个数

$$n_1=82,t_1=8780.5,n_2=126$$

$$N=82+126=208$$

$$\sum(t_i^3-t_i)=(107^3-107)+(24^3-24)+(53^3-53)+(24^3-24)=1\ 401\ 360$$

$$u=\frac{|8\ 780.5-82\times(208+1)/2|-0.5}{\sqrt{\dfrac{82\times126}{12\times208\times(208-1)}\times(208^3-208-1\ 401\ 360)}}=0.541\ 3$$

结论：$u=0.541\ 3<1.96$，$P>0.05$，按 $\alpha=0.05$ 水准，不拒绝 H_0，即两者差异无统计学意义，故就现有资料尚不能认为该药对两种病情的慢性支气管炎患者有不同疗效。

医学统计分析方法是我们分析科研资料（数据）的有力工具。掌握这些工具的重点不在于了解工具的原理，而在于熟悉工具的使用。最重要的是要了解每一种工具（统计方法）的功能，即它能为我们解决什么样的问题，以便在资料分析中能正确地选择和使用（表 8-13）。

表 8-13 资料类型与常用医学统计方法的选择

资料类型	统计方法	适用范围	适用条件
计量资料	t 检验	1. 样本均数与总体均数比较（$\bar{\chi}-\bar{\mu}$）	（$\bar{\chi}_1-\bar{\chi}_2$）比较时：
		2. 两样本均数的比较	1. 两样本均数来自正态分布总体
		3. 配对计量资料显著性检验	2. 两总体方差齐同
	秩和检验	1. 配对计量资料	呈任何分布的资料，包括偏态分布
		2. 两组计量资料的比较	
		3. 多组计量资料的比较	
计数资料	χ^2 检验	1. 用于两个或多个样本率（构成比）之间的比较	详见本章第 3 节
		2. 用于配对计数资料差异显著性检验	
		3. 检验两类事物间是否存在一定关联	
等级资料	秩和检验	1. 两组等级资料比较	详见本章第 4 节
		2. 多组等级资料比较	
	χ^2 检验	1. 两组等级资料比较	详见本章第 3 节
		2. 多组等级资料比较	

小结

目标检测

1. 计量资料、计数资料常用的统计方法是什么？能分别解决哪些常见问题？
2. 说出 t 检验、χ^2 检验的使用条件和范围。
3. 等级资料可选用哪些统计检验方法？

（王忠福 李晓惠）

笔记栏

第9章 医护科研中的质量控制

学习目标

1. 叙述误差种类和来源

2. 简述偏倚的概念和种类、观察性研究常见的影响研究质量的因素、实验性研究中常见的影响研究质量的因素、不同研究阶段质量控制方法

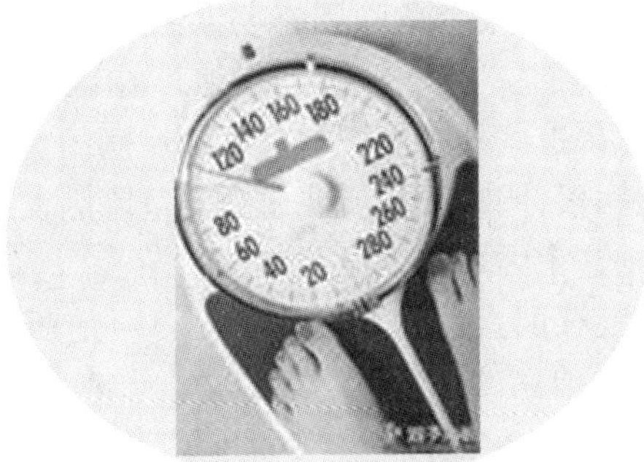

第1节 概 述

医护研究无论采用观察性或实验性研究方法，影响研究结果的因素很多。因此，在研究中为保证所获得的结果真实与可靠，就必须充分认识、分析影响临床科研质量的因素，并尽可能在研究中加以避免、排除或防止它们对研究工作的干扰，力求获得高质量的研究成果并用于指导临床实践。

一、误 差

医护科研工作中，研究结果与真实情况的差异即为误差（error）。误差按其性质和原因可分为三类：过失误差、系统误差和随机误差。

1. 过失误差 指工作中的差错，是由于工作粗枝大叶，不按操作规程办事等原因造成的。例如读错刻度、记录和计算错误及加错试剂等。过失误差无法估计，并且因此造成的损失难以弥补，但只要认真负责是可以避免这类误差的。在分析工作中，存在过失误差的观测值，它在数据整理时应该剔除。

2. 系统误差 由某些固定不变的因素引起的。系统误差有一定的方向性，即其大小及符号在同一组实验测量中完全相同。当实验条件一经确定，系统误差就是一个客观上的恒定值，多次测量的平均值也不能减弱它的影响。在研究过程中，从设计到资料分析的各个环节都有可能产生系统误差。流行病学中的偏倚和混杂都属于系统误差。研究中一旦产生系统误差，研究者将无法借助统计方法纠正，因此，在研究的各个环节中应尽量避免产生系统误差，或最大限度地减小系统误差的影响。

3. 随机误差 由某些不易控制的因素造成的。在相同条件下做多次测量，其误差数值是不确定的，时大时小，时正时负，没有确定的规律。随机误差无法避免，但如果重复多次测量就会发现随机误差服从统计规律，误差的大小或正负的出现完全由概率决定。随着测量次数的增加，随机误差的算术平均值趋近于零，所以多次测量结果的算术平均值将更接近于真值。

案例 9-1 随机误差

现对某一地区 12 岁男孩的身高状况进行调查，假设该地区 12 岁男孩的身高总体均数为 145cm。通过随机抽样从该总体（该地所有 12 岁男孩）中抽取了 120 名男孩进行身高测量，其结果抽取的这 120 名男孩的平均身高为 143cm。此结果与总体的身高不可能完全一致，当反复抽样测量时，会发现每次的均值总是在总体均值的上下波动，不可能与总体均数完全相同。

二、偏 倚

医护研究中的偏倚（bias）是在医护研究

笔记栏

中(包括从设计到实施的各个环节),由于某种或某些因素的影响,使研究或推论的结果与真实情况存在系统误差,或者说在研究过程中所获得的结果系统地偏离其真实值,属于系统误差。

偏倚的种类很多,一般将其分为三大类,即选择偏倚(selection bias)、信息偏倚(information bias)和混杂偏倚(confounding bias)。

1. 选择偏倚 是由于被选入的研究对象与未被选入的对象之间在某些特征上存在系统差异,而且在各比较组之间非处理因素的分布不均衡,从而导致结果偏离真值。选择偏倚一般发生在研究的设计阶段,但也可发生于研究过程中,如无应答和失访。在各类研究中均可发生选择偏倚,但在现况研究和病例对照研究中更为常见。

案例 9-2 选择偏倚

张先生有吸烟、饮酒的嗜好,每天至少一包烟、两顿酒,猪头肉、猪下水等是他偏爱的下酒小菜。1年前常感觉头晕,有时感觉心前区不适,就医后得知自己患有高血压、冠状动脉硬化等病,医生告诫他要改变生活习惯和不良嗜好。从此张先生戒烟、戒酒,进食低脂饮食,按时服药。现在血压已经恢复正常,血脂有所下降。此时,如果选择张先生入病例组研究血脂与高血压之间的关系,就会低估两者之间的联系。

2. 信息偏倚 又称观察性偏倚(observational bias),是在资料收集、记录、编码、分析过程中,两组间使用的方法不同或有缺陷,使研究结果与实际情况产生的系统误差。信息偏倚的来源途径很多,可来自受试对象、研究者本身,也可来自研究所使用的测量工具、仪器、设备及方法等。其结果可能会导致研究结果系统地偏离客观真值,影响研究结果的准确性,严重时可导致分类错误,将患者误定为非患者,暴露者错定为非暴露者或相反。

案例 9-3 信息偏倚

某科医师测量单个患者的舒张压,如果用动脉内插管法测定,可获得真实的舒张压值,经多次测量后其均数为 80mmHg(1mmHg = 0.133 kPa)的血压值,但此法不适用于常规测定;再用血压计反复测量该患者的舒张压,每次测量结果均在插管法测量值的右侧,最终其均值为 90mmHg。这种由血压计测量血压所得的数值与插管法测量所得的数值之间的误差,即为偏倚。这种偏倚是由于检查方法的不同引起的,属于系统误差。

3. 混杂偏倚 也称混杂(confounding),是在研究疾病和某种暴露因素的关系时,由于一个或多个潜在的混杂因素(confoundingfactor)的影响,缩小或夸大了研究因素与疾病之间的联系,从而使两者之间的真正联系被歪曲。混杂偏倚在分析性研究、实验性研究中均可发生,以在分析性研究中最为多见。

在研究某个危险因素与某种疾病之间是否存在联系时,必须考虑其他外在因素的影响,如果这些外在因素本身即为疾病的病因或危险因素,同时又与所要研究的危险因素有联系,则这个因素称为混杂因素。

混杂因素的基本特点:①必须是所研究疾病的独立的危险因素;②必须与所研究的暴露因素有关;③一定不是研究因素与研究疾病因果链上的中间变量。如图 9-1:在研究吸烟与肺癌关系的病例对照研究中,年龄这个因素既与吸烟有关系,又与肺癌的发病有关系,如果吸烟人群和不吸烟人群的年龄构成存在明显差异,即可歪曲吸烟与肺癌间的关系。

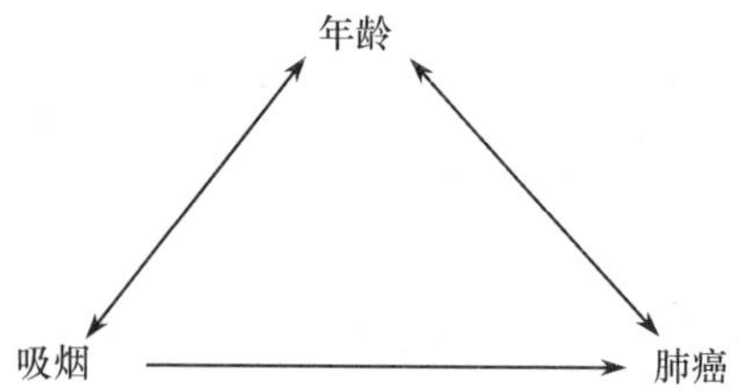

图 9-1 混杂因素示意图

第2节 影响观察性研究质量的主要因素

观察性研究主要包括横断面研究、病例对照研究和队列研究。偏倚是影响观察性研究质量的主要因素。

笔记栏

一、现况调查

1. 无应答偏倚　研究对象没有按照要求回答调查内容，称为无应答。由于无应答者的健康状况、暴露情况、生活方式等可能与应答者不同，因此产生无应答偏倚（non-response bias）。无应答偏倚既可以发生于观察性研究，也可发生于实验性研究中。如 Seltzer 等人用信函调查人群中的吸烟情况发现，85% 的非吸烟者在 30 天内回信答复，而吸烟者只有 67%，吸雪茄或烟斗者的答复率介于两者之间。

很多因素可导致研究对象无应答，如健康状况、对调查内容是否感兴趣、研究对象的年龄、调查内容是否涉及隐私等均可影响研究对象的应答。

2. 回忆偏倚　是比较组间在回忆以往发生的事情或经历时，由于记忆的准确性或完整性不同而造成的系统误差。这种回忆偏倚（recall bias）在病例对照研究中最常见，造成这种偏倚的原因有很多，如由于被调查事件的发生率很低，未给研究对象留下深刻的印象而被遗忘；事件发生时间距离调查时间久远，研究对象对事件的记忆已经不清晰；研究对象对所调查的内容或事件关心程度不同，回忆时的认真程度也不同等。

如 Klemetti 等人在研究环境因素与死产或新生儿畸形的关系时发现，当询问产妇既往是否服用过某种药物时，分娩死婴或畸形儿的母亲有 30% 与队列研究或者过去的病历记录不一致，而分娩正常儿的母亲只有 22% 不一致。

> **案例 9-4　回忆偏倚**
>
> MacMahon 在研究孕妇照射 X 线与小儿白血病的关系时，比较了医院病历记录 X 线照射史与母亲回忆照射史结果，发现符合率只有 82%，如果将忘记是否照射过 X 线的回答也包括在内，则符合率仅为 73%，说明在该项研究中确实存在回忆偏倚。关于自然流产的回忆偏倚研究结果显示，对于 10 年前发生的自然流产，82% 的妇女可完整回忆，对于 20 年以前发生的自然流产，则仅有 73% 的妇女可完整回忆。

3. 报告偏倚（reporting bias）　是一种来源于被调查者的偏倚。是研究对象因某种原因故意夸大或缩小某些信息而导致的偏倚，也称说谎偏倚（lie bias）。当调查的内容涉及一些个人隐私及敏感问题时，被调查者可能会因为各种原因而不愿如实回答问题，如当调查涉及劳保、福利等问题时，对于某些职业危害被调查者很可能会夸大一些暴露因素的信息。相反在调查婚外性行为、吸毒等问题时，所获信息可能会低于真正的暴露水平。总之，不论夸大还是缩小暴露的真实情况，最终都将对研究结果的真实性产生影响。

4. 测量偏倚　在对研究对象进行测量的过程中所产生的系统误差称为测量偏倚（measurement bias）。使用的检测方法不统一，操作不规范，仪器型号不同，所使用的试剂质量好坏不等或批号不一致，操作人员技术不规范等而使所得结果偏离真值，产生测量偏倚。此外，调查研究所用的调查表设计是否科学、记录是否完整，调查人员的认真程度以及访问方式、态度等等，这些因素均可导致信息不准确，也产生测量偏倚。

二、病例对照

1. 入院率偏倚（admission rate bias）　也称伯克森偏倚（Berkson's bias），是以医院门诊患者或住院患者作研究对象时，由于入院率的不同所导致的偏差。影响入院率的因素是多方面的，如医院的专业类型、技术水平、地理位置、医务人员的服务态度、患者所患疾病的严重程度、经济状况等。

2. 现患-新发病例偏倚（prevalence-incidence bias）　又称奈曼偏倚（Neyman's bias），常见于病例对照研究或现况研究。这类研究中病例一般是研究期间的现患病例，而不包括已死亡的病例、病程短很快痊愈的病例、病情轻或不典型的病例。另外，某些患者在患病后，有可能会改变其对某些因素的暴露情况，调查时得到的只是患病后而非患病前的暴露情况，也会歪曲了暴露因素与疾病间的关系，产生现患-新发病例偏倚。

3. 检出症候偏倚　早期的 D 病患者由于无特异性的症状，一般不会及早求医。但如果他们暴露于因素 X，则可能会因为因素 X 导致的某症候（症状或体征）而主动求医，这样因素 X 导致的症候提高了早期 D 病患者的检出率，高估了暴露因素 X 与疾病 D 间的联系，产生检出症候偏倚（detection signal bias），也称揭露伪装偏倚（unmasking bias）。在一些慢性疾病如肿瘤、动脉硬化、结石等的病因学研究中，应特别注意避免这种偏倚的发生。

4. 调查者偏倚 是由于调查者事先知道被调查者的患病情况，从而在调查收集资料时，自觉或不自觉地采取不同的方法或不同的深度和广度去询问，从而导致病例组与对照组之间产生系统误差。例如，研究服避孕药妇女患血栓栓塞的危险性，研究者从有关报道中得知避孕药和血栓形成有联系，因而在询问和记录有关的资料时，对病例组血栓性静脉炎的妇女的记录很可能要比对照组没有静脉炎的妇女更为详细，由此得出的口服避孕药和血栓栓塞之间的联系，可能是采集病史时的偏倚所致。

> 1975 年 Eiel 等人利用病例对照研究，对加利福尼亚 110 万妇女中 5 年内新发现的子宫内膜癌患者服用雌激素情况进行了调查。结果认为，复方雌激素与子宫内膜癌之间有密切关系，此后又有几个研究报告了类似的结果。但 1977 年 Hornitz 与 Feinstein 指出这一推论是由于病例的检出症候偏倚所造成的。因为使用雌激素者多因阴道出血而较早、较多地去就诊，医生对这类患者也做更仔细的检查，致使无症状的早期子宫内膜癌检出率升高。进一步研究发现，在服用雌激素的子宫内膜癌病例中，属于第一期的病例占 79%，而在未服用雌激素的病例中，仅为 55%。而许多第一期病例可能是不典型的子宫内膜的腺瘤状增生而不是癌，这种增生被认为由雌激素所致。
>
> 链接

三、队列研究

1. 失访偏倚 失访（lost to follow-up）也是一种无应答，失访是在要进行随访的研究中，研究对象未能按照计划被随访到，如研究对象由于迁移而失去联系、死于其他疾病或退出研究。队列研究由于观察对象多，时间长，失访失不可避免的。

2. 错分偏倚（misclassification bias） 包括暴露错分和疾病错分以及暴露与疾病的联合错分。主要原因是使用的仪器不准确，检验技术不熟练，诊断标准定义不明确或掌握不当，询问技巧欠佳造成结果不真实等。

笔记栏

第3节 影响实验性研究质量的主要因素

一、动物试验

1. 实验动物的遗传因素 实验动物种属、品系及个体差异对动物实验结果的重复性和均一性有重要影响。

2. 实验条件 实验的仪器设置、操作方法等非处理因素，如控制不善将会造成实验组与对照组之间的差异。如实验组小鼠接受某种药物的皮下注射，而对照组小鼠未接受任何处理。结果实验组小鼠血中嗜酸粒细胞数降低，研究者认为实验措施有效。但这个结论是不可靠的，因为即使给小鼠皮下注射 0.9% 氯化钠溶液，甚至单纯的注射这一操作本身，都可使嗜酸粒细胞减少。正确的做法应该是给对照组小鼠皮下注射 0.9% 氯化钠溶液（注射计量也应等同与实验组）。

3. 环境因素 如实验动物所处房间的温度、湿度、气流与风速、光照、噪声、空气洁净状况等都会影响实验质量。

4. 营养因素 标准化实验动物必须有合理的营养和饲料供给。合理营养是要满足该种动物对各种营养素需要，并略有富余。提供动物的养分过多、缺乏或失衡将影响实验动物的健康，并影响实验结果。饲料中营养成分包括：蛋白质、脂肪、糖类、无机盐、维生素及水等。

二、临床试验

（一）临床试验常见的偏倚

由于临床试验的研究对象是人，不可能做到实验动物那样试验组与对照组基本情况相同，而且患者的心理变化、拒绝试验、中途退出等都可能影响研究结果的真实性。因此，偏倚在实验性研究中是普遍存在的。

1. 志愿者偏倚 以志愿者为研究对象，志愿者因其心理因素和躯体状况都与非志愿者不同，对研究的依从性可能优于一般人群，如果以该类人群作为研究的一组进行随访，所获得的暴露信息会明显不同于非志愿者，由此影响结果真实性的偏倚称为志愿者偏倚(volunteer bias)。

2. 诊断怀疑偏倚 也是一种来源于调查者的偏倚。研究者事先已经知道了被调查对象的暴露史情况,并怀疑他们可能已患有某种疾病,或在主观上已经倾向于其应该出现某种结果,在做诊断或分析时,则倾向于自己的判断。如在观察过程中,对暴露者使用了多种诊断方法进行详细的检查,并设法提高方法的灵敏度,使之尽可能提高暴露组的诊断率和检出率。相反对非暴露组则只采取一些一般性的检查、诊断手段。对暴露者或实验组进行的检查非常细微,而对非暴露者或对照组则不然,因此,导致研究结果出现偏差,由此造成的偏倚称为诊断怀疑偏倚(diagnostic suspicion bias)。诊断怀疑偏倚多见于临床试验和队列研究,也可见于病例对照研究中。

志愿者偏倚

在研究冠心病与体力劳动的关系时,选用有冠心病的志愿者为暴露组(进行有规律的体力劳动),以非志愿者作对照进行的队列研究,结果是体力劳动与冠心病死亡之间存在负联系。而在临床上进行的随机对照实验结果却表明体力劳动与冠心病死亡无显著的联系。出现这种差异的原因在于冠心病志愿者除了有规律的体力劳动外,往往比对照组中的非志愿者更关心自身的健康,因而更注意改变不良的行为生活习惯,甚至坚持适当的体育锻炼,而这些因素可以减少心肌梗死的发生。因此,得出的结论有偏倚。

链接

在研究口服避孕药与下肢血栓性静脉炎关系的队列研究中,研究者对口服避孕药的妇女,会更加频繁和细致地去寻求静脉炎的证据,由于查体细致,并对更多的怀疑者进行多项进一步的诊查,其结果自然会更多地发现病例,尤其对于那些病情较轻,需行多项更进一步检查方能确诊的病例来说更是如此。相反,对于未服避孕药的妇女,却只进行一般性的粗糙的检查,显然所得结果必然会歪曲事实的真相,导致诊断怀疑偏倚的产生。

3. "沾染"与"干扰"偏倚 沾染偏倚是对照组患者意外地服用或接受了实验组的措施或治疗组患者意外服用了实验组的药物,致使最终的结果差异缩小。如在观察阿司匹林治疗心肌梗死的临床试验中,曾有对照组患者因感冒而多次服用了阿司匹林,造成对最终结果的影响。"干扰"是实验组成员除了所研究的治疗措施外,还加用了其他影响疗效的措施(如更细致的观察护理、更好的支持疗法),或门诊观察的病例,在院外同时服用了中药或其他药物治疗,最终结果偏向有利于观察组一方。

(二) 依从性

临床研究中研究对象依从性的好坏是直接影响研究质量的重要因素之一。依从性主要指人们对所要求做的一件事,所采取的响应行为及其程度。在临床方面的依从性,指的是患者对规定执行的医疗或科研的试验措施,所接受和执行的客观行为及其程度。如患者执行得好,表明依从性就好,相反说明依从性差或不依从。

在临床医疗和实践中,尤其大多数慢性病的治疗均需长期服药,而实际能按医嘱做到的往往不到50%。因此使疗效受到了很大的影响,其药物的真实疗效很难反映出来。至于改良生活方式等行为的医嘱依从性更低,如对于那些还没有发生重要器官损害的吸烟者来说,在医生的劝告下戒烟的患者低于10%;大约只有20%的司机能够规律性地每次驾车扣紧安全带。

非依从性的后果

默克诊疗手册中指出:即使是最好的治疗计划,患者不依从也会失败。非依从性最明显的后果是疾病没有减轻或治愈,据美国监察总局办公室的估计,每年有125 000例心血管患者由于用药非依从性导致死亡。如果患者按医嘱服药,则高达23%的养老院患者,10%的住院患者能够避免许多的医生出诊次数、许多的诊断性试验和许多的不必要的治疗。

链接

第4节 不同研究阶段的质量控制

(一) 研究设计阶段

1. 正确的研究设计 必须清楚在选择研

究对象时可能会发生偏倚的一些环节，并在设计时尽量予以考虑，设法避免。

2. 要有客观、准确、统一的纳入研究标准和排除标准　不论是试验组还是对照组都要有客观、统一、具体的标准，以免造成试验组与对照组的错分，引起选择偏倚的发生。

3. 随机化分组　指每个研究对象有同等机会被分配到实验组或对照组，目的是使各种非研究因素在两组中能均匀地分布，增加实验组与对照组的可比性，提高研究结果的正确性。随机分组法特别适用于临床试验研究。随机化分“简单”随机化和“分层”随机化，“简单”随机化是直接按随机原则进行分组。“分层”随机化是先将研究对象按某因素先进行分组或分层、配比，然后再把各组、各层或各对观察对象采用随机化分配到各处理组中去。

4. 匹配　指在为研究对象选择对照时，要求所选择的对照与研究对象在某些因素方面相同或接近，这些因素一般都是能引起混杂偏倚的因素。匹配可分为个体匹配与成组匹配两种。个体匹配是在设计时，为每个病例选择一个或几个对照，每个对子具有某些相同的特征，这些特征就是潜在的混杂因素，如年龄、性别、职业等。后者是在设计时，使病例组与对照组中的混杂因素比例相类似。如暴露组男性为 60%，选择的非暴露组中男性也占 60%。

5. 限制　指通过限制选择研究对象的范围（如年龄范围、性别、种族、职业等），使可能影响研究结果的因素在两个比较组之间齐同可比。

> 匹配和限制不但可以控制选择偏倚，还可以控制混杂偏倚，如在研究设计时，如果认为某个或某些因素可能是混杂因素，可以针对研究对象的这些因素加以限制。例如，在研究口服避孕药与心肌梗死的关系时，考虑到年龄可能为混杂因素，可以只选择某一年龄组的妇女作为研究对象；再如，在研究冠心病与饮酒的关系时，吸烟与性别可能是潜在的混杂因素，在研究设计时，可以规定本次调查仅限于不吸烟的男性居民。
>
> 链接

笔记栏

6. 提高应答率，减少失访　取得研究对象的合作，提高其依从性，以减少无应答、失访，在实验性研究中避免研究对象中途退出。如做好组织宣传工作，取得研究对象的理解与配合，对敏感的问题调查应采取合理的处理技巧。若出现无应答，应分析无应答的原因；若无应答者所占比例较大，如超过 5%，甚至超过 10% 时，应对无应答者做随机抽样调查，并分析比较无应答者与应答者之间是否相同，如果可能影响研究结果的变量无显著性差异，则对结果影响不大，可不必介意，反之，无应答导致的偏倚影响较大，应做出适当说明。

（二）资料收集阶段

1. 研究者必须持客观态度，尽可能减少信息偏倚的产生　在研究一开始就应注重抓好研究的质控工作，针对可能产生信息偏倚的各个环节做好质量控制，这是预防信息偏倚的根本方法。

2. 收集资料过程中尽量采用“盲法”　盲法是避免来自观察者、受试对象两方面偏倚的最有效方法。盲法有三种：单盲、双盲和三盲。临床试验常用单盲和双盲。单盲是受试对象不知道自己所在组、接受的是何种处理措施，但观察者知道和资料分析者知道。双盲是受试对象和观察者都不知道分组情况，也不知道受试对象接受的是何种处理措施。

3. 尽可能采用客观指标或用客观方法获取信息　如应用实验室检查结果、查阅研究对象的诊疗记录或健康体检记录作为调查信息来源，避免回忆偏倚和报告偏倚等。通过询问方式收集资料时，应尽量采用封闭式问题。

4. 询问研究对象的远期暴露史时，可采用适当的调查技巧　例如选择一个与暴露史有鲜明联系的记忆目标，帮助被研究对象联想回忆，此外应尽量与客观的记录核实。

5. 使用统一标准收集资料　要设计统一的调查表，调查表的各项内容或各项指标要明确、客观，并尽可能使用量化或等级化的指标；调查表中的每一个问题要有简单明确的答案，不能模棱两可。

6. 防止调查员偏倚的产生　在调查前必须对调查员进行系统、科学的培训，统一标准，提高调查员的水平和工作责任心；调查过程中可组织抽取部分调查对象进行复查。

7. 改善患者的依从性　加强有关疾病和

健康知识的普及教育，使患者做到自觉执行医嘱。或者改善医疗研究及服务的各个环节，提高医疗服务质量，建立良好的医患关系，促进患者的依从。

（三）资料分析阶段

在资料分析阶段通常采用一些统计分析方法控制混杂偏倚。

（1）分层分析：在资料的分析阶段，可先将资料按已知的或可能的混杂变量进行分层分析，使之尽可能地保证各组间能在一个较匀质的范围内进行比较。

（2）多因素分析：可同时控制多个混杂因素，常用的多因素分析方法有多元回归分析、聚类分析、Logistic 回归分析、Cox 回归模型等。

（3）标准化方法：是利用标化的方法控制混杂因素，包括率的标化、相对危险度的标化等。如：可计算标化的发病率、病死率、标准化死亡比（SMR）或标准人群病死率比（PSMR）等来控制混杂。

控制偏倚的意义

著名流行病学家何观清教授曾经指出，香肠的好坏主要取决于香肠里面的肉，肠衣只是它外表的装饰。如果肉质不好，肠衣再漂亮也无济于事。流行病学调查获得的数据就好像香肠里面的肉，如果数据不可靠，再新、再高深的统计学方法也不能将偏倚的结果纠正过来。

链　接

影响研究结果的因素有很多，研究者在分析研究因素与结果的关系时，需要排除、控制其他因素的影响。

1. 医护研究中的误差可分为三类：过失误差、系统误差和随机误差。

2. 医护研究中的偏倚也可分为三类：选择偏倚、信息偏倚和混杂偏倚。

3. 影响观察性研究质量的因素主要是偏倚，研究者在研究过程中充分考虑到可能出现的偏倚，并采取适当的措施避免产生这些偏倚。

4. 实验性研究中也可能发生各种偏倚，应注意控制偏倚的影响。

5. 医护研究的质量可从不同的研究阶段采取一定的措施进行控制。

小　结

目标检测

1. 影响医护研究质量的因素有哪些？
2. 什么是偏倚，偏倚有几种？偏倚如何控制？
3. 现况调查容易发生哪些偏倚？
4. 病例对照研究常见哪些偏倚？
5. 队列研究常见哪些偏倚？
6. 影响临床试验研究质量的因素有哪些？
7. 如何控制医护研究质量？

（李晓枫）

笔记栏

第10章 医护论文撰写方法

学习目标

1. 简述撰写医护论文的意义、要求及中文摘要的基本结构
2. 列出常见医护研究论文的种类
3. 叙述医护科研论文与医护综述论文的基本格式
4. 说出参考文献的意义与要求

第1节 概 述

一、学术论文的概念

学术论文是某一学术课题在实验性、理论性或观测性上具有新的科学研究成果或创新见解和知识的科学记录；或是某种已知原理应用于实际中取得新进展的科学总结，用以提供学术会议上宣读、交流或讨论；或在学术刊物上发表；或作其他用途的书面文件。

二、学术论文的分类

(一) 按科学分类

科学是反映自然、社会等的客观规律的分科的知识体系。学术论文作为表达科学研究成果的文体，通常划分为自然科学论文、社会科学论文两大类。

1. 自然科学论文 自然科学包括理、工、农、医、林等学科。自然科学论文是表达自然科学和技术科学的研究成果的学术论文。一般说来，自然科学论文更重科学性、实验性和应用性。自然科学论文的格式正趋向于统一化、规范化和标准化。

2. 社会科学论文 社会科学范围广泛，其研究领域有哲学、政治学、法学、经济学、教育学、语言学、文艺学、宗教学、军事学等。社会科学论文是表达社会科学领域研究成果的学术论文。一般说来，社会科学论文更重理论性和社会性。

(二) 按写作目的和功用分类

从写作学术论文的目的及其功用来分，学术论文分为投稿论文和学业论文两大类。

1. 投稿论文 这类学术论文写作的目的在于借用公共传媒（在学术刊物上发表或在学术会议上宣读），使作者的研究成果得以受到社会承认，起交流、推广、普及等作用。

2. 学业论文 如学年论文，学位（学士、硕士、博士）论文等。这类论文的撰写主要目的不是为了发表交流，其主要功用是在于通过考核，获得毕业及学位。

(三) 按论文性质及体裁分类

根据论文的性质及体裁的不同，可将学术论文分为论著、综述、述评、经验体会、个案报道等类型。

本章将以论文的性质及体裁分类来叙述较常见的几种医护论文的写作格式与要求。

三、学术论文的基本要求

尽管各种学术论文的写作目的、内容、形式有所不同，但对学术论文的要求是相同的，即要客观、真实地反映事物的本质及其内部客观规律。作者在撰写时必须持严肃的态度、严谨的学风，尽力达到以下要求：

笔记栏

(一)学术性

学术性是研究探讨的内容具有专门性和系统性。主要体现在:

(1)选题的专业性:学术论文的作者通常以自己所从事的专业发展进程中的问题为研究对象。

(2)内容的专业性:学术论文的作者运用他们系统的专业知识,去论证和解决专业性很强的学术问题。

(3)语言专业术语化:学术论文作者常运用专业术语和专业性图表符号来表达学术论文内容,以便把学术问题表达得更简洁、更准确、更规范。

(二)科学性

科学性是学术论文的生命和价值。科学性是研究、探讨的内容准确、思维严密、推论合乎逻辑。总之,正确的研究方法、合理的科研设计、真实的资料、可靠的数据、论据确凿充分、推理严密、语言准确是学术论文科学性的重要体现。

(三)创新性

创新是人类社会发展与进步永恒的主题。创新性是学术研究的成果要有新意,要有发展。表示与国内或国外的最高水平相比,论文的理论水平、实践水平的先进性的程度。

一篇论文的质量高低,关键在于创新性,主要体现在以下五个方面:①填补空白的新发现、新发明、新理论;②在继承基础上发展、完善、创新;③在众说纷纭中提出独立见解;④推翻前人定论;⑤对已有资料做出创造性综合。

(四)实用性

实用是学术论文的目的,发表论文是为了让别人去验证、考核、推广和应用,指导和帮助他人解决理论研究和实际工作中的问题,促进科学技术的发展。一篇质量高的论文,应具有较好的经济效益或社会效益。

(五)规范性

学术论文的撰写格式、表达方式有极为严格的规范要求,如国家标准《科学技术报告、学位论文和学术论文的编写格式》(GB 7713—87)、《文后参考文献著录规则》(GB/T 7714—2005),以及推荐标准《中国学术期刊(光盘版)检索与评价数据规范》(CAJ—CD B/T 1—2006)。对论文的格式,各个项目(如题目、摘要、关键词、引言、正文、结论、参考文献等),图表和数据等都做出了明确的规定。生物医学类论文应按国际标准《生物医学期刊对原稿的统一要求》(即温哥华格式)执行。

四、学术论文的意义

学术论文的发表具有重要的意义,归纳起来主要是以下几方面:

1. 交流科研成果,促进科技进步 一次科学研究的可靠性,有待于再次实践的验证或完善。因此,写出科研论文是进行再实践验证或完善这一课题的前提。任何科研成果,要付诸于社会,除了成果的创造者口头上传播之外,主要就是通过学术论文对研究成果的储存和流传,为社会所接受,并转化为生产力,从而促进科技进步。

2. 为经济建设服务,促进社会经济发展 一切科学研究,其研究成果都必须为经济建设服务,促进社会经济的繁荣和发展。要达此目的,就必须通过学术论文的形式介绍出去。一项创造发明,被应用后往往对社会经济的发展起到巨大的推动作用。如水稻杂交技术、数字化技术等等,都对社会经济的发展起到巨大的推动作用。

3. 考核科研成果,培养逻辑思维能力 学术论文是科学研究成果的具体表现。学术研究能力的高低,主要是通过学术论文来体现;科技工作者对国家贡献的大小,主要也是通过学术论文来体现。学术论文属于议论文的一种,它主要是运用逻辑思维的方法分析思考问题,通过学术论文的写作,可以培养和提高逻辑思维能力。

第2节 医护科研论文

一、科研论文(论著)基本格式

1. 医护科研论文(论著)的概念 指按照科研设计方案,通过实验性研究或观察性研究获得的第一手研究资料(数据),并通过资料整理、医护统计方法处理、分析和撰写的论文。

笔记栏

2. 医护科研论文的基本格式 目前国内医学类学术期刊的医护科研论文基本上采用以下的统一格式(图10-1)：

前置部分：论文标题；作者署名、单位和地址；摘要；关键词	主体部分：引言；正文；结论；致谢；参考文献

图 10-1

致　谢

致谢一般放在论文正文的结尾后，主要是对本课题研究工作曾给予帮助和指导的人表示感谢，如对科研设计进行指导的老师，对论文修改的专家及处理数据和提供标本的同志。

链　接

除此之外，值得一提的是：在医护科研论文中还应包括此项科研任务的来源部分。按照国际惯例，应在论文第一页左下方注明此项科研由何种基金资助，并需注明课题批准号。

二、科研论文基本要求

(一) 题名

题名(标题、题目)是以最恰当、最简明的词语反映论文中最重要的特定内容的逻辑组合。对论文题目的要求为：

1. 准确得体 即题目能准确表达论文内容，恰当反映所研究的范围和深度，符合编制题录、索引和检索的有关原则并有助于选择关键词和分类号。

2. 简短精炼 论文的标题必须突出论文的主题，要高度概括、简明扼要。题目一般不宜超过20字(最多不超过30个字，外文题名一般不宜超过十个实词)。

当一个标题不足以概括论文的内容时，可以加副标题进行补充说明，使标题更准确、具体、完善。

3. 醒目 要求论文题目有新意、富有吸引力。

4. 规范 题名应避免使用不常见的缩略词、首字母缩写字、代号、公式、标点符号等。

(二) 作者署名和工作单位

1. 作用 署名的作用：①为了表明文责自负，②记录劳动成果的作用，③便于读者与作者的联系及文献检索(作者索引)。

2. 位置 作者姓名在文题下按序排列。其下一行为作者工作单位及通讯地址、邮编，或脚注于左下页脚，应以"作者单位："作为标志。

3. 排名及人数 只限于那些对于选定研究课题和制定研究方案、直接参加全部或主要部分研究工作并做出重要贡献以及参加撰写论文并能对内容负责的人，按其贡献大小排列名次，一篇论文的署名一般不超过十人。

4. 格式 多位作者的署名之间应用逗号隔开，以便于计算机自动切分。文献标志码为A，B，C的文章，应标明主要作者的工作单位，包括单位全称、所在省市名(省会城市可略去省名)及邮政编码，以便于联系和按地区、机构统计文章的分布；单位名称与省市名之间应以逗号分隔，整个数据项用圆括号括起来。不同工作单位的作者，应在姓名右上角加注不同的阿拉伯数字序号，并在其工作单位名称之前加与作者姓名序号相同的数字；各工作单位之间连排时以分号隔开。

浅谈生理学教学中的"愉快教学"

石少婷[1]，张净[2]

(1. 莱阳卫生学校，山东　莱阳　265200；
2. 莱阳中心医院，山东　莱阳　265200)

接　链

(三) 摘要

摘要(中文)即文章内容的提要或全文的缩影，要求以第三人称撰写。文献标志码为A，B，C类的论文一般均应有摘要，短文可不写摘要。中文摘要一般不超200～300字(不超过论文字数的5%)为宜。

摘要位于作者署名之下、关键词之上，读者通过阅读摘要便能了解论文大意，再决定有无阅读全文的必要，从而起到导读的作用。

摘要常见有两种类型：

1. 报道性摘要(亦称结构性摘要) 即指明正文中包含的目的、方法、结果和结论等内容，能全面反映文章的主要内容。这是科研论文摘要的一种主要形式。

2. 指示性摘要(亦称叙述性摘要) 仅对论文主要内容做一般性指示性介绍,并不要求包含新的科技信息,且篇幅较短。

文献标志码

为便于文献的统计和期刊评价,确定文献的检索范围,提高检索结果的适用性,每一篇文章或资料应根据其内容性质标识一个文献标志码:

A——基础性理论与应用研究。

B——应用性技术成果报告(科技)、理论学习与社会实践札记(社科)。

C——业务指导与技术管理性文章(包括领导讲话、政策性评论、标准技术规范等)。

D——一般动态性信息(通信、报道、会议活动、专访等)。

E——文件,资料(包括历史资料、统计资料,机构、人物、书刊、知识介绍等)。

不属于上述各类的文章以及文摘、零讯、补白、广告、启事等不加文献标志码。

链接

(四) 关键词

关键词是最能代表论文主要内容的词或词组。

每篇论文可选取3~8个词作为关键词。以显著的字符(关键词:或[关键词])另起一行,排在摘要的左下方。两个关键词之间应用分号分隔,以便于计算机自动切分。如有可能,尽量用《汉语主题词表》、《医学主题词表》等词表提供的规范词。

关键词:游泳;新生儿;生长发育

关键词的一般选择方法:由作者在完成论文写作后,纵观全文,选出能表示论文主要内容的词或词组,可以从论文标题中选,也可以从正文中选。

链接

(五) 引言

引言又称绪论,是论文开头的一段短文,简要说明研究工作的目的、范围、相关领域的前人工作和知识空白、理论基础和分析、研究设想、研究方法和实验设计、预期结果和意义等,不要与摘要雷同。

引言应言简意赅,不可冗长,内容选择不要过于分散、琐碎,措词要精炼,以吸引读者读下去。引言的篇幅大小,并无硬性的统一规定,须视整篇论文篇幅的大小及论文内容的需要来确定,一般以200~300字为宜。

(六) 正文

1. 材料与方法(研究对象和方法) 该部分是论文的重要组成部分,需要详细撰写,以体现科研设计和研究方法的各项要求,使读者看了后能重复,以及便于审稿者复核。“材料”主要交待作者用什么具体实验对象或什么具体的资料来进行研究,“方法”指用什么具体实验方法或搜集资料的方法来收集资料。内容包括:

(1) 研究对象:如何选择样本人群、样本数;诊断标准;研究对象的一般特征、分组方法。

(2) 研究方法:描述基本设计方案,说明研究场所,干预措施,盲法的具体实施情况,测量指标及判断结果的标准,选用的量表和仪器、方法,质量控制的措施。

(3) 资料整理与统计分析:资料收集和统计分析方法的介绍。

2. 结果 是科研论文的关键部分。结论是通过结果推导出的,因此,结果的正确与否直接关系到结论是否正确和可靠。

(1) 内容:观察到的现象和收集整理的数据。

(2) 表达:通过文字叙述、统计表、统计图和照片展示。正文内的图应具有“自明性”。图应编排序号。每一图应有简短确切的题名,连同图号置于图下。曲线图的纵横坐标必须注“量、标准规定符号、单位。”照片图要求主题和主要显示部分的轮廓鲜明,便于制版。

正文中的表应为三线表。表的编排,一般是内容和测试项目由左至右横读,数据依序竖排。表应有自明性。每一表应有简短确切的题名,连同表号置于表上。表的各栏均应标明“量或测试项目、标准规定符号、单位。”表内同一栏的数字必须对齐。

(3) 统计学处理:对数据资料应作统计学处理。

笔记栏

(4) 要求:客观、真实、准确。

3. 讨论与分析 讨论是论文的精华所在,主要是对实验观察结果或调查结果做出理论性分析,从理论上回答研究结果中的现象和各因素之间的联系或因果关系。因此,讨论部分应表达下列内容:

(1) 用已有的理论对研究结果进行分析。

(2) 与以往的研究结果进行比较。

(3) 指出本次研究的意义和实用价值。

(4) 指出本次研究的不足和今后有待深入研究的问题。

总之,讨论中要求紧密地围绕研究的主题,以本次研究的结果事实为依据,重点突出要解决的主要问题,不宜离题发挥或重复他人之见,切忌大量旁征博引,而对自己研究所得的第一手资料轻描淡写。因此,研究者应将已获得的材料系统化、理论化,形成自己的见解,以便进一步阐述研究的结论。

(七) 结论

结论是该论文的最终的、总体的结论,反映论文中通过实验、观察研究并经过理论分析后得到的学术见解。

结论应该准确、完整、明确、精炼,一般在100~300字之内,不用图表。对尚不能完全肯定的内容注意留有余地。

目前论著类文稿已不写结论部分,而是以内容摘要的形式列于正文前面或排布于讨论项中。

(八) 致谢

对研究工作过程及撰写论文过程中得到某单位或某人的帮助或指导、校审、资助等,要用简短语言表示感谢。

致谢置于文末、参考文献之前。

致谢的书写方式为:致谢(左顶格):本文曾得到(或曾蒙)某人帮助、指导、审阅等等,谨此致谢。

(九) 参考文献

参考文献是为撰写或编辑论文和著作而引用的有关文献信息资源。它有助于证实论文的科学性,也表示对他人的尊重,也是向读者提供进一步研究的线索。

> **参考文献类型**
>
> 参考文献根据GB3469规范,以单字母方式标识以下各种参考文献类型:期刊[J]、专著[M]、论文集[C]、报纸[N]、学位论文[D]、报告[R]、标准[S]、专利[P]、汇编[G]等。
>
> 接链

1. 参考文献格式示例:

期刊格式示例:

[1]袁义厘,孙建玲,高井全等.《护理学基础》实验教学改革的探讨[J].中华护理杂志,2004,39(5):361~362.

书籍(专著)格式示例:

[2]乐杰.妇产科学[M].第5版.北京:人民卫生出版社,2005.

报纸格式示例:

[3]余敏.全球青年就业的现状分析[N].中国青年报,2007-4-25(7).

电子文献格式示例:

[4]江向东.互联网环境下的信息处理与图书管理系统解决方案[J/OL].情报学报,1999,18(2):4 [2005-01-18].http://218.17.222.243/was40/detail? record=216&channelid=51954.

> **主要电子文献的载体类型及其标志**
>
> [M/CD]——光盘图书(monograph on CD-ROM)。
>
> [DB/MT]——磁带数据库(database on magnetic tape)。
>
> [CP/DK]——磁盘软件(computer program on disk)。
>
> [J/OL]——网上期刊(serial on line)。
>
> [DB/OL]——网上数据库(database online)。
>
> [EB/OL]——网上电子公告(electronic bulletin board online)。
>
> 接链

2. 注意问题

(1) 作者最近5年亲自阅读过的、与本文研究最密切的、公开发表的原文文献,一般在十篇以内。

(2) 采用顺序编码制标注,即在正文内引用处最末一字的右上角以角码注明,并按引用先后顺序以阿拉伯数字编号,列于文末。

笔记栏

(3) 非正式发表的文章不宜作为参考文献。

三、科研论文范文

洁阴洗液在妇科临床应用的观察

叶树林[1],黄长江[2],于艳[2]

(1. 解放军总医院,北京 100853;
2. 军事医学科学院附属医院,北京 100039)

[**摘要**] **目的**:观察洁阴洗液用于外阴、阴道术前消毒及治疗各种阴道炎的效果。**方法**:将80例接受经阴道手术者随机分为两组,实验组使用洁阴洗液进行外阴、阴道的消毒;对照组则用常规传统方法进行;另外用洁阴洗液治疗100例阴道炎的患者,将疗效分为四级。 **结果**:洁阴洗液组与对照组被用于外阴、阴道术前消毒灭菌的差异无显著性意义,洁阴洗液治疗各种阴道炎效果明显,总有效率为90.0%,尤其是细菌性阴道炎和老年性阴道炎效果更好,有效率>91.0%;经临床使用多年,观察2 000多例均无副作用及过敏现象。 **结论**:洁阴洗液是一种适合于皮肤、黏膜消毒和抗感染的新型冲洗液,有良好的临床使用前景。

[**关键词**] 消毒;阴道炎;治疗

洁阴洗液是解放军总医院研制生产的具有抗菌性质的一种新型消毒药物,适合于皮肤、黏膜的消毒和抗感染。可迅速杀灭大肠埃希菌、金黄色葡萄球菌、铜绿假单胞菌、淋球菌、白色念珠菌等细菌及艾滋病毒,适用于性传播疾病及女性外阴、阴道炎症的预防和治疗。我们对40例会阴部手术的患者进行了阴道消毒实验,并观察了100例阴道炎患者使用本液的疗效,现将结果报道如下。

1 材料与方法

1.1 消毒实验

1.1.1 临床资料:2001年3月15日至2002年9月30日军事医学科学院附属医院妇科门诊及病房经阴道进行手术者80例。年龄为19~58岁女性,自愿要求进行上、取宫内节育器及人工流产手术未发现手术禁忌证,术前阴道清洁度检查为Ⅰ~Ⅱ度,随机分为两组,洁阴洗液实验组和常规消毒对照组各40例。

1.1.2 方法:受术者取截石位,常规冲洗、消毒外阴,铺巾,无菌操作,分开大小阴唇,将无菌长棉签进入阴道采样,棉签头部达阴道穹隆部位,擦拭,把棉签放入5ml带中和剂的无菌0.9%氯化钠溶液中,定量0.5ml氯化钠溶液,送微生物室按常规细菌培养方法进行培养,作为实验前的自身对照。按计划生育技术作规范[1]对外阴、阴道消毒的要求,外阴消毒范围自耻骨联合,下至臀与手术床紧贴处,两侧至大腿内侧上1/3,呈扇形消毒。实验组用洁阴洗液棉块顺序擦洗外阴,另换消毒钳持洁阴棉块擦洗阴道,放置窥阴器用200ml洁阴洗液冲洗阴道及外阴,撤换臀垫;对照组则常规使用10%肥皂水棉块按顺序擦洗外阴,另换消毒钳持10%肥皂水棉块擦洗阴道,用无菌水冲洗阴道及外阴的肥皂液后,再用1:2 000的氯己定溶液300ml常规冲洗阴道及外阴,撤换臀垫;冲洗液均保持约40℃,冲洗方法按常规操作。5分钟后按上述方法取样,作为实验后的结果。

1.2 临床试验

1.2.1 临床资料:阴道炎的治疗,病例均为在军事学科学院附属医院妇科门诊就诊的已婚妇女,年龄:23~62岁,中位数32岁。病种:阴道炎100例,其中:滴虫性阴道炎34例,念珠菌性阴道炎40例,细菌性阴道炎14例,老年性阴道炎12例。症状及体征:各类阴道炎的主要症状为白带增多、外阴瘙痒、疼痛,可伴有尿频、尿痛或性交痛;检查时可见外阴及阴道黏膜充血。此外,老年性阴道炎见于绝经期妇女;滴虫性或念珠菌性阴道炎患者阴道分泌物镜检时分别可见到滴虫或念珠菌;细菌性阴道炎BV检查阳性[2]。注意需排除外阴白色病变、白塞病、糖尿病等其他内科、皮肤科疾病所致的外阴痛痒。

1.2.2 治疗方法:每晚用100ml洁阴洗液冲洗外阴及阴道,连续7天为一疗程。月经期停止使用,使用一个疗程后评价疗效。

1.2.3 疗效评价标准:根据临床复诊时的症状及检查结果,按治愈、显效、有效、无效四级标准评价。①治愈:自觉症状及体征完全消失,连续3个月经周期复查无复发,阴道分泌物镜检:清洁度为Ⅰ度,未见滴虫及念珠菌,BV检查阴性。②显效:自觉症状及体征明显好转,阴道分泌物明显减少,阴道分泌物镜检:清洁度为Ⅰ度,未见滴虫及念珠菌,BV检查阴

笔记栏

性。③有效：自觉症状及体征有所好转，仍有轻度痛痒，阴道清洁度为Ⅰ～Ⅱ度，但未见滴虫或念珠菌，BV 检查±或阴性。④无效：用药前后症状及体征均无明显改善。

2 结果

2.1 消毒实验结果　消毒前阴道清洁Ⅰ度：实验组六例无菌，对照组四例无菌，未列表中，经统计学检验 $P>0.05$。实验组与对照组消毒灭菌的差异无显著性意义，见表 10-1。

2.2 临床实验结果　对 100 例阴道炎的临床治疗观察有效率，见表 10-2。

表 10-1　消毒前后阴道带菌情况分

分组	*n*	消毒前带菌人数		消毒后带菌人数	
		阴道清洁Ⅰ度	清洁Ⅱ度	阴道清洁Ⅰ度	清洁Ⅱ度
实验组	34	14	20	0	0
对照组	36	16	20	0	0
合计	70	30	40	0	0

表 10-2　洁阴洗液治疗 100 例阴道炎的结果

病名	*n*	治愈	显效	有效	无效	有效率/%
滴虫性阴道炎	28	12	5	8	3	89.3
念珠菌性阴道炎	40	14	8	12	6	85.0
老年性阴道炎	12	7	3	1	1	91.7
细菌性阴道炎	20	13	4	3	0	100.0
合计	100	46	20	24	10	90.0

注：另有三例淋菌性阴道炎，其中两例显效，一例有效。

3 讨论　妇科感染性疾病的控制是目前研究的课题[3,4]。洁阴洗液是一种专适合于皮肤、黏膜消毒和抗感染的新型冲洗液，能明显减少阴道的细菌数量，降低感染的机会，可用于外阴及阴道术前的消毒，完全可达到经阴道进行计划生育手术的要求，效果等同目前常规的消毒方法，操作程序明显简化，尤其适用于手术量大的医疗单位及基层。

洁阴洗液治疗各种阴道炎效果明显，总有效率为 90.0%，尤其是细菌性阴道炎和老年性阴道炎效果更好，有效率>91.0%，但治愈率仅有 46.0%，因此建议治疗时协同使用其他特效药物。对淋球菌所致的外阴阴道炎，也有很好的效果，但因病例少，未统计在内。经临床使用多年，观察 2 000 多例均未见副作用及过敏现象。使用者反映用后感觉舒适，无刺激症状。

洁阴洗液广谱、高效、无毒、无刺激、快速杀菌、使用简便，既可作为局部的治疗药物，同时又是一种安全、有效的保健用品。因此，洁阴洗液在预防和治疗性传播疾病、外阴、阴道炎症等方面有良好的临床使用前景。药理中心研究还表明该药对艾滋病病毒亦有作用，但因临床未遇到病例，尚有待进一步证实。

参考文献略。

第3节　医护综述论文

一、概　　述

(一) 概念

医护文献综合评述（简称综述）是作者以医护科学中某一专题为中心，收集近3～5年大量的相关原始文献，经过阅读、综合、分析，揭示所写专题历史概况和最新进展以及发展动向的概述性、评论性论文。综述在医学论文中为科技情报研究类论文，属“三次”文献。

(二) 作用

综述是医护科学研究工作中的重要工具之一，是广大教师、科研人员和医务工作者必须掌握的一门基本功。综述的主要作用有：

1. 有助科研选题、制定科研计划　由于综述是对某一专题或领域的历史概况、现状和未来发展的高度概括、归纳和分析，使作者、读者对所涉及问题的发展概况、主要问题、突破途径、发展趋势等有一个全面系统的认识，对进行科研选题、制定科研计划等都具有十分重要的指导和引路的作用。

2. 温故知新、提高能力　综述为专题研究的新理论、新技术、新成果、新发现、新动向提供了充分展示的平台。通过撰写或阅读综述，可以不断更新知识、保持研究课题的先进性，使之对研究领域的观点、科研方法手段及

笔记栏

技术等永远保持在最新的地位。同时，通过撰写综述，可以提高撰写者的中、外文阅读能力和专业知识水平；锻炼和培养查阅文献收集资料的能力、判断评估能力、逻辑思维能力和写作能力，提高学术水平和业务能力。

(三) 特点

与科研论文相比，综述在形式、资料来源、内容及写作上均有自己的特点。

1. 专题性与综合性 综述是针对某一进展较大的课题，综合分析大量文献资料写成的总结性专题报告，是对大量一次文献的综合叙述，反映所述专题的全貌，具有明显的专题性和综合性。

文献也能分级吗

根据对文献的加工程度，可将其分四级，分别为零次文献、一次文献、二次文献和三次文献。零次文献，是交谈或会议上交流和传递的有用情报，通常是未经记录和出版的。一次文献，又称原著，是以作者本人创造性劳动成果为依据的文献。二次文献，是对一次文献进行加工整理后的产物，如目录、文摘和索引等。三次文献，是根据特定的需要和目的，在一、二次文献基础上经分析综合后编写出来的文献，如述评、专题研究等。综述属于三次文献。

链 接

2. 翔实性与信息性 综述的研究对象是文献资料，其资料来源非常广泛、内容极为丰富，信息含量也相当大。一篇综述其内容一般包括问题的提出、历史的发展、现状的描述、存在的问题、解决问题的途径和趋向的预测。因此，综述能系统地对某一课题进行全面的叙述，内容之丰富、信息量之广都是其他文体所不及的。

3. 可读性与生动性 高质量的综述往往是选题明确、重点突出、数据精确、结论可靠、精炼通顺，具有生动和可读性强的特点。

综述的另一独特之处是叙述多，评论少。不过，虽然它是以叙述各个作者的观点为主，但有时撰写者个人的为数不多的、却是恰如其分的评价往往会使综述的结论更为可靠可信，因而也提高了综述的可读性。

4. 时效性和可塑性 时效性是研究的专题、内容以及收集的文献资料有一定的时间限制。其限制的长短，则视专题内容需要而定。一般而言，要求所收集的文献资料是近3～5年之内的。可塑性则是综述所含字数的多少或文体规格的大小。它可以是洋洋几十万字、引用上千篇文献的"巨著"，其内容广博精深，极具参考价值。它也可以是短小精悍、只有数千字的"袖珍型"文章。这类综述往往被称为小综述或小专论。我国期刊的综述一般定在4 000～6 000字，小综述的字数可在3 000字左右。

二、综述论文基本格式

综述的基本格式包括：综述论文的文题、署名、关键词、前言、正文、小结和参考文献。除署名和关键词外，其他结构部分具有综述自身的特点。

(一) 文题

综述文题常用"进展""现状""进展与前景""概况"等作为标题。它反映综述的中心内容、主要观点和问题。

(二) 引言

引言又称绪论。以简明的短文介绍综述的立题依据、写作目的，有关概念或定义，本专题的历史和现状、存在的问题、不同学派的争论焦点。通过引言可以了解本专题轮廓，并引起读者的兴趣。引言部分要求文句简练、重点突出。

(三) 正文

正文是综述的核心部分和主体部分。正文旨在通过提出问题、分析问题和解决问题的过程，叙述各家的观点，从不同的角度叙述本专题的历史背景、现状、存在的问题、解决问题的方法及发展方向。

正文无固定格式，是作者对文献进行消化吸收达到融会贯通后用自己的语言加以介绍的。一般是根据所拟定的写作提纲进行，核心部分可以由几部分组成，每部分又可以冠以小标题。

正文写作时应注意：

(1) 要客观地反映原作者的论点和实验结果，不可歪曲原作精神，要尊重他人的工作。

(2) 论述问题要明确，对不同的观点，肯

笔记栏

定意见一般写在前面，否定意见写在后面，并可根据自己的经验，稍加评论。

（3）注意用词的语气，不同的用词之间是有区别的。如常用的“公认”与“一般认为”、“有报告认为”，“实验证明”与“实验表明”，“提示”、“推测”等其含义各有不同，应把握分寸。

（4）图解和照片的使用。综述中一般不使用图解和照片。若必须使用时，应在图中文字叙述后注明“参见原文图解”。

（四）总结

总结（或小结）是对主体内容进行扼要地概括，要求能与引言内容相呼应。总结包含综述的意义、争论焦点、发展趋势和作者自己的观点和见解。应注意的是对有争议的学术观点，总结时用词要恰如其分，留有余地。

（五）参考文献

数量众多的参考文献是综述的主要特征之一，国内期刊一般要求列出参考文献 10 ~ 30 篇，不超过 40 篇。

参考文献的其他要求及书写方法同科研论文。

三、综述论文写作前的准备

综述的写作，一般要经历以下过程（图 10-2）：

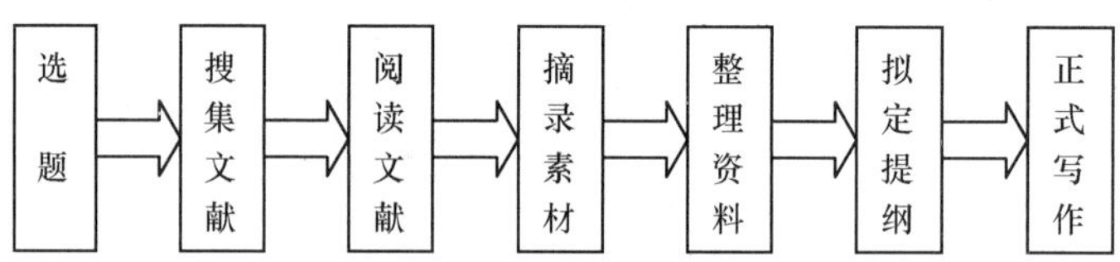

图 10-2　综述的写作过程示意图

（一）选题

选题是综述写作前的第一步，选题是否恰当，直接关系到综述质量的优劣和价值的高低。一般而言，选题是根据需求而定，并应遵循一定的原则。

1. 选题的原则

（1）目的明确：需求不同，选题也有所不同。无论是用于教学还是用于科研，应根据研究的需要确定题目。用于前者，所选题目可以稍大一点；若用于后者，则针对性要强。

（2）立意新颖：题目要体现“新”。一是所选题目是不曾被研究过的，从而保证综述的先进性和较高的研究价值；二是所选题目虽然以前有人写过，但该选题已有了更新的发展变化，因此有必要对新的进展、新的发现进行进一步的综述，确保比前人的研究更有价值。

（3）用己所长：根据自己的专长、基础和兴趣，选择自己熟悉的、有工作基础的、有经验的以及自己感兴趣的课题。

2. 选题的注意事项　①题目不宜太大。题目适宜，有利于收集文献，明确写作目的，能更容易、更清楚、更透彻地对问题进行阐述。②题目简洁明了。题目是文章的窗口，通过它要能概括全文的中心内容，反映综述的主要观点和问题。

（二）收集、阅读资料

综述题目确定后，就要开始大量收集和阅读有关的中文和外文文献。文献数量的多少是决定综述内容是否新颖的基础，也是衡量其价值的指标之一。因此，收集阅读的材料越多、越全就越好。另外从时间限制上考虑，选读近几年发表的原始文献能够反映综述的新观点、新方法、新技术，以保证综述的先进性。尤其是强调“新进展”时则应选取近 2 ~ 3 年内的文献。当然，对那些是“……近 10 年”“……近 20 年”等的综述题目有时间限制的，则应根据其要求进行收集。

文献阅读包括精读和泛读。要求在广泛阅读的基础上，还应对创造性大的原著、权威性大的或好的综述等重点文章进行精读、细读和反复阅读。在泛读和精读过程中，特别要注意写好读书笔记或文摘卡片，为综述的写作准备资料。

(三) 整理资料

在收集和阅读了大量的资料后，就应对资料进行分析综合、归纳整理并拟定提纲。在整理归纳资料时，应进行合理的、适当的取舍。即去粗取精、去伪存真。要选取有理论意义和实践意义的资料，舍弃意义不大的内容。

(四) 拟定提纲

在完成资料整理的基础上，考虑综述各个部分的组织安排，拟定出一个较为详细写作提纲，如引言写什么，正文的主要内容及小标题，小结的内容和结尾，勾勒出文章的大体轮廓。提纲初步拟定后，应反复多次对提纲进行全面核查，材料是否足够，资料与观点是否吻合，并根据需要进行调整和补充。

(五) 提纲案例

《高血压病人服药依从性的研究进展》

引言部分：高血压病对人类健康的危害；高血压病人服药依从性的意义和现有状况及存在的问题。

正文部分：

1 评价服药依从性的常用方法

1.1 检测血、尿中药物、代谢产物的浓度

1.2 药片计数法

1.3 询问与调查病人服药情况

2 影响服药依从性差的原因

2.1 知识

2.2 态度与信念

2.3 治疗方案的特征

2.4 害怕药物的副作用

2.5 老年高血压病人的特殊性问题

3 提高服药依从性的措施

3.1 开展健康教育指导

3.2 建立伙伴式的护患关系

3.3 最大限度地简化治疗方案

3.4 行为的治疗措施

小结部分：指出各种服药依从性问题研究的主要结果，尚未解决的服药依从性问题，及今后的研究趋势。

摘自：肖志敏等. 高血压病人服药依从性的研究进展[J]. 中华护理杂志，2003，38：(1)46～47. 为了教学的需要，提纲中部分内容做了适当的修改。

四、正式写作

根据写作提纲扩展成文字论述，按照综述的写作格式和提纲内容，逐项将内容展开，注意观点与内容的一致，可根据需要调整结构和补充内容。论述观点时，作者可有倾向性，但不同观点也应列出。初稿写出后，要反复修改和补充，包括内容增减，力求做到主题明确、层次清楚、数据可靠、文字精炼、表达准确。

五、综述范文

静脉输液拔针按压方法的研究进展(综述)

李晓惠[1]，黄小梅[2]

(1. 深圳职业技术学院，广东 深圳 518055；
2. 深圳市罗湖区人民医院，广东 深圳 518012)

静脉输液既是护士基础护理操作的重要内容，也是临床疾病护理中的重要手段。静脉输液作为一种迅速有效的补液和给药途径，在临床疾病的抢救、治疗和康复中占有重要地位。目前，临床静脉输液拔针后仍存在一些问题，如按压方法不正确、按压时间不足、按压面积太小和按压力度不均匀。而这些问题与患者的配合及静脉输液拔针后的皮肤出血、皮下出血和皮下淤血的发生率有一定的关系。了解目前国内外静脉输液后拔针按压方法的研究现状，有助于了解各种按压方法的特点、适用对象及不足，并为护士在临床操作中选择适宜的按压方法提供参考依据。为此，对这一研究课题进行了文献综述。

1 国内常见静脉输液拔针按压方法

1.1 棉签按压法

1.1.1 棉签按压与血管方向的关系：①平行按压法[1]是病人静脉输液拔针时，消毒棉签与血管平行，并直压在血管上。棉签顶端超过皮肤针眼近心端1～2cm，使皮肤针眼及血管针眼同时被按压。也有人称此种方法为直压法[2]或竖压法[3]。②横压法[2]是病人静脉输液拔针时，消毒棉签与血管垂直横压在皮肤针眼上，故称为横压法。也有人称为垂直法[4]。

1.1.2 棉签按压与拔针前后的关系[3]。①先拔针后棉签按压法：是平行按压方法的一

笔记栏

种。其特点是:输液完毕后,先迅速拔出针头,并立即用消毒棉签与穿刺血管平行方向按压在穿刺点上。故这种拔针方法称为先拔针后棉签按压法。②先棉签按压后拔针法:也是平行按压方法的一种。其特点是:输液完毕后,先用棉签平行按压在皮肤血管穿刺点上,然后迅速拔出针头。故这种方法称为先棉签按压后拔针法。

棉签按压法是目前临床护理操作中最常见的一种静脉输液拔针按压法,在临床中可用于各类患者和使用了不同药物的患者。棉签按压法的主要缺点是,棉签直径较小,一般在0.5~0.6cm,故按压面积小,不能准确压迫出血点。其优点是棉签成本低,使用方便,符合无菌操作的要求。

1.2 棉球按压法 静脉输液完毕后,以消毒棉球按压在穿刺点上,迅速拔出针头,用消毒棉球按压在穿刺点上。

1.2.1 纵向大面积按压法[5]。即静脉输液完毕,用左大拇指的指腹轻轻横向按压在皮肤针眼处棉球,待针头拔出后,迅速将拇指沿逆时针方向旋转至被刺血管平行,同时上移至拇指,用整个拇指将被刺血管用力纵向压住,加大受压面积。使皮肤针眼与血管针眼同时受压,直至按压结束。另外,兀丽仙等人曾报道拔针时[6],采用无名指、中指、食指沿血管方向同时按压皮肤穿刺点和血管穿刺点,此方法的目的也是为了增大按压面积,避免血液流出血管外,引起皮下淤血的发生,和达到提高血管重复利用率的目的。

1.2.2 横向小面积按压法[5]。即静脉输液完毕,拔针时用拇指、食指或中指的指腹轻轻横压在皮肤针眼处棉球,待针头拔出后,除加大按压力度外,不做任何变动,直至按压结束。

棉球按压法也是临床护理操作中较常见的一种静脉输液拔针按压法,在临床中与棉签按压方法一样可用于各类患者和使用了不同药物的患者。棉球按压法的主要缺点是,操作上不如棉签方便,如患者用手直接接触棉球时,容易造成针眼污染,另外按压力度不均匀。其主要优点是棉球按压面积一般比棉签范围大,其直径一般在2cm左右。

笔记栏

1.3 交换式按压法[7] 静脉输液拔针时,先由护士按压穿刺部位,然后再交给患者自己按压。这种方法目前在临床经常可以看到,由于患者在按压时,没有掌握好按压方法和按压时间,往往引起出血和皮下出血。故这种方法适用于已掌握按压方法和按压技巧经常静脉输液的患者。

1.4 上举式按压法[8] 静脉输液完毕后,迅速拔出针头,用消毒棉签或棉球放在穿刺点上,让患者用另一手拇指按压在棉签或棉球上。并同时嘱患者上举该手,其位置高于心脏水平。该方法主要适用于手背静脉输液后按压,由于手背的位置一般都低于心脏,使得静脉回流减慢,加上按压方法不当,使血流容易从针眼渗出,容易出现皮下淤血,而上举式按压法使静脉回流加速,减少对输液静脉血管的压力和血流量,从而减轻出血、淤血症状,并避免皮下淤血的发生。

1.5 止血贴按压法 此种按压方法是当静脉输液完毕后,操作者拔针时用无菌棉球按压在针眼上方,然后用止血贴中心部位按压在无菌棉球上,其两端粘贴在患者皮肤上,然后用食指和中指再加压按压。这种按压方法适用于头部静脉输液的小儿。该种按压方法的主要优点是:不影响患者按压时的四肢活动,而且也有利于预防患者针眼感染。

2 目前国内特殊按压方法

2.1 胶布+棉球按压法[9,15] 静脉输液完毕后,立即用消毒棉球置于针孔处,操作者用左手食指和中指轻放在遮盖针眼的棉球上,不加压,当针头迅速拔出后,立即用胶布在棉球上加压绕手掌一圈,并协助患者上举肢体2分钟,10分钟后可自行除去胶部。此种按压方法使用于手背部静脉输液的患者。

2.2 按压带按压方法[10] 静脉输液拔针后,立即将棉签直接按压在针孔上,再将按压带缠绕两周固定于棉签上,并借助尼龙拉链扣粘贴的拉力,保持压力与位置一致,达到按压止血的效果。按压4分钟后松解按压带。这种按压方法是在棉签直接按压的基础上,再用按压带固定的方法。按压带宽为3cm,长度50~60cm,由布带—松紧带—布带连接,其布带两端缝制尼龙粘合扣组成。按压带的主要优点体现在以下几个方面:①减轻工作量:无需护士,患者及家属按压针口。拔针后,护士对按压带的固定操作只需几秒钟完成。②保护血管:降低了拔针后出血、淤血的发生率。③给患者带来方便:避免长时间由于按压带来的不便,方便患者拔针后活动。④按压力度均匀:由于按压带松紧适宜,患者感觉舒适,减轻静脉输液拔针给患者带来的痛苦和不适宜。⑤经济:可专人专用,重复使用100次左右。这种按压方法主要适用于使用静脉溶栓药的临床脑梗死患者、凝血功能异常的静脉输液患者,也适用于常规手背部静脉输液的患者。

3 国外常见静脉输液拔针按压方法 在国外发达国家和地区静脉输液一般仅作为补液的方法,而不作为药物的溶酶,因此国外发达国家静脉输液不是作为治疗患者给药的主要途径,其静脉输液目的与我国存在很大差异。有关国外静脉输液拔针后按压方法的研究文献未见报道。据我们在国外医院考察发现,目前国外临床可见到的静脉输液拔针按压方法主要有两种:一种是采用棉球按压,另一种是采用止血贴按压。

4 影响皮肤针眼出血和皮下淤血的原因分析

4.1 按压方式 静脉输液拔针后,因按压方式不当而引起穿刺点出血和皮下出血,在临床上时有发生。有关研究表明[3,11]:静脉输液完毕后,先拔针后棉签按压方式对患者引起疼痛反应、针眼出血和血管周围淤血现象明显低于先棉签按压后拔针方式,并有统计学差异。其原因是,在拔针前就将棉签按压在针眼上,血管内的针尖将会触及血管壁而引起损伤,同时拔针时针尖在外界压力下对血管组织产生机械的切割刺激,患者会由此感到疼痛。由此可见,先拔针后棉签按压方式能减轻针头对患者血管壁的损伤并由此引起患者的疼痛反应,同时对降低皮肤针眼出血和血管周围淤血发生率有一定作用。

4.2 按压力度 按压力度应均匀和适中,力量太轻起不到按压止血的效果,力量过重又会导致患者疼痛。另外,在按压过程中,交换式按压不利于止血过程。静脉输液拔针止血包含了两个止血机制,一是生理机制,二是压迫止血机制[12]。生理止血:首先是小血管受伤后刺激局部缩血管及血管内膜损伤激活血小板黏附、聚集和血浆中凝血系统形成止血栓,填塞伤口,有效地制止出血。压迫止血:是对局部血管压迫,暂时阻断局部血流。交换式按压由于不同按压的人按压的力度不均匀,局部血流形成阻断—恢复—再阻断—凝血过程。在恢复过程中,血液迅速经损伤的血管壁溢出至皮下而发生皮下淤血[7]。而非交换式按压法局部血流形成阻断—凝血过程,无恢复过程,故能有效避免皮下淤血的发生。在临床中,经常由于护士工作忙,忽视该项操作,而将按压过程交给患者完成,结果由于患者没有掌握好按压方法而导致针眼出血。因此,在静脉输液拔针按压过程中,应以护理人员单独操作为宜。

4.3 按压时间 大量临床研究证明:按压时间与针眼出血、皮下淤血的发生率有直接关系。如黄琳有关静脉拔针后按压血管时间的临床研究显示:至少3分钟才能有效地防止皮下出血[13]。曾龙英有关研究也显示[1]:不同的按压时间其皮下出血的比例不同,<1分钟时,皮下出血的发生率为11.4%,≥1分钟为5.6%,2~3分钟为2.7%。其三组出血率有统计学差异。考虑到正常人出血时间为3分钟,凝血时间为3~5分钟,建议静脉输液拔针按压时间以4分钟为宜。

4.4 按压面积 在我国基础护理教科书中对静脉输液拔针后的按压面积没有作严格的规定,其操作步骤是这样描述的:静脉输液完毕,用消毒干棉球按压穿刺处上方皮肤,迅速拔出针头,局部按压片刻[14]。大量的研究显示按压面积与针口出血、皮下淤血的发生率有直接的关系。其原因是,在静脉穿刺时,针尖进入皮下后,在血管上方平行移动一段距离后方进入血管,造成皮肤表面针眼与血管壁针眼不在同一个点,两者距离与进针角度和皮下脂肪厚度有一定关系[5]。平行棉签按压法由于按压时棉签与血管平行,因此皮肤针眼与血管针眼同时受压,由此减少了皮肤针眼出血和皮下淤血的发生。而棉签横压法由于直接将棉签横压在皮肤针眼上,因棉签直径小,按压面积较小,血管针眼未得到按压,当血液从血管针眼外流时,便形成局部血肿或淤血,即使按压了皮肤处针眼也不能消除皮下淤血的症状,因此容易发生皮肤针眼出血和皮下淤血。

笔记栏

4.5 护士责任心 静脉输液后患者穿刺部位是否出现针眼出血和皮下淤血,不仅与按压时间、按压面积、按压力度等因素有关,还与护士穿刺技术和责任心有关[15]。因此,护士除了掌握和了解静脉输液拔针的相关知识外,还要提高穿刺技术和工作责任心。

综上所述,目前静脉输液拔针按压方法很多,但无统一规定。选择何种方法应根据患者的具体情况而定,如注射部位、患者年龄、静脉给药的种类和患者病情等因素。对于一般常规用药患者可选平行棉签按压法或纵向大面积棉球按压法;对于特殊患者,可选按压带按压方法。按压方式、按压时间、按压面积、按压力度及护士工作责任心均对静脉输液拔针后皮肤针眼出血和皮下淤血有一定的关系。因此,护士在操作中应注意这些因素,以期达到保护患者血管和提高护理工作质量。

参考文献(15 篇)。

摘自:中国实用护理杂志,2005,(3)

第4节 医护个案论文

病例报告(也称个案报告)是临床论文中较为常见的一种论文体裁,是对个别病例的病情及诊疗护理方法所作的文献报道。其材料来自作者的第一手资料。该类论文的主要特点:①对罕见事件或个案病例进行研究和报道,往往只有一例或两例;②有特殊意义,旨在通过对个案的研究,给读者以新的认识,为今后临床护理工作提供宝贵的成功经验或失败教训。

(一) 报道对象

(1) 稀有罕见、疑难重症病例。

(2) 第一次发现的病例。

(3) 采用新的或特殊的诊疗技术、方案的病例。

(4) 少见或罕见器官结构和组织的病例。

(5) 其他有特殊临床表现、毒副作用等的病例。

(二) 论文基本格式

由于各学科的要求不同,在格式上有一定的差异,题目、作者和单位部分的要求与医护科研论文相同。

临床病例报告:正文结构主要由病历摘要和讨论两部分组成。

护理个案研究论文的格式是按照护理程序来写,其正文主要分为四个部分:第一部分为引言;第二部分包括健康评估、护理诊断、护理计划和护理实施;第三部分为护理效果;第四部分为效果评价。

(三) 病例报告写作要求

(1) 文字要精炼,篇幅控制在 1 000 字左右为宜。

(2) 病历摘要的要求:主要简述患者本次入院的原因,患者的主要症状和体征,既往病史及用药和诊断;其次要介绍患者入院后的体格检查情况,实验室的化验结果,及本次诊疗护理经过。这一部分的要求是将患者过去与现在的疾病状况作一个简述,要简明扼要、突出重点,主要写那些特征性的表现和主要症状、体征以及与鉴别诊断关系密切的主要阴性体征。

(3) 讨论的要求:讨论要围绕所报道的病例展开,包括目前对该病的了解、认识程度、人群发病率;指出该病的临床特点,并进行病因分析;总结本次医疗护理过程中的经验、教训(包括误诊原因分析)和新观点;提出今后探讨方向的展望和应注意的问题。

(4) 参考文献的要求:一般要求三篇左右。由于版面所限,有的期刊省略参考文献部分。

由于医护个案研究往往报道的是突发事件,因此没有科研设计。资料的收集取决个人敏锐的洞察力和平时专业文献的积累。撰写报道前一定要详细查阅有关资料,以判明报告病例的医学价值,是否为首次发现或罕见病例。限于作者掌握资料的广度和深度,对"本病例属首次报告"、"国内外未见报道"等类似提法应慎重。

(四) 个案报道范文

维生素 B_6 致迟发性过敏反应一例

黄省利,贺西京,李浩鹏

[关键词] 维生素 B_6;迟发性过敏反应

患者,男性,42 岁。因外伤致左肩锁关节

笔记栏

陈旧性脱位而住院。手术后给予 0.9% 氯化钠注射液 500ml + 头孢噻肟钠 5.0g, 5% 葡萄糖注射液 500ml + 维生素 C 2.0g + 维生素 B_6 0.2g 静脉滴注。连续用药至第 4 天，静脉滴注第二组液体约 15 分钟自诉突然全身发冷。

体检：神志清楚，双瞳孔等大等圆，血压 114/76mmHg，口唇轻度发绀，全身寒战，四肢厥冷，双肺呼吸音粗，未闻及干湿性啰音，心率 70 次/分钟，腹部无异常。给予停药，吸氧，异丙嗪 25mg 肌内注射等治疗，20 分钟后症状消失，随后体温升至 38.6℃，4 小时后降至正常。第 5 天再次用药过程中又出现上述症状。随后第 6 天停用含维生素 B_6 组液体，第 7 天及以后用 5% 葡萄糖注射液 500ml + 维生素 C 2.0g 而不加维生素 B_6 后，上述症状均未出现。在此过程前后，头孢噻肟钠一直未停用，液体共静脉滴注 9 天。

讨论 患者术后持续应用头孢噻肟钠 9 天，在术后第 4 天和第 5 天发生过敏反应后，继续应用头孢噻肟钠而停用维生素 B_6 后未出现上述症状，可排除头孢噻肟钠致过敏反应的可能。应用维生素 B_6 后第 4 天出现寒战、发热、口唇发绀等，再次用药过程中又出现上述症状，在同一时期应用同一批号的维生素 B_6 的其他患者未出现上述症状，停用维生素 B_6 后继续应用其他药物，该患者并未出现上述症状，提示患者出现过敏反应是维生素 B_6 所致。于停用维生素 B_6 后第 4 天作维生素 B_6（1mg/ml 的稀释溶液）皮内试验，结果呈阴性反应。因此，该患者为迟发性过敏反应。杨宏南和施银菊曾报道一例维生素 B_6 引起过敏性休克，但本例不同于其报告的急性过敏反应，而为迟发性过敏反应。此外，该患者普鲁卡因皮试阳性，但青霉素及头孢菌素类皮试均阴性而且应用无过敏反应发生。维生素 B_6 过敏反应鲜见报道，本例提醒临床工作者在应用维生素 B_6 时应注意。

选自：中华内科杂志，2003，(4)

第5节 医护经验论文

医护人员在长期的临床医疗护理工作中，对某一医疗或护理实践有着深刻的体验和感受积累，经整理、总结后形成了自己的医护实践经验和体会，据此撰写而成的文章，就是医护经验体会论文。这类论文选题广泛，内容丰富，既可是成功经验，也可是失败的教训。

医护经验论文具有指导临床实践的价值，以及对进一步深入研究某一方面的临床问题具有提供参考和线索的意义。

一、基本格式

常见的医护经验论文主要有医疗经验论文与护理经验论文。其论文基本格式与医护科研论文的格式基本一致，主要包括前置部分：题目、作者和单位、摘要、关键词；主体部分：引言、正文、讨论与分析、参考文献（一般可省去）。医疗经验（临床病例分析）论文和护理经验论文的主体部分有一些差别（表 10-3）。

表 10-3 医疗经验论文与护理经验论文格式比较

主体部分	医疗经验论文	护理经验论文
第 1 部分	引言	引言
第 2 部分	临床资料与方法（重点介绍临床治疗、康复方法与经验）	临床资料与方法（重点介绍护理操作方法与经验）
	结果	护理效果
第 3 部分	讨论与分析	讨论与分析
第 4 部分	参考文献	参考文献

二、写作基本要求

（1）经验体会论文的前置部分即题目、作者和单位、摘要、关键词，要求与医护科研论文相同。

（2）论文的主体部分一般分为引言、正文、讨论与分析等部分。

1）引言：以较少的文字将基本情况、主要收获、问题的结局、经验体会作扼要介绍。

2）正文：内容可包括如临床资料、方法、结果等，按事物发生、发展的客观规律，围绕论点进行重点论述。

3）讨论：主要分析和解释产生临床效果的原因和作用机制，为说明论点寻找有利的事实依据，同时也可与以往的方法或措施相比较，在分析的基础上得出一定的经验和结论。

三、经验论文范文

纤维桩在临床患者患牙康复应用中的体会

李 立
(石化总医院,兰州 730060)

[摘要] **目的**:探讨纤维桩在残根、残冠修复中的应用效果。 **方法**:选择临床20例患者的22颗患牙进行纤维桩修复,并进行随访、分析。 **结果**:经过0.5~3年观察,修复成功率达95%。 **结论**:纤维桩修复具有良好的美学效果,且不易根折。

[关键词] 残根;残冠;纤维桩

随着人们生活水平的提高,以及人们对自身健康的重视,再加上根管治疗技术的日趋完善,临床上多数残根、残冠得以保留。金属桩以其良好的物理特性和足够的机械强度,易于加工成精确的形状,并可采用失蜡法铸造成型等优点,在修复残根、残冠中广泛应用。然而,由于它弹性模量大,易导致根管内牙本质局部区域产生应力集中现象而常有根折发生;同时,金属桩可透过全瓷冠以及牙龈组织而影响全瓷修复体的美学修复效果,非贵金属桩核的腐蚀析出物沉积于牙龈组织或牙根导致变色。纤维桩因具有高密度、高强度、弹性模量小及耐腐蚀等优点,是一种理想的桩核材料。自2002年以来我科购买了Bisco公司生产的纤维桩材料套装,开始在临床中应用。本文通过对临床病例的跟踪随访、分析总结,探讨纤维桩的制作要点、适应证及临床应用效果。

1 材料与方法

1.1 材料 Bisco公司生产的D.T.LGH-POST纤维桩及根管预备钻系列。

1.2 一般资料 选自2002年4月至2005年12月来我院口腔科要求修复牙体缺损残根、残冠的患者20例,共22颗患牙,进行纤维桩修复。男8例,女12例,年龄20~45岁。

1.3 方法 残根、残冠患牙修复前均予以完善的根管治疗,拍片显示根充密合,根尖无慢性炎症病变。根据牙根粗细的不同,选择相应规格的根管预备成型钻,按照根管预备的原则进行制备。桩长达根长的2/3~3/4或桩长与冠长一致,根尖部需留有3~4mm的牙胶尖。取长度合适的桩钉在钉道内试合,用120目砂纸将其表面打粗糙,根面及根管酸蚀10秒,冲洗、消毒、干燥,涂黏结剂,光照,放入基质,再放入纤维桩,光照20秒,祛除多余基质,光固化树脂核成型,基牙预备,冠制作,黏固。

修复体戴入后1个月、1年、3年复查随访,通过临床及X线片检查以确定成功率。检查修复体有无松动、脱落、折裂现象,有无变色及牙周的色泽改变,出血指数及牙周袋深度有无变化评价牙周状况。拍摄X线片观察根周有无变化,有无根折、桩折等现象。

2 结果 22颗患牙随访未发现松动、脱落,未出现根折、桩折,牙周状况良好;只有一颗出现根尖周病变,成功率为95%。

3 讨论 经过0.5~3年的临床观察,无一例出现修复体松动、脱落现象,也无纤维桩核的折断。因此临床应用时,只要选择好纤维桩的适应证,避免在咬合力大、根管细的患者中使用,严格按要求操作,纤维桩修复的强度完全能满足临床强度的需要。

纤维桩的颜色和牙体组织接近,结合树脂修复呈半透明状,美观性好,为全瓷修复奠定了基础。铸造金属桩核临床使用过程中,修复体颈部的牙龈常出现暗灰色现象,这是由于金属桩腐蚀后,其副产物会进入桩与牙根的界面,使牙龈变色,影响瓷修复体的美观性。纤维桩具有比金属桩更为优良的耐腐蚀性能,纤维桩和树脂核不会产生腐蚀,由于其透光性好,再加上其制作的全瓷修复体的自然逼真的颜色,为患者提供了更加令人满意的美学修复[1]。

弹性量模作为桩材料的重要参数之一,对桩的性能有重要影响,理想的桩应具有和牙本质相同的弹性模量,使作用力可以沿整个桩长均匀分布,并有利于应力向牙根表面传导,减小应力集中,降低修复体的失败率[2]。与常规金属桩相比,纤维桩具有和天然牙本质接近的弹性模量,有利于应力向牙根表面传导,从而减少根内应力集中,降低根折发生。并且即使发生根折,其折裂线位于牙槽骨以上,并且多为桩与核之间的折裂,有利于进行再次的修复[3]。

纤维桩与复合树脂黏接性好,使用树脂材料形成桩核,极大地缩短了临床操作时间,可以立即进行牙体预备和暂时修复体的制作;减少患者的就诊次数,并且价格低于目前的全瓷

笔记栏

桩核；制作方法简单，再加上它美观及抗折能力，纤维桩表现出金属桩无法比拟的优越性，今后有关纤维桩的长期使用效果如何，我们将进一步观察研究。

参考文献略。

摘自：卫生职业教育，2006，24：(11)

第6节　实习：医护论文阅读

一、阅　读　1

1. 实习目的

(1) 加深对医学护理论著基本格式及要求的理解。

(2) 能对科研论文的基本格式进行判断。

2. 实习内容

(1) 医护科研论文(论著)阅读：在本校图书馆，选择与你所学专业相关的医学期刊，从中选出你感兴趣的两篇医学或护理科研论文。

(2) 阅读要求：根据你所学的知识，试分析论文格式是否正确，若有错误，请提出修改的方案。

二、阅　读　2

1. 实习目的

(1) 加深对医学护理综述基本格式及要求的理解。

(2) 知道医学护理文献综述写作的意义。

(3) 拟定一篇综述论文提纲。

2. 实习内容

(1) 医护文献综述阅读：在本校图书馆，选择与你所学专业相关的医学期刊，从中选出你感兴趣的两篇医护文献综述。

(2) 阅读要求：①根据你所学的知识，试分析这篇综述论文格式是否正确，若有错误，应如何修改。②你认为这两篇综述论文的写作意义是什么？③请拟定一份关于《疼痛护理研究进展》的综述提纲。

三、阅　读　3

1. 实习目的

(1) 加深对医学护理个案论文基本格式的理解。

(2) 能说出医学护理个案论文的报道对象。

(3) 知道医学护理经验论文的基本格式与要求。

2. 实习内容

(1) 医护个案论文阅读：在本校图书馆，选择与你所学专业相关的医护期刊，从中选出你感兴趣的两篇医护个案论文。

(2) 医护个案论文阅读要求

1) 根据你所学的知识，试分析论文格式是否正确。

2) 你认为这两篇医护个案论文的写作意义是什么？

(3) 医护经验论文阅读：在本校图书馆，选择与你所学专业相关的医护期刊，从中选出你感兴趣的两篇医护经验论文。

(4) 医护经验论文阅读要求

1) 根据你所学的知识，试分析这两篇医护经验论文写作意义是什么。

2) 你认为这两篇医护经验论文的研究结果是否有一定的局限性，为什么？

> 医护论文的写作是医护科研工作中的重要部分，选用何种论文体裁写作，应根据写作目的和资料搜集情况而确定。每种论文都有其基本写作格式与要求。我们应按照医护论文的写作格式与要求进行写作。
>
> 小结

目标检测

1. 医护论文的作用主要体现在哪些方面？
2. 医护论文应具备哪些基本要求？
3. 医护科研论文的基本格式是什么？
4. 医护综述论文的作用体现在哪些方面？
5. 为什么医护经验论文的结论有一定的局限性？
6. 医护经验论文的写作意义与要求是什么？

（卓庆安　李晓惠）

笔记栏

第11章 医护科研论文英文摘要的撰写

学习目标

1. 了解撰写英文摘要目的和意义
2. 能准确写出英文摘要的基本格式
3. 会运用英文摘要中常用的句型和时态
4. 能写出一篇约150个英文单词的摘要

翻开任何一本医学护理期刊杂志，特别是国外和国内的一些主要医学护理杂志，几乎每一篇文章的正文之前都有一段英文摘要，即 abstract，其目的是能够使全世界各地的医学护理同行们快速浏览医学护理领域中某个方面的最新发展动态，使读者快速了解该论文的主要内容并确定是否有必要进一步详细地阅读全文；另外还可以使本专业的权威人士迅速对文章做出学术评价。联合国科教文组织明确规定：全球范围内公开发表的科技论文（包括基础学科和临床医学），无论其文种如何，都必须附以短而精的英文摘要。不符合要求的英文摘要不会被国际检索机构（如 SCI，EI 等）收录，从而会失去交流的机会。因此，写好一篇论文的英文摘要对于促进国际交流和影响起到关键的作用，特别是对于我国医学护理领域中科研工作与国际接轨具有至关重要的意义。

第1节 文题与作者信息

一、文题的基本要求

与其他普通科研文章的题目一样，医学护理科研论文英文摘要的标题也一定要遵循 ABC 三原则，即准确（accuracy）、简练（brevity）、清晰（clarity），不要过繁或过于笼统，一般要与中文标题的内容相呼应；所用的实词大约在十个以内，美国有的医学杂志要求整个题目不超过 14 个词，美国医学会规定不超过两行，每行不超过 42 个字符和空格；定冠词 the 往往省略掉，特别是在开头一定要略去。标题的选词非常重要，因为标题的主题词是计算机检索的基础。从国内外权威杂志的各种论文摘要可见，标题常用短语，而不是完整的句子。当然也有少数作者为了突出创新之意或使新观点和质疑更加引人注目而使用完整的陈述句、否定句，甚至疑问句，但这种情况并不常见。

例 11-1 中文：胃癌化疗患者心理护理方法研究（《现代护理》2007.3）

英文：Study of Psychological Nursing Measures for Gastric Patients with Chemotherapy

例 11-2 中文：舒适护理对创伤骨科患者术后疼痛的影响（《中国实用护理杂志》2007.1）

英文：Influence of comfortable nursing for orthopedic patients in aspect of post-operative pains

笔记栏

题目中字母的大小写

常规的标题写法是第一个单词的首字母要大写，其余实词（名词、动词、形容词等）的首字母也要大写，而虚词（冠词、介词和连词）一般都用小写。国外的学术期刊杂志基本上按此种方式书写标题，而国内现在大部分要求除第一个单词的首字母用大写外其余全用小写。注意，如果介词超过四个字母或使用不定式 to，其首字母一般要用大写。

链接

二、标题中常用的名词和短语

熟练掌握下列这些名词和短语有助于撰写标题，要注意介词的正确搭配。

alterations (changes) of... ……的改变
analysis of... 对……的分析
application of... to... ……在……的应用
an approach to... 对……的探讨
assay of... by... 用……(法)对……的测定
clinical study of... on (in)... ……对……的临床研究
clinical significance of... ……的临床意义
comparison of... between... ……之间的比较
difference in... between... ……之间的区别
effect (or impact) of... on... ……对……的影响（或效果）
exploration of... 试论……
evidence for (on)... ……的证据
improvement of (in, on)... ……的改进
investigation on... 对……的探讨（调查）
a method of (for)... ……的方法
mechanism for... ……的机制
observation on... ……的观察
relationship of... with (between...) ……与……的关系
role of... ……的作用
response of... to... 对……的反应
a survey of... 对……的调查

翻译中文标题时一般可以直译，但千万不要逐词逐字，有些中文可能需要略掉或转译；另外中文中有些常用套语在英文标题中也不一定非要翻译出来，如：对……的探讨（investigation on...），试论……（exploration of...），对……的研究（study on...），对……的观察（observation on...），可直接使用表达主要内容的词语。

1. 全膝人工关节置换手术患者早期功能锻炼效果观察（《解放军护理杂志》2003）

Outcome of Early Exercises after Artificial Joint Replacement

（其中“患者”和“观察”不必译出来）

2. 健康教育对提高健康知识和建立健康生活方式的研究（《中华护理杂志》2002）

Effect of Health Education on Promoting Healthy Knowledge and Lifestyle

（其中“建立健康”与前面“提高健康”可以共用同一个动词和形容词，并省略“的研究”）

链接

摘要中缩略语的用法

医学英语中常使用由首字母组成的缩略语来表示那些全称较长的名词，但在标题中使用时要特别注意读者群。只有那些在医学领域中得到广泛公认和使用的缩略词才可以使用，在此仅举几例：

DNA (deoxyribonucleic acid，脱氧核糖核酸)

AIDS (acquired immune deficiency syndrome，获得性免疫缺陷综合征)

CT (computerized tomography，电子计算机断层摄影)

SARS (severe acute respiratory syndrome，严重急性呼吸道综合征)

ACTH(adrenocorticotropic hormone，促肾上腺皮质激素)

TAT(tetanus antitoxin，破伤风抗毒素)

ICU(intensive care unit，重症监护病房)

对于不常用的过于专业化的术语可先给出全称，再把缩略字母放在括号中，然后在下文中使用即可避免费解，如：

attention deficit hyperactivity disorder(ADHD) 注意力缺陷多动症

chronic active liver disease (CALD) 慢性活动性肝病

链接

三、作者信息

在题目之后一般要注明作者信息，主要包

括作者的姓名、工作单位、地址、邮编、省份和国籍。国外有些杂志还要求在作者姓名后附上学位(医学博士用 M. D. 或 MD, 哲学博士用 Ph. D. 或 Ph. D,硕士用 M. S. 或 MS,学士用 B. S. 或 BS)。中国人的姓名一律使用《新华字典》中标准的汉语拼音,在国内刊物中发表可按先姓后名拼写,如"张亮明"拼写为 Zhang Liangming,但如果向国外西方杂志投稿则应该按其先名后姓的习惯,拼写为 Liangming Zhang 。

工作单位或通讯地址一般由小到大,例:中国医科大学附属第一医院消化内科 沈阳 110001, 应译为 Department of Gastroenterology, the First Affiliated Hospital, China Medical University, Shenyang, 110001, Liaoning, P. C. China 。

常用表示机构名称的名词:

大学 University
学院 College
系、科室 Department
实验室 Laboratory
研究所 Research institute
研究中心 Research Center
科组 Division, Section, Group
精神医院 Mental Hospital
附属医院 Affiliated Hospital
教学医院 Teaching Hospital
传染病院 Infectious Disease Hospital
儿童医院 Children Hospital
口腔医院 Hospital of Stomatology
眼科医院 Hospital of Ophthalmology
中医研究院 Academy of Traditional Chinese Medicine
防疫站 Anti-epidemic Station (Health and Prevention Station)
皮肤病研究所 Institute of Dermatology
内科 Department of Internal Medicine
外科 Surgical Department
儿科 Pediatric Department
精神科 Psychiatric Department
妇产科 Department of Obstetrics and Gynecology
护理部 Nursing Department

第2节 摘要正文的格式

摘要常分为信息型摘要(informative abstract)和指示型摘要(indicative abstract),大多数医学卫生类杂志采用信息型摘要,长度约 150~250 个英文单词(按原汉语论文 1%~5% 的比例)。

一、信息型摘要

信息型摘要也称结构式摘要(structured abstract),由四个部分组成,包括:

目的(objective):研究目的及要解决的问题。

方法(methods):研究过程中所采用的技术手段或方法,包括仪器设备和量表问卷等。

结果(results):所观察到的现象、所获得的实验数据或理论性的结果。

结论(conclusion):阐明结果中蕴含的意义,特别是这种意义与研究目的的联系。

表示这四个部分的英语单词一般用黑体或全部大写。也有的摘要用 purpose(目的)、aim(目标)或 introduction(引言)表示研究目的,用 design(设计)、way(方式)或 material(材料)表示研究中采用的方法。正文之后附上关键词(key words), 3~5 个单词或词组即可。

信息型摘要英文正文示例:

[**Abstract**] **Objective**: To study the effects of comfortable nursing on the postoperative pains for orthopedic patients. **Methods**: 101 orthopedic patients were divided randomly into the control group (49 cases) and the observation group (52 cases). Traditional nursing cares were used in the control group, while the improved nursing cares were applied to the observation group. And then the condition of postoperative pains in the two groups were compared. **Results**: Before nursing there is no significant differences between the two groups in the aspect of pain, while the difference was significant after the comfortable nursing ($P < 0.01$). **Conclusion**: Comfortable nursing can effectively release the degree of pains after operation for orthopedic patients, advance the rehabilitation of them, and then improve the nursing quality.

[**Key Words**] comfortable nursing, rehabilitation, pains, injuries

（摘自:《中国实用护理杂志》2007.1）

信息型摘要中文示例:

［**摘要**］ **目的**:探讨舒适护理对创伤骨科患者术后疼痛的影响。方法 2005 年 6 ~9 月,将 101 例患者随机分成观察组 52 例与对照组 49 例。对照组实施常规护理;观察组在常规护理基础上实施舒适护理,即采用分散患者的注意力、放松、幽默、皮肤刺激等方法减轻患者的术后疼痛。 **结果**:舒适护理前两组患者疼痛程度比较,差异无统计学意义;舒适护理后两组患者疼痛程度比较,差异有统计学意义,$P<0.01$;两组患者术后 72 小时止痛药使用率比较,差异有统计学意义,$P<0.01$。 **结论**:舒适护理减轻了患者术后疼痛程度,使患者舒适地度过疼痛期,促进了患者术后顺利康复,提高了护理质量。

［**关键词**］ 舒适护理;康复;疼痛;创伤

关键词的选择

Key words 是文献的检索标识,是表达文献主题概念的自然语言词汇,选取时应选用能代表文章主要内容的主题词,可以是单词或词组,主要便于情报检索人员编制索引及二次文献,也便于读者进行检索选读。除主题词外,还可以选择自由词,即表达新学科、新理论、新技术及新材料等新出现的概念及重要名称。

链 接

二、指示型摘要

指示型摘要也称为一统式摘要,在内容上是描述性或陈述性的概括,在结构上不分部分,仅仅简要介绍论文的论题,或概述研究的目的,而不重点阐述该论文的重要意义和学术价值。国外的学术期刊杂志多用指示型摘要,对此本章节不进行详细的学习和讨论。

大部分杂志和国际学术会议在征集论文时会对论文摘要提出具体的要求(包括格式、内容、尺寸或打印等方面),并附有示范样板,所以一定要严格按照其要求进行撰写,否则可能会不予采用。

第3节 英文摘要的文体要求

一、撰写英文摘要的基本原则

英文摘要正文是阐述论文中学术观点的最重要部分,所以在撰写时也一定要遵循准确、简洁和清晰的写作原则。医学护理文章不要使用华丽的词藻和细腻的描写,而要求行文顺畅、表述清楚、用词准确、逻辑性强,避免不必要的重复或解释,避免使用过长的主从复合句及多个主从复合句,精炼的句子和恰当的选词可以提高信息密度。另外,在阐述时要客观真实,不能夸大研究成果,不要使用带有感情色彩和主观看法的词句,不要对自己的论文做出评价,避免使用 might, maybe, perhaps, likely, possible, probably 等模棱两可的词。

例 11-3 **Conclusion** These results demonstrate that long-term and systematic health education can improve one's health knowledge and health responsibility.

（汉语原文:**结论** 这些结果表明长期的系统的健康教育能够有效地提高人们的健康知识和健康责任感。）

既然结论是由结果得出来的,所以完全可以把多余的词 These results demonstrate that 省略掉,使句子简单化。

例 11-4 I think that the population over 45 years old might be susceptible to fatty liver.

（汉语原文:本人认为 45 岁以上的人可能易患脂肪肝。）

该句明显带有个人的主观看法,致使研究缺乏可信度;另外 might 一词让人怀疑该论文的学术价值。

二、常用的语法

(一) 句型

1. 不定式短语 常用在信息型摘要(结构式摘要)中表述研究目的(objective),如:

(1) To study the application of sensory integration to the treatment of attention deficit hyperactivity disorder (ADHD) children.

（探讨感觉统合训练对注意力缺陷多动症儿童的治疗效果。）

笔记栏

(2) To compare the informational needs between premastectomy patients and their spouses.

(比较乳腺癌患者及其配偶的知识需求。)

常用的动词不定式有

to assess (评估)	to analyze(分析)
to discuss(讨论)	to describe(描述)
to evaluate(评价)	to examine (检查)
to identify(确定)	to explore, to probe(探讨)
to find (发现)	to investigate(调查)
to observe(观察)	to introduce, to present(介绍)
to review(回顾)	to perform(进行,做)
to report(报道)	to show, to demonstrate(展示)
to study(研究)	to research(研究)

链接

2. 第三人称和被动语态 多用在句子中,而很少用第一人称和主动语态。

例 11-5 我们把112个高血压患者分成2个组。(一研究方法)

译为:112 patients with hypertension were divided into two groups.

例 11-6 CSⅡ组对空腹血糖的控制优于MSⅡ组。(一研究结果)

译为:Blood glucose was controlled more effectively and quickly in CSⅡ group than that in MSⅡ group.

3. 完整句子 有时使用的复合句多为定语从句,可以避免重复,节省篇幅。

例 11-7 进行随访健康教育能够降低心脏病患者的复发率和再住院率,并使心脏病患者的生活质量得到改进。(一信息型摘要的结论)

译为:The follow-up health education can reduce the recurrence of the patients with heart disease and the rate of rehospitalization, which can improve their life quality. (which 代替前面整个主句,在定语从句中作主语)

例 11-8 试验组包括82名肿瘤患者,采用建立静脉通道后再注入放射性药物的两步注射法。(一研究方法)

译为:The experimental group consisted of 82 cancer patients, who were given radioactive injection in a two-steps way after setting up the veinous passway. (who 引起定语从句,代替前面的82 cancer patients)

笔记栏

英语句子的构成

英语句型有三种:简单句、并列复合句和主从复合句。摘要中最多用的是简单句,即一个主谓构成的句子,这与撰写英语科技文章正文(多用主从复合句)有所不同。主从复合句一般由 that, which, who, where, when, how, why, although, because, since 等关系词引导,使用时要注意关系词的用法(准确与否、可否省略)。在构成句子时要考虑到主谓是否一致、名词的单复数、动词的时态、比较级和数词的用法及习惯用语等方面问题。

链接

(二) 时态

摘要中的句子常采用一般现在时(得出的结论)和一般过去时(描述研究的方法和结果),很少用现在完成时和过去完成时。例如:

(1) 充分利用激励机制和采取具体的心理管理对降低护士的工作压力具有至关重要的作用。(结论)

Taking advantage of incentive mechanisms and specific psychological management is of crucial importance in reducing job stress of nurses.

(2) 用乙醇直接灌入胃,然后观察和分析胃黏膜损伤程度。(方法)

Gastric mucosal injuries were induced by direct intragastric ethanol administration and then observed and analyzed.

(3) 实验组患者产生的尿道损伤明显低于对照组。(结果)

Urethra injury in the experimental group was significantly lower than in the controlled group.

信息型英文摘要的写作格式与文体要求见表 11-1。

表 11-1 信息型英文摘要的写作格式与文体要求一览表

中文	英文	常用句型	常用时态
目的	objective	动词不定式短语、句子用第三人称做主语及被动	句子用过去时
方法	methods	被动语态、可以用复合句	一般过去时
结果	results	be 动词、统计数据	一般过去时
结论	conclusion	情态动词 can、be 动词	一般现在时

1. 撰写英文摘要时,无论是题目还是正文都要遵循ABC三原则。

2. 摘要正文的常用格式分两种,而医药卫生类杂志常用信息型摘要,既在结构上分为四个部分:objective(目的),methods(方法),results(结果),conclusion(结论)。

3. 英文摘要尽量使用简单句,句子多用过去时和被动语态。

小 结

目标检测

一、试将下列中文标题译成英文

1. 术中使用保温毯对患者体温影响的研究
2. 声带良性病变发病因素的分析研究
3. 手术室空气消毒不同方法效果比较

二、根据下面的中文摘要内容写出一篇约150单词的英文摘要

[**摘要**] **目的**:了解声带良性病变发病的危险因素,探讨该病的预防措施并进行康复指导。 **方法**:对2005年8月至2006年8月我院门诊经喉镜检查诊断为功能不良性声带病变的168例患者及同期喉部检查正常的153例患者进行性别、年龄、职业、用嗓情况分析对照。 **结果**:调查显示患者的职业、工作环境、饮酒、用声时间、噪音误用五个因素是致声带良性疾病的危险因素。 **结论**:为患者提供嗓音保健知识,给予细致的康复指导及护理,可以更好地预防该病的发生。

[**关键词**] 功能不良性声带病变;危险因素;噪音保健;康复护理

(《现代护理》2007年3月第13卷第7期)

附 本章参考答案

一、试将下列中文标题译成英文

1. Influence of Insulation Blanket Used during Operations on Patients' Body Temperature
2. Study on Induced Causes of Benign Disorder of Vocal Cord
3. Comparison of Air-disinfecting Effects in Operating Room by Different Methods

二、根据下面的中文摘要内容写出一篇约150单词的英文摘要

[**Abstract**] **Objective**: To investigate the risk factors and nursing methods of benign disorders of vocal cord. **Methods**: 168 patients with dysfunctionally vocal disease and 153 laryngeal-normal persons were retrospectively studied (from August, 2005 to August, 2006) in respect of their sex, age, occupation and voice. **Results**: Career, noisy environment, drinking, time of daily vocal usage and incorrect way of producing vocal sound were the five main risk factors of benign disorders of vocal cord. **Conclusions**: Knowledge on the voice health care should be offered to the patients, and instructions and rehabilitation nursing should be given in order to prevent the disease.

[**Key words**] Dysfunctional vocal disease; Voice health care; Rehabilitation nursing

(何越美)

笔记栏

第12章 医护论文评价与发表

学习目标

1. 简述医学科研论文评价的意义和作用

2. 介绍论文评价的原则、方式和主要模式

3. 概述医护论文评价的基本标准、投稿须知的各项细则

4. 说出论文评价的主要途径和方法、论文发表的注意事项

5. 列出医护论文发表的途径

第1节 医护论文的评价

一、评价意义

1. 培养帮助，指导育人 尽管科研论文的评价有多种目的，但其本质是培养帮助、提高文章作者的学识、能力和素养。

2. 学术交流，共商其是 完成的科研论文通过交流，让人评点是非。作者如能采纳、修改，最终会写出一篇更好的论文。

3. 提高质量，充实内涵 经过评价、修改，使原作内容深化、表达流畅、文体相宜、和谐统一、品质提高。

4. 发现人才，量才录用 论文评价可以发现作者的科研实力、研究方向和发展潜力。目前论文评价已经成为专业人员晋升时，专家评价其学术水平的一个基本条件。

二、评价原则

1. 创新性原则 以科研论文表达的内容、方法、结论与知识的创新性为评价的基本点。

2. 发展性原则 根据发展性教育理论，发挥评价的导向性作用。着眼于作者实力和论文质量，引导作者在学术方面不断实现自我发展、提高和超越自我。

3. 客观性原则 采用文献计量学方法将论文形成的各种要素转化为量化分值，避免主观性，实现论文价值的量化评价。

4. 公正性原则 必须遵循客观公正的评价程序，努力实现学术民主风气，以保证科研论文评价的客观公正性。

5. 导向性原则 体现对论文作者科学精神的基本评价，以倡导高尚的学术风气、一丝不苟的严谨作风、实事求是的科学态度。

三、评价方式

1. 多元评价 指多种评价成分参与的评价。包括：①评价主体多元；②评价内容多元；③评价等级多元；④评价导向多元；⑤评价方法多元。

2. 计量评价 有四大特点：①计量方法国际国内统一；②用统计数据实证；③适用卫生科研论文体裁；④弥补主观评价的不足或偏倚。

3. 同行评价 卫生科研方面的同行专家，熟悉同行业的科研最新进展，有较强的专业理论与实践经验，善于发现论文中的关键问题，能一针见血地指出问题的本质要害。

4. 民主评价 通过民主公开的方法求得公正的评价。评价之前，公开评价组织、评价系统、评价标准、评价程序、评价等级、评价途

笔记栏

径、评价方法、评价目的等。甚至公布评价专家的推荐产生办法。

5. 自我评价　作者自己按照论文评审要求、指标体系、评价标准判读、纠错及改进。

四、评价标准

(一)评价指标

论文评价指标是能够代表论文某些特征的若干要素。各要素之间既有相对独立性,又有内在相关性。将若干指标按评价目的与要求有机地合成的指标集群称为评价指标体系。

科研论文评价有三大要素:①论文外表格式;②论文内容质量;③论文创新之处。简明起见,现根据三大要素,模拟建立一套三级评价指标体系,并根据重要程度赋予相应的权重。

1. 外表格式　一级评价指标之一(代号A,权重0.114)。主要评价论文的外表特征是否符合国家标准《科学技术报告、学位论文和学术论文的编写格式》(GB 7713—87)的总体要求。其中包括八项二级评价指标(表12-1)。

表12-1　外表格式的八项二级评价指标

A1	中文摘要格式(权重0.083)
A2	英文摘要格式(权重0.083)
A3	论文目录格式(权重0.122)
A4	论文页码格式(权重0.072)
A5	论文正文格式(权重0.236)
A6	论文图表格式(权重0.097)
A7	论文参考文献格式(权重0.106)
A8	文字或印刷错误(权重0.198)

A1～A8　二级指标项下的三级指标具体规定要求,参见《科学技术报告、学位论文和学术论文的编写格式》(GB 7713—87)。

2. 内容质量　一级评价指标之二(代号B,权重0.708)。主要评价论文实质内容的学术水平和论文作者的分析研究能力。其中包括11项二级评价指标(表12-2)。

表12-2　内容质量的11项二级评价指标

B1	论文篇幅:是否符合对科研论文篇幅的基本要求(权重0.034)
B2	论文标题:是否能突出反映论文内容(权重0.039)
B3	论文选题:是否是本学科领域的重要或具有实际意义的研究课题(权重0.141)
B4	论文结构:是否条理清楚,层次分明,具有逻辑性(权重0.119)
B5	论文信息量:是否内容充分,数据翔实(权重0.191)
B6	论文表述:是否思路清晰,有说服力(权重0.087)
B7	引用数据:是否可靠严谨,引用得当(权重0.079)
B8	论文结论:是否能反映论文主要成果(权重0.098)
B9	研究方法:是否应用得当,与论文研究目标匹配(权重0.14)
B10	参考文献数量:是否有足够的参考文献(科研论文一般应在30篇以上)(权重0.037)
B11	外文参考文献比例:是否有足够的外文参考文献(一般应占参考文献总量的30%以上)(权重0.034)

3. 创新所在　一级评价指标之三(代号C,权重0.178)。主要评价论文的核心价值和创新程度。其中包括三项二级评价指标(表12-3)。

表12-3　创新所在的三项二级评价指标

C1	方法创新:论文在研究方法上是否独特(权重0.158)
C2	内容创新:论文在研究内容上是否新颖(权重0.607)
C3	结论创新:论文在研究结论上是否有新见解(权重0.234)

上述各指标权重为模拟数,具体可由卫生高职院校聘请专家研究制定。

(二)建标要求

卫生科研论文评价指标体系的建立,有下列要求:

1. 客观性　论文评价指标体系要体现客观性。评价指标体系和权重的建立和确定要

笔记栏

征集专家意见，集思广益，采用科学方法，做到定性和定量相结合，不能闭门造车。

2. 代表性 论文评价指标和权重要确实能代表评价要素的本质和反映评价要素的相对重要性。同时，为了保证评价结果的代表性和合理性，要对评价和统计结果进行必要的检验。

3. 系统性 论文评价指标应分为层级，在体系内既有各自的独立性，又有联系，相辅相成，互为一体。

4. 操作性 论文评价指标体系应具有可操作性，指标的界定应该明确，没有歧义。数据的获取应该具有可得性。论文评价指标体系的实际应用可以采用计算机软件并建立相应的文档或数据库。

5. 可比性 论文评价指标应符合论文评价的要求，具有相应的可比性。评价的本质是比较和分析，评价指标只有具备了可比性，才能提供准确的比较信息，进行深入分析，发挥评价指标体系的作用。

6. 可调性 论文评价指标体系是为特定评价目的服务的，作为体系应该保持相对稳定，但具体评价指标，特别是较低级的指标，并不是一成不变的。如果评价目的发生变化，具体评价指标的设置也应做出相应调整，但调整的过程应该遵循上述原则，并征求专家意见。

（三）评价标准

卫生中、高职院校评价机构或组织可结合本专业特点和要求，制定相应的评价标准。现举例如下，表12-4。

表12-4 五年制高职护理、药学、医学相关类专业毕业论文答辩参考评价标准

序号	评审项目	指标	满分
1	报告内容	思路清新；语言表达准确、概念清楚、论点正确；实验方法科学、分析归纳合理；结论严谨、论文（设计）有应用价值	40
2	报告过程	准备工作充分，具备必要的报告影像资料；报告在规定的时间内作完报告	10
3	答辩能力	回答问题有理论依据，基本概念清楚。主要问题回答简明准确	15
4	内容创新	对前人工作有改进或突破，或有独特见解	35

五、途径方法

（一）论文质量评价方法

1. 选题评价 根据“需要性、实用性、科学性、可行性、创新性”选题原则进行评价。好的选题，使人感到主题突出、内容新颖、独辟蹊径、论证严谨、难易适中、实用可行。差的选题，使人感到主题不明、内容重复、方法一般、理论肤浅、价值不高。

2. 设计评价 按医护科研设计（随机、对照、重复、均衡）原则进行评价。从科研假说、技术路线、方法选择、成本核算、科研伦理道德等方面进行评价。

3. 统计方法评价 ①看科研与统计是否同步设计；②看统计方法的选用是否正确；③看数据的表达是否完整；④看统计结果的分析是否科学。

4. 结果评价 科研论文公布的结果可通过随机抽样、重复实验、统计检验等方法评价其真实性。科研论文中的实验结果不能弄虚作假，随意修改。

5. 结论评价 从科研设计、实验结果、参考文献、统计检验与结论之间的逻辑关系，评价推论的严密和严谨，结论与科研目的之间的偏差，结论的合理性、完整性、概括性和指导性。

6. 参考文献评价 看文献的密切相关程度；参考文献的引用数量、发表年份、质量及作者所在单位。由此评价原文作者收集资料的广度和深度，判断其论文的背景、信息源和主要信息渠道。

（二）论文外表特征评价方法

1. 论文标题评价 标题应反映研究因素、研究对象、研究效应或研究性质。字数不超过20字，标题简明。标题应尽量选用能够反映研究内容的主题词或关键词。

2. 论文摘要评价 摘要分报道性摘要、指示性摘要和报道指示性摘要三种。卫生类科研论文常采用报道性摘要格式。应明确写出目的、方法、结果和结论四部分。摘要中不写常识性内容，避免重复题名，用第三人称写。结构简明、语意清晰、用词规范，不用公式、引

笔记栏

文及缩略语。

3. 论文关键词评价　选用代表或涵盖论文主题内容的3～5个关键词，而非随意从论文标题中选择几个词。最好查阅医学主题词表（medical subject heading，MeSH），用主题词替换关键词。本科生以上的毕业论文则要求用主题词，便于文献检索的查全与查准。

4. 论文引言评价　一般的引言包括这样两层意思：一是科研"立题"的背景，说明论文选题在本学科领域的地位、作用以及目前研究的现状，特别是研究中存在的或没有解决的问题。二是针对现有研究的状况，确立本文拟要解决的问题，从而引出下文。一般作者在引言写作中存在这样两方面的问题：①文不着题，泛泛而谈；②引文罗列，缺少分析和概括。

5. 论文表格评价　表格应结构完整、内容突出、逻辑排列、对比鲜明、表达准确、易得要领、便于计算和分析。应从表文比较、表表比较、表图比较及要素比较等途径分别评价。避免文字、表格、插图重复表述同一内容的现象；根据内容选用文字或统计表；表格应完整，自明性强，主谓清楚，层次分明，标目合理。表内用阿拉伯数字，表明单位，注释清楚，符号规范。表格位置应紧接文字（先文后表）。

6. 插图评价　科技期刊论文插图应具有自明性、示意性、简洁性和规范性。制作科技论文的插图，需要论文作者和指导教师共同努力。一般科研论文的插图应注意数量适当，取舍合理，主题鲜明，绘制精致精美。注意插图分析要素、曲线过程、图例使用和相关因素表示。

7. 实验过程（技术路线）评价　评价实验路线的合理性、严密性和经济性，是否与设计思路一致。技术路线尽量用文字表达，复杂的路线用简明流程图显示。

（三）论文学术影响评价方法

1. 论文计数法　具体计算方法有两种：①对发表论文直接加和，这是各院校最常用的方法，从中可以看出各部门论文随年度变化而增减的情况。②人均论文数。使用人均论文数能避免因部门人员多少不同在进行论文比较时所造成的偏差。有的部门机构规模很大，教师和科技人员较多，它的论文总数可能较多，但人均论文数并不见得很多，因此，人均论文数能反映单位相对创造能力。

2. 引用分析法　它是一种相对的评价方法，其理论基础：文献的被引用是以其质量为基础的。质量高的文章或研究成果被引用的次数较多，与论文计数方法相比，引用分析法则更为客观。美国科学引文索引（SCI）、中国科学引文索引（CSCI）、中国医院数字图书馆、中文医学文献数据库等均可查到卫生科研论文发表后被人引用的次数，再而进行分析评价。国内众多医学院校、医疗卫生机构、学术团体和卫生科管部门常用引文分析法评价论文的学术水平。

3. 影响因子分析法　影响因子实际上就是期刊中所载文献的平均（2年内）被引用次数与期刊载文数量的某种比值，且影响因子和论文质量互为因果关系。其计算公式：

影响因子＝该刊前两年发表论文在统计当年被引用的总次数/该刊前两年发表论文总数。

其本质意义是用期刊论文的平均被引率揭示学术思想传播的深度和广度，使科研成果学术质量的评价变得可以用量化的方法加以测度。

4. 综合评价法　是取上述各种方法的优点而避其缺点，进行综合评价论文质量的方法。如用论文计量表示研究成果的多少；用平均影响因子表示研究成果的社会影响程度；用基金资助论文数表示研究项目的水平和难度等，按评分标准综合打分。此外，还有模糊数学评价法。

模糊数学评价法

部分卫生中、高职院校应用模糊数学理论，根据科技论文评价指标体系，选用影响因子、论文被引频次及论文被大型检索工具收录等文献计量学指标，改进期刊影响因子等级区域赋分方法，同时引入不同排序著者的贡献率指标，综合建立科技论文评价的数学模型。将论文形成要素的诸多变量值输入数学模型，算出确定数值（得分），进行论文质量的横向比较评价。

接链

（四）内容创新评价方法

判断卫生科研论文（成果）创新的主要

笔记栏

途径就是科技查新检索。科技查新即利用检索工具，按照国家科技部《科技查新规范》（国科发计字[2000]544号）进行操作，进行相关文献的对比分析，查证论文内容的新颖性和创新之处，并做出客观的评价，写出查新报告。一般由国家科技部、教育部、卫生部认可的第三方查新机构负责科技查新。论文作者个人或单位均可委托查新机构进行论文内容的新颖性查证。科技查新有严格的程序和质控要求。科技论文参加评审获奖、评估鉴定、申报成果时，要出具相应的查新报告。有条件的卫生院校也可先行自查。

一篇优良的护理心理学论文或研究报告，大致应回答五个基本问题：

①你研究什么问题？②你为什么要研究这个课题？③你用什么方法去研究？④你的研究有什么创新？⑤你如何解释发现的问题？

链接

（五）作者能力评价方法

毕业论文评价时，教师（专家）更看重论文作者的能力和发展潜力。包括作者的资料收集能力、数据挖掘能力、科研设计能力、技术应用能力、写作表达能力、科研伦理道德等。评价作者的科学创见和从事医护科研的动机；评价其基础功底和知识面；评价其科研道德和认真做学问的品德。

（六）评价方法研究

国内外学者对上述常用评价方法的科学性、实用性和可行性仍在进行深入探讨。尽管有不同的观点和意见，总体是求解科学合理、客观公正地评价医护科研论文的方法。科研论文写作与评价是辩证的统一体的两个方面，互相促进，互为因果，缺一不可。总趋势是科研论文水平越来越高，论文评价方法也日益改进。由单元评价转为多元评价；由主观评价转为更加客观评价；由计量评价转接数学模型评价。

六、评语表达

笔记栏

论文评价结论最好用三种形式组合表达。

1. 论文评分等级划分 经过论文计量、数学模型公式计算或综合指标评价等程序获得相应数值，对应相应等级。直接填写分值，公布得分或等级。

2. 论文质量描述评语 应包括四方面：①论文主题内容描述；②论文特色优点描述；③存在问题和缺点描述；④理论或技术创新之处（要点）描述。

3. 论文价值结论评语 论文评审者应提供有关论文价值的结论性评语，内容含有：①科学性评价；②实用性评价；③创新性评价；④经济性评价；⑤发展性评价。

论文评价的文字表达要求如下：中性词语，朴实无华，言简意赅，字数控制（200字内）。

第2节 医护科研论文的投稿与发表

一、投稿须知

每一位作者在投稿前必须阅读所投期刊的投稿须知，根据其要求投稿，这对论文能否及时发表是非常重要的。目前，国内各医学期刊的投稿须知虽有一些差别，但基本要求是一致的。

1. 文稿 具有科学性、实用性，论点明确，资料可靠，文字精炼，层次清楚，数据准确，书写工整规范（可用打印或电子文稿），必要时应做统计学处理。

2. 文题 力求简明、醒目，反映出文章的主题。

3. 作者 作者姓名在文题下按序排列，排序应在投稿时确定，在编排过程中不应再做更动；凡集体署名的论文，注明执笔者；外籍作者用其本国语名。

4. 摘要 论著需附结构式中英文摘要，包括目的、方法、结果（应给出主要数据）、结论四部分。

5. 关键词 论著需标引3～8个关键词。关键词中的缩写词应按MeSH还原为全称。

6. 医学名词 以1989年及其以后由全国科学技术名词审定委员会审定的《医学名词》和相关学科的名词为准。中文药物名称应使用1995年版《中国药典》法定药物或卫生部药典委员会编辑的《药名词汇》(非法定药物)中的名称。英文药物名称则采用国际非专利药名,不用商品名。

7. 图表 每幅图应冠有图(表)题,说明性的资料应置于图(表)下方注释。一般多采用三横线表(顶线、标目线、底线),如遇有合计或统计学处理行(如 t 值、P 值等),则在底线上面加一条分界线;表内数据要求同一指标有效位数一致,一般按标准差的1/3确定有效位数。

8. 统计学符号 按 GB3358—82《统计学名词及符号》的有关规定书写,常用如下:① 样本的算术平均数用英文小写 $\bar{x}$,中位数仍用 M;②标准差用英文小写 s;③标准误用 $s_{\bar{x}}$;④t 检验用英文小写 t;⑤F 检验用英文大写 F;⑥卡方检验用 χ^2;⑦相关系数用英文小写 r;⑧自由度用希文小写 ν;⑨ 概率用英文大写 P(P 值前应给出具体统计量,如 t 值、χ^2 值等)。

9. 缩略语 文中尽量少用。必须使用时于首次出现处先叙述其全称,然后括号注出中文缩略语或英文全称及其缩略语,后两者间用“,”分开(如该缩略语已共知,也可不注出其英文全称)。缩略语不得转行。

10. 参考文献 按 GB7714—87《文后参考文献著录规则》采用顺序编码制著录,依照其在文中出现的先后顺序用阿拉伯数字加方括号标出。

11. 文稿格式 来稿要求字迹清楚,英文摘要及参考文献应隔行打印。特殊文种、上下角标符号、需排斜体等应予注明。软盘投稿文件多以纯文本格式存盘。

12. 单位推荐信 有的期刊编辑部需论文推荐信。推荐信主要说明稿件的审评意见以及无一稿两投、不涉及保密、署名无争议等项。

13. 录用时间 根据《著作权法》,作者接到编辑部回执后3个月以内未收到稿件处理意见通知,一般稿件多仍在审阅中。如接到回执后5个月未收到处理意见,可另投他刊。

14. 文责自负 按照《著作权法》有关规定,刊物可对来稿做文字修改、删节,凡有涉及原意的修改,则提请作者考虑。修改稿逾3个月不寄回者,视作自动退稿。另外,稿件应寄编辑部收,勿寄个人。稿件投寄时注意所投刊物的办刊宗旨。稿件多不予退回,作者应自留底稿。

二、医护科研论文的发表途径

(一)论文的发表途径

论文发表有多种途径,包括在学术会议上交流、宣读或以其他的书面文件的形式发表,但主要的途径是在各类学术期刊上发表。期刊分国内医学期刊和国外医学期刊。

1. 国外发表途径 主要以英文期刊为主,英美期刊刊期较短,一般为周刊,页码多,容量大,多可在1个月内发表,如美国的生物化学杂志(*The Journal of Biological Chemistry*)每年出版24期,每期达618页,发表多在1~2个月内。

2. 国内发表途径 分为:① 有 ISSN 刊号(国际标准刊号)及 CN 刊号(国内统一刊号)的期刊;② 只有 ISSN 刊号的期刊。③ 内部交流资料(只在一定范围内发行),不属于正式文献。我国的绝大部分生物医学期刊为双月刊,少数为季刊,另外,少数为月刊。主要分为国家卫生部、教育部主管下的中国科技期刊系列和学会办刊(以中华系列刊物为主)。

(二)国内期刊发表

1. 选择期刊投稿 科研论文能否被正规杂志社(有 CN 和 ISSN 刊号,有正式主办单位)发表,主要决定于论文的质量,再次取决于是否符合所投刊物要求,即是否符合办刊宗旨。

2. 投稿取向策略 一是要熟知各类医学期刊。可通过上网检索清华同方的中国医院数字图书馆、万方数据医药卫生资源、重庆维普医讯资料库、中国生物医学文献数据库等查询各刊稿约(投稿须知),征稿启事和目次,从中了解各刊的办刊宗旨、编辑方针、报道范围、读者对象、栏目设置以及选稿取向等。二是明确自己论文的质量和类型。即文稿的题材内容、体裁分类和

笔记栏

质量档次,适合于投送哪类期刊。是专业性还是综合性期刊,是理论学术性还是实用技术性期刊。做到知己知彼,慎重选择;适需对路,讲求实效。

核心期刊

1931 年,著名文献学家布拉德福首先揭示了文献集中与分散规律,发现某时期、某学科 1/3 的论文刊登在 3.2% 的期刊上;1967 年,联合国教科文组织研究了二次文献在期刊上的分布,发现 75% 的文献出现在 10% 的期刊中;1971 年,SCI 的创始人加菲尔德统计了参考文献在期刊上的分布情况,发现 24% 的引文出现在 1.25% 的期刊上等,这些研究都表明期刊存在"核心效应",从而衍生了"核心期刊"的概念。

所谓核心期刊,指所载专业论文数量多,这些论文被人引用次数多,学术影响较大的少数期刊。

链接

3. 投稿法律规定

(1)避免一稿两投。按《中华人民共和国著作权法》第三十二条规定:"著作权人向报社、杂志社投稿后,自稿件发出之日起 15 日内未收到报刊通知决定选用的,或者自稿件发出之日起 30 日内未收到杂志社通知决定刊登的,著作权人就可以将同一作品向其他报社、杂志社再行投稿。与此同时,本条在规定中又给报刊出版者和作者双方留下了自由协商的余地,允许"双方另有约定的除外"。

(2)一稿两投危害严重。由于一稿两投、多投造成一稿两登或几登,可引起版权纠纷,并给刊物造成经济损失。这种行为不但占用了刊物宝贵的版面,而且使刊物的声誉受到了损害,所以任何刊物都不想刊发这类稿件。因侵权而造成刊物经济损失的,可以区分责任,要求赔偿。一稿两投助长了不良的学术风气,污染了学术环境,是急功近利的表现。

(三)国外医学期刊的发表

国外医学期刊的发表基本要求:①内容必须符合国家根本利益。凡属于国家政治、经济、军事保密的重要论点、发现、数据、技术、方法和图表都必须恰当处理,必要时,送请专家帮助处理。②执行我国有关法律和规定。凡引用他人的观点、结果、数据和方法时,按照著作权法须标注参考文献。③学术有创新,论文质量高。这是是否能被录用的关键,主要包括两方面:一是创新性,二是科学性。④重视语言文字表达。解决方案是聘请外籍作者,做到英文表达结构正确,语句通顺,文字简洁。⑤按《生物医学期刊投稿的统一要求》(温哥华格式)投稿。

除基本要求以外,还有一些特殊要求,如文题应写出作者全名、最高学位和学会任职。摘要不得超过 150 个单词,标题和摘要中不得使用缩略语等。

笔记栏

三、医护科研论文的修改

(一)编辑部审稿

审稿是一项十分重要的工作,它既是保证文稿内容科学、准确的基础,也是书刊标准化、规范化的前提。审稿的一项重要的制度是三审制,即一份文稿必须要经过的三个层次的审读:初审、复审和终审。收到稿件后要首先经过编辑的初审,再经过其他编辑的复审,最后由主编进行终审。对于医学论文还需要送请相关的专家审稿,就其先进性、科学性、实用性等听取意见,通常叫做学术送审,它不属于三审的范畴。

审稿结果有三种情况:①通过三审,准备发表;②通过初审或复审,需退修重改;③退稿重写或重投。

(二)重修或退稿的原因

1. 研究偏题 研究并未关注重要的科学专题;研究内容与题目不吻合,即文不对题。

2. 并非原创 也就是他人已有相同或相似的报道。

3. 难圆假说 研究并未真正验证作者自己提出的假说(目的)。

4. 研究雷同 研究内容已有论文发表。

5. 实验缺陷 实际操作的困难使得作者偏离原初合理的研究方案。

6. 样本太少　样本数太少或严重不足。

7. 质控不严　实验条件控制不好或控制不充分。

8. 统计欠妥　统计学分析方法选择错误或不够妥当。

9. 结论不符　作者未能公正客观地从其实验结果中得出结论。

10. 明显偏见　存在值得注意的利益冲突（例如某位作者或资助者可能会从论文发表中获得经济利益而使文中出现显而易见的偏见）。

11. 表达凌乱　论文语言表述和写作能力太差，使读者难以理解。

（三）修改稿件的方法

医护科研论文的修改主要是作者根据编辑部稿件修回的意见和建议，对提出的问题进行再次补充和完善的过程。一篇好的论文必须经过反复多次修改后，论文的质量才会达到满意的效果。修改稿件应是第一作者自己修改。

学术上的问题，经本学科专家审定后将意见由编辑转达给作者，这方面内容主要由作者按专家意见与要求修改和完善。需更新参考文献等也可根据编辑提供的内容和方向进行修改。关于写作体裁或论文格式及统计学处理等的修改，由编辑作者一起共同修改，主要包括：论文格式的修改，题材不当的修改，稿件中常见错误（见上文）的修改，术语使用不当、语句不通等修改。

第3节　实习：医护科研论文评价

1. 实习目的

（1）加深对论文评价原则的理解。

（2）应用一种论文评价方法对一篇医护科研论文进行评价。

2. 实习内容　学生在本校图书馆，可以选取一篇本专业医护科研论文，按本章所介绍的评价原则、方式方法、参考标准进行评价，并写出评语。通过实践提高评价能力和水平，同时也提高写作水平。

英国 *The Lancet*（《柳叶刀》）杂志提供审稿人审阅论文时重点考虑的几个问题：①论文讲述的主题值得研究；②论文中的假说是表述清楚的；③我所知道的最重要的研究均已被引用；④提供的信息是新的；⑤研究设计是合理的；⑥方法的专项交代足以用以评估；⑦讨论述及系统和随机误差的缘由；⑧结论能够被提供的数据支持；⑨总结能准确反映论文的内容。

接链

医护科研论文的评价，能培养育人、提高质量、发现人才，促进创新。评价中要坚持创新性、发展性、客观性、公正性及导向性等原则。论文评价：①看论文外表格式；②看论文内容质量；③看论文创新之处。经常用多元评价、分类评价、计量评价、同行评价、民主评价、自我评价方式进行。要建立评价指标体系和评价标准，从论文质量、外表特征、学术影响、内容创新、作者能力等五方面进行评价。评价时要不断改进思维方法，科学合理地表达评价意见和建议。

论文投稿前要认真审读缩头刊物的“投稿须知”。投稿途径主要是国内医学期刊，学术和英文表达水平较高的可投国外医学期刊。①学术会议上交流；②正式发表。要遵循投稿的法律规定，避免“一稿两投”。要研究论文退修原因，认真修改论文。论文正式发表前要做大量的修改工作。

小结

目标检测

1. 医护科研论文评价的意义有哪些？
2. 医护科研论文评价时遵循的原则？
3. 你认为医护科研论文有哪些评价方式？
4. 如何写好一篇论文评语？
5. “一稿两投”的原因有哪几点？

（华危持）

笔记栏

第13章　医护科研立项

学习目标

1. 简述医护科研立项的涵义、意义及项目的来源

2. 说出科研立项的程序、课题申请书的书写格式与技巧

第1节　概　　述

医护科研立项是从各种申报的项目或课题中，经过严格的评审程序，从各种可能的医护科研开发项目中，筛选出确立适合开发项目的过程。任何层面的创新活动和战略规划的实施，都是以项目为载体形式而进行的，执行好每个项目并保证其成功，就保证了总体战略规划的成功。为此，我国各科技计划一般都把大目标逐级分解成可评价检测的具体实施的项目。如科技攻关计划按照项目、课题、专题三个层次管理；“863”计划按照领域、主题、专题三个层次管理；而“973”计划则按照项目和课题两个层次管理。这种宏观的以针对不同的战略目标设立不同的科技计划，常称为“计划层”；而微观的以主题、专题、项目、课题这类名称为代表的具体的研究开发项目，常称为“课题层”。

申请科研立项可以取得政府的支持，并获得科研经费，从而有助于研究项目的顺利开展和快出成果，促进经济建设和社会发展。我国科研经费架构是以国家基金为主，以地方基金为辅，以个人捐资和单位自设扶持基金作为补充。

第2节　医护科研项目的来源

根据《国家统计局关于同意执行科技统计调查制度的函》（国统制［2006］52号），科技部将科研项目来源的分为：国家科技计划、部门计划、地方计划、部门基金、地方基金、民间基金、国际合作、横向委托、自选和其他项目等十个类别。我们习惯上按任务来源不同将科研项目分为纵向计划项目和横向计划项目两大类，纵向计划项目是根据国家各级科技主管部门制定的招标指南，科技人员提出申请并获得批准的科研项目；横向计划项目是根据社会上各方面的实际需求，接受委托的科研项目。科研项目的来源分类详见表13-1。

表13-1　科研项目的来源

项目分类	项目名称
纵向计划项目	1. 国家级计划项目：国家科委下达的或国家科委委托有关部门下达的攻关项目、攀登计划、高科技探索计划、星火计划及国家新药基金项目 2. 国家自然科学基金项目：经国家自然科学基金委员会综合评议，并提供经费和参与管理的计划项目 3. 部局级计划项目：国家卫生部、国家医药管理局、国家中医药管理局下达的专项计划和国家教育部设立的国家优秀骨干教师培养基金及国家教育部留学司优秀留学回国人员项目

笔记栏

续表

项目分类	项目名称
纵向计划项目	4. 省级计划项目：省科委、省教委、省卫生厅、省计生委等省级单位下达计划，并由其管理的重点科研项目 5. 市级计划项目：由市科委下达的，并由其管理的重点科研项目 6. 院（校）级计划项目：由单位下达，科研处管理的科研扶持项目 7. 基层计划项目：由单位基层部门下达的，并由其自行管理的育苗类项目
横向计划项目	1. 技术服务项目：接受社会委托，或以技术参股的形式直接加入社会经济活动运营，科研活动有合同保证的项目 2. 科研协作项目：与外单位科研院所、国家重点开放实验室进行科研协作，科技活动有合作协议的项目

此外，还有一些名人基金和国际组织基金，如霍英东青年教师基金（教育部代管）、吴阶平基金（卫生部代管）、默沙东基金（卫生部代管）、国际儿童福利基金会基金、世界卫生组织基金等。

第3节 医护科研立项的程序

一、提出申请

申请者根据申请渠道的管理办法和当年的申请项目指南，依照资助的重点，首先要了解申请渠道的管理办法和当年的申请项目指南，按照资助的重点，结合自己研究方向的已有工作基础和兴趣选题并提出申请，拟报该项目的主要研究内容和预期研究成果。

二、立项查新

立项查新是通过计算机检索和手工检索等手段对所研究的课题查出国内外公开发表的与该课题相关的文献，再对查出的文献与被查课题进行对比分析，最后根据分析结果对被查课题的新颖性、先进性进行判定。

查新的作用

查新作用主要有三方面作用：①为科研立项提供客观依据；②为科技成果的鉴定、评估、验收、转化、奖励等提供客观依据；③为科技人员进行研究开发提供可靠而丰富的信息。

链接

三、填写申请书

一份高质量的科研项目申请书不仅能充分表达出研究项目立项的必要性、先进性和可行性，而且还要能充分展现出申请者的学术水平和科研能力。在项目评审中，科研项目申请书是择优获得资助的关键，因此，申请者要认真填好申请书中的每一项内容，力求做到完美无缺。申请者对申请书中的任何一个环节的疏忽都可能导致失去竞争的机会，各类基金申报书（申请书）虽然形式不一样，但其主要栏目都有相似之处，而且每种申请表都有相应的填表说明，应严格按其要求填写（详见本章第4节）。

四、项目论证

项目（课题）论证是学术委员会成员对本单位所申报的项目（课题）进行评估、修改和筛选，进一步帮助申请者完善申请书的内容，对所有的项目进行打分，评选出可以向上级申报的课题。

五、上报主管部门审批

完善后的申报表交本单位科研管理部门填写推荐意见，将所有申报项目汇总整理后由单位领导签字并加盖单位公章，交相关主管部门（如市卫生局）提出审核意见，经主管领导审批后，再报上级主管部门（如市科技局或省卫生厅）审批。

六、科研立项评审

立项评审是由科研管理部门组织不同领域的同行专家对申请标书进行审议，通过定性与定量相结合的评定方法，择优评选出较好的申请标书供招标主持部门审批。评审按照受理、初审、复审、审批的程序进行。受理即对课题申请书进行形式审查，然后再送同行专家进

笔记栏

行初审；初审主要是从技术层面评审课题的创新性、先进性和重要性，初审通过后再由复审专家组进行复审；复审主要是从课题的可行性层面，综合必要性、内容与目标、管理与机制等方面，评审课题任务与目标的可实现性，最后评审出的课题经上级主管部门审核批准后通知单位和申请人。

不同来源的科研项目的立项程序虽不完全一致，但大同小异，较常见的科研项目申报及管理流程如图 13-1 所示。

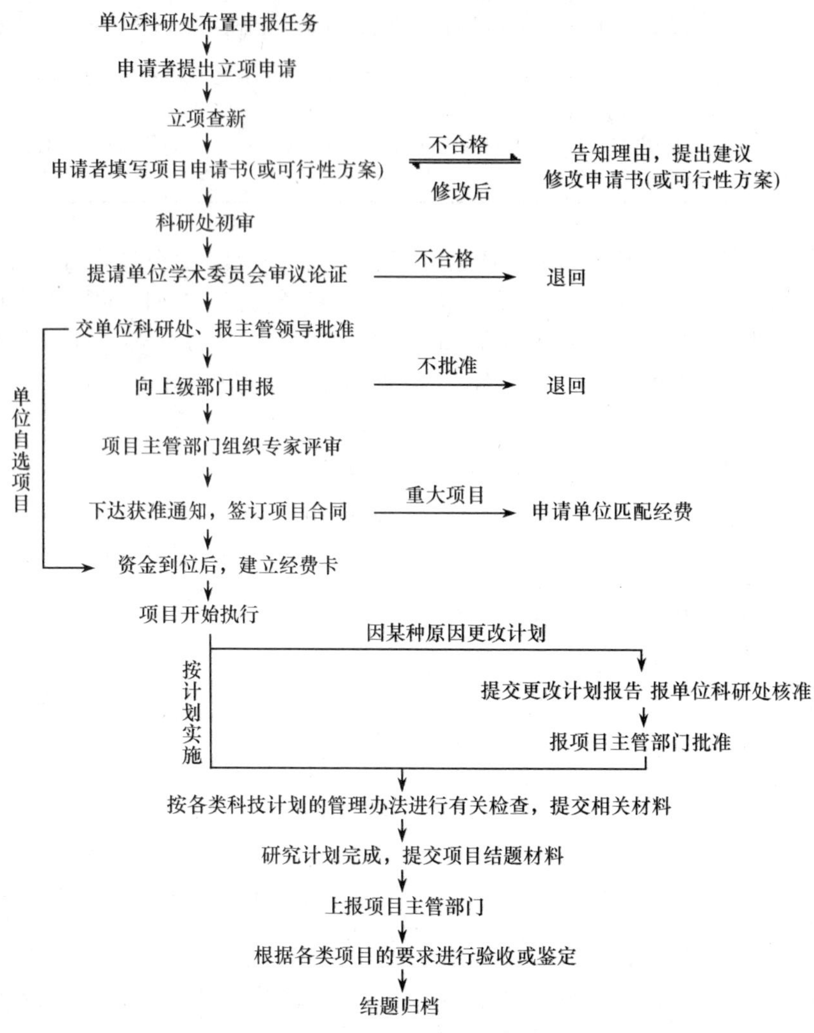

图 13-1　科研项目申报及管理流程

立项评审中未获通过的常见原因

①申请者不具备管理办法规定的申请资格；②申请手续不完备，申请书填写不符合规定；③不符合相应科学基金计划(简称基金)资助范围；④承担基金项目超过两项，作为第一申请者的项目超过一项；⑤第一申请者不是在职实际主持从事申请项目研究工作的负责人；⑥项目完成年度超过项目负责人法定退休的年度；⑦申请书未经所在单位和学术委员会审查推荐，并签署具体审核意见；⑧重点项目未送省级或以上认定的科技查新机构查新；⑨与同类研究低水平重复；⑩明显缺乏立论依据，或研究方法、技术路线明显不清，无法进行评审；⑪不具备实施该项目的研究能力，或缺乏基本的研究条件；⑫申请经费过多，基金无力支持的项目；⑬已从其他部门获得与本项目直接相关的经费；⑭申请者对已获资助项目，不执行基金资助项目管理的有关规定，且未按要求补正的；不认真开展研究工作，未取得研究结果或未撰写一篇论文的；⑮申报日期超过当年规定时限的项目；⑯评审的过程不符合规定，包括专家的组成、评议的步骤和方法等；⑰评审的结果未符合择优原则，中标的标书不符合评审标准的要求，有违纪现象等；⑱规定的考核指标不能完成。

笔记栏

链接

第4节 科研项目申请书填写内容与写作技巧

科研项目申请书是专家评议及计划部门审批的主要依据,也是申请者专业知识和理论水平及其研究能力的体现。要成功获得科研立项,不仅要熟悉科研项目申报常识,做好科研选题工作,还必须掌握填写项目申请书的技巧。一份好的申请书要使阅读者能够在最短的时间内明确:要研究什么,为什么要研究,怎样研究,要达到什么结果,现在已做了什么,能否完成研究任务。与此同时,好的项目申请书还应涵盖以下几点:立意新颖,研究方向符合计划;效益明确,完成可能性大;申请资金适度,手续齐备。项目申请书主体内容主要有五大部分。

一、封面与信息简表

(一)项目名称

项目名称要紧扣研究内容、研究方法和研究目标,体现研究项目的创新性和先进性,明确表达研究三要素,即受试对象、处理因素和效应结果,文字表述要求言简意赅、用词恰当并留有余地,如题目结尾常加"研究"、"应用"、"观察"等词,总字数一般不超过25个中文字。如"转移性人肝癌模型系统的建立及其在肝癌转移研究中的应用"(2006年度国家科学技术进步一等奖项目)。

(二)申请经费

申请者要了解所申报基金的资助额度,遵循实事求是的原则,提出适度的经费申请。一般按实际所需经费的1.3倍填报,最高额不宜超过招标的上限。切忌漫天要价,否则,将直接导致项目被否决。

(三)时间

1. 研究起始时间 一般课题为2年,不超过3年,但重点攻关项目为3~5年。起始年月要严格按照要求填写。

2. 项目主要参加人员的工作时间 项目主要参加人员的年工作时间以每年6~10个月为宜,但累计不得超过12个月。

(四)报审学科

根据申请内容选报学科一般可允许报两个,以"名称1"为主,"名称2"为辅。选择时必须谨慎,一定要了解"名称1"所在学科的资助特点及资助内容,最好具体写到三级学科(如护理心理学320.7140),以便在该学科范围内找到"知音",在最适合的专业组和专家组中评审,避免不被重视而招致落选。当遇到交叉学科时要考虑到哪个学科更能体现创新性,如果在某一学科看起来该课题较新颖、起点高,其命中的可能性就大。在项目评审时首先按填报的第一个学科选送评审专家。因此,学科的选择非常重要。

(五)项目主要参加者

项目主要参加者必须是真正参加本项目的研究工作者,不含项目负责人,不包括科研管理、财务管理、后勤服务等人员,若栏目不够可另外附页。项目组成人员的构成必须从客观的研究实际需要出发,合理搭配项目组成人员知识结构(职称结构)和技能结构。此外,人员必须精干,能达到实现研究目标的要求,一般项目5~6人即可,但重大项目和合作项目人员可适当增多。按照规定,基金的申报者,无论是主持人还是参与者,其参与的项目均不能超过两项,否则,初审时就会被淘汰。申请者的职称、年龄、学位等资格必须合格,有的基金限定申报者必须有高级技术职称,课题组人员分工要合理并写清各人专长及具体分工。若是合作项目,一定要加盖合作单位公章。

(六)签字与盖章

课题组的每个成员都必须是自愿参加,并且要在打印出的纸质申请书上亲自签字,对申请书所填内容的真实性表示承诺。申报材料中的"单位"、"呈报单位"一律使用法定全称。

(七)身份证号码

笔记栏

国家和省自然基金都要求填写身份证号

码，其目的是为了检查超项时重名问题。

(八) 摘要

摘要要求简明扼要的说明研究内容、手段和结论，有一定的字数限制，每个字要反复推敲、运用得当，给评审专家留下好的第一印象。

二、正　文

(一) 项目的立项依据

项目的立项依据主要阐述该项目的研究意义、国内外研究现状分析、强调项目的必要性和重要性、提出项目解决的问题与可达到的目标，并附主要参考文献及出处。基础研究需结合科学研究发展趋势来论述科学意义，应用研究需结合国民经济和社会发展中迫切需要解决的关键科技问题来论述其应用前景，应用前景应广阔且可预见。对国内外研究现状进行分析和论证，申请者必须掌握最新的文献资料，熟悉本研究领域的国内外最新的研究进展，分析要全面、透彻，要把自己的工作基础放在立项依据中。对国内外研究状况的了解程度可反映出申请者在专业方面的阅历和水平。主要参考文献要显示国内外关键性的研究工作，要注意文献的时效性(经典文献除外)，一般列出十篇左右，不宜超出 20 篇。

(二) 项目的研究内容、研究目标以及拟解决的关键问题

此部分为重点阐述内容。研究内容应紧紧围绕研究目标，要集中精力解决科学问题，避免内容庞杂或空泛，重点不突出。一般课题研究内容不要过多，申请者要根据可能资助的强度来设计，要有适宜的难度且要突出创新性。研究目标应集中、具体而明确，避免太分散，否则，会被评审专家认为研究目标太多，难以实现，而被淘汰。拟解决的关键问题的选择要恰如其分，应有所突破。

(三) 拟采取的研究方案及可行性分析

它包括有关方法、技术路线、实验手段、关键技术、可行性分析等说明。评审专家可从这里看到有多大的把握能实现研究目标，如何实现目标及实施的方案是否可行。因此，对于有关方法、技术路线等实施方案，特别是创新之处，如新思路和新研究方法一定要写得具体、清楚，必要时可采用流程图或示意图表示。此外，申请者对研究中可能遇到的问题和难点要有充分的估计，并找到拟解决的办法，同时进行可行性分析。

(四) 本项目的特色与创新之处

特色与创新是一切科学研究的生命，只有通过创新才能有所发明和有所创造，才能揭示前人尚未发现的真理。任何基金都不会支持无特色和无创新的重复研究。申请者对特色之处和创新性内容的提出和分析必须科学和严谨，必须考虑到其理由的充分性和合理性，要与国内外的研究现状进行对比，在分析相关研究现状的基础上重点阐述，从而突出本项目的特色和创新之处。但忌思维片面和盲目地赶新潮。

(五) 年度研究计划及预期研究结果

年度研究计划包括每年的研究进度及主要研究内容，有些基金还包括拟组织的重要学术交流活动、国际合作与交流计划等。年度研究计划要求具体、量化并具有可检查性。一方面便于评议人了解申请人研究进度是否合理；另一方面，在正式立项后便于组织实施和接受科研管理部门的进度检查(超过一定时间仍不能按计划完成课题可能被终止)。预期进展可给出一个大致的设想。预期研究结果要与研究目标相吻合并注重质量，还要求有明确的预测：研究成果能达到何水平(国际领先/先进、国内领先/先进)。如果是基础研究应预测发表多少篇论文；如果是应用研究应该有研究成果的技术指标，来作为项目完成后的验收指标。

(六) 研究基础与工作条件

1. 研究基础　指申请者和项目组主要成员与本项目有关的研究工作积累以及已取得的研究工作成绩，研究基础对于项目的评审非常重要。具体包括：①已发表的相关论著。要列出相关论文(著)所有作者排序、论文(著)名称、期刊(出版社)名称、发表(出版)时间。②已取得的科研成果。③与本研究相关的科

研项目(以往的和在研的)。正在承担的科研项目情况介绍,要注明项目的名称和编号、经费来源、起止年月、负责的内容等,为了使评议人能够了解拟申请的项目与正在承担的项目的关系与区别,应对正在承担的项目的研究任务和重点给出简单的说明。

2. 工作条件　主要包括人力、物力、财力资源和时间等,工作条件要重点介绍实验条件和研究人员方面的优势,配套资金和时间方面要体现出有效保障。

(1) 研究人员:要列出申请者和项目组主要成员的学历和研究工作简历,近期已发表与本项目有关的主要论著和获得的学术奖励情况及在本项目中承担的任务。应尽量突出申请者资历,课题组人员专业、职称、能力等优势。

(2) 实验条件:要列出已具备的实验场所和关键的实验设备。如果本单位缺少某种仪器设备,要注明解决的办法,如利用国家重点实验室和部门重点实验室的计划与落实情况。

(七) 经费预算

经费预算要注意两个问题:①实事求是、合理预算、细化预算。经费支出严格按照批准预算执行,以适应国家财务审计的严格要求;②要遵守《国家自然科学基金委经费管理办法》。经费预算是否合理将直接影响项目的同行评议结果。经费预算包括研究经费、国际合作与交流经费、劳务费和管理费。具体如下:

1. 研究经费　指直接用于科学研究的费用,包括科研业务费、实验材料费、仪器设备费、实验室改装费、协作费。面上及重点项目要求不低于基金资助经费65%,重大项目不低于75%。

2. 国际合作与交流经费　指用于与资助项目研究工作有直接关系的国际合作与交流费用,包括项目组人员出访及外国专家来访的部分费用,所需外汇额度由项目依托单位自行解决。其中,面上项目不得超过基金资助经费的15%,重点项目、重大项目不得超过10%。

3. 劳务费　指用于直接参加项目研究的研究生、博士后人员的劳务费用。面上项目不得超过基金资助经费的15%,重点项目、重大项目及各类专项不得超过10%。

4. 管理费　指项目依托单位为组织和支持项目研究而支出的费用,包括项目执行中公用仪器设备、房屋占用费等。管理费不得超过基金资助经费的5%,协作单位不得重复提取。

总之,项目申请书必须能够说明研究的整体思路和框架,具备说服力,使阅读者信服申请人具备完成项目的能力,深知完成本项目意义重大且有一定难度和深度。

第5节　成功立项案例分析

为了更好地理解医护科研的立项程序和方法,现以2005年深圳市科技局一项护理立项课题——《音乐疗法对颅脑损伤昏迷患者促醒作用的研究》(课题负责人:深圳市人民医院主任护师吴惠平)为例,分析本项目申报成功的原因,为准备申报护理研究课题的护理人员提供一个参考和借鉴。(本案例选自2007年4月《现代护理》"科研立项与案例分析"专家系列讲座,作者:李晓惠)

一、成功案例介绍

1 内容摘要　对颅脑损伤昏迷患者实施音乐疗法(280例),观察治疗前、后昏迷程度(GCS)的变化,探讨音乐疗法对颅脑损伤昏迷患者的唤醒作用。用脑电图、脑氧监测仪、经颅多普勒和ECT观察治疗前后脑电活动、脑血流及脑氧代谢等变化,揭示音乐疗法对昏迷患者促醒作用的机制。预期通过本研究证明音乐疗法对颅脑损伤昏迷患者有促醒作用,其机制与增加脑血流、改善脑细胞代谢有关。为音乐疗法在颅脑损伤康复治疗作用中提供理论依据。

2 立题依据

2.1 研究的目的与意义　颅脑损伤后昏迷患者病死率及致残率高,生活质量差,医疗费用巨大,对社会、家庭及其自身的危害极大。因此,如何使这类患者尽快苏醒,早日恢复健康,是一个迫切需要解决的问题。现代医学认为脑具有巨大的可塑性,当脑细胞受损后,正常脑细胞和平时受抑制的神经细胞可代替或

笔记栏

者抑制以适应脑受损后的机能改变。此外,脑损伤昏迷者受损的脑组织中存在未坏死但丧失功能的细胞,这部分细胞功能的恢复是脑功能恢复的另一途径。近年来医学界在颅脑损伤昏迷患者的治疗方面投入了大量的人力、物力进行积极研究,以寻找激活和增强脑细胞功能,促使患者尽早苏醒的方法和途径。如对严重颅脑损伤昏迷患者早期实施亚低温疗法,以期保护受损的脑细胞;研制改善脑组织血流,促进脑细胞能量代谢,加快受损脑细胞恢复的药物等等。这些努力虽已取得初步的成效,但迄今为止对颅脑损伤昏迷的治疗仍未获得突破性的进展。

2.2 国内外研究状况　音乐疗法是一种新型的心身疗法。其方法简单,医疗费用投入极少而疗效确实,正被越来越多的人所认识和接受,有着广阔的开发前景。在欧美、日本等许多国家和地区正积极开展研究。在国外,目前音乐疗法主要应用于晚期肿瘤患者缓解疼痛、减轻化疗反应、改善心身疾病和临终关怀等方面。在促进颅脑损伤患者脑功能恢复方面的研究也已取得初步成果:①显示该方法有一定的疗效;②对音乐疗法的作用机制进行了初步研究,认为通过音乐对患者进行听觉刺激,可对大脑皮质活动产生不同程度的影响,同时刺激神经可使脑内多数区域血流量增加,从而改善临床症状;音乐的旋律、节奏还可以调节大脑边缘系统和脑干网状结构功能,促使未受损的脑细胞进行代偿,从而弥补变性受损脑细胞的功能,通过自身调节而加快意识的恢复。在国内,音乐疗法应用于颅脑损伤昏迷患者也有个别报道,但尚停留在主要依据临床指标的观察结果和部分患者的脑电图改变做出结论的水平上,没有先进有效的检测手段来证明其有效性,其结果缺乏说服力。

综上所述,音乐疗法对颅脑损伤昏迷患者的治疗作用国内迄今尚未进行深入系统的研究。本课题拟在已有的研究基础上,结合呼唤(听觉刺激)疗法探讨该领域当前急需解决的问题:①采用先进有效的手段对其疗效进行科学的评价;②音乐疗效对不同部位(如大脑半球或脑干,左半球或右半球)、不同性质(如脑挫裂伤或颅内血肿)和不同程度的颅脑损伤昏迷患者的促醒作用;③性别和年龄因素对疗效的影响;④患者对音乐的爱好与否对疗效的影响;⑤从脑血流、脑电图和脑细胞能量代谢等方面探讨音乐疗法的作用机制;⑥音乐疗法方法学的研究:包括音乐的音调、旋律和响度,播放的持续时间、间隔时间及每日播放次数,单纯呼唤和音乐加呼唤对促醒疗效的影响。

3 研究内容　用先进的检测手段包括脑电图(EEG)、脑氧代谢监测仪、经颅超声多普勒(TCD)和单光子发射电子计算机断层扫描(ECT)或正电子发射电子计算机断层扫描(PET)等,评价音乐结合呼唤疗法对颅脑损伤昏迷患者的促醒作用;确定影响该疗法治疗效果的临床因素;阐明本疗法的作用机制。

3.1 音乐疗法对颅脑损伤昏迷患者的促醒作用　其观察指标如下:

3.1.1 监测心率、血压及呼吸:在播放音乐及最亲密者录音 15 分钟后,观察播放前及播放中上述指标的变化;在疗程开始和结束时分别进行 EEG,TCD,ECT 或 PET,检查治疗前及治疗中上述各参数的变化,评价其即时效应。

3.1.2 用 GCS 评分作为意识障碍的标准,根据音乐及呼唤疗法整个疗程(4 周)开始前和结束后患者 GCS 及上述检查各参数的变化及其与对照组比较,评价其疗效。

3.2 各种临床因素对音乐治疗效果的影响　其观察内容如下:

3.2.1 音乐对不同程度的颅脑损伤昏迷患者治疗作用的差别。

3.2.2 本疗法中年龄(以 30 岁为界)、性别因素对颅脑损伤昏迷患者治疗效果的影响。

3.2.3 患者对音乐是否爱好对疗效的影响。

3.2.4 根据 CT 定位,分析不同部位颅脑损伤对疗效的影响。

3.2.5 根据 CT 检查结果和手术所见,分析不同性质颅脑损伤昏迷即脑挫裂伤或颅内血肿对疗效的影响。

3.3 音乐疗法对颅脑损伤昏迷促醒机制的研究　主要观察治疗中及治疗前后 EEG,TCD,ECT 各参数的变化,揭示其可能通过增加脑血流、促进脑细胞能量代谢而发挥促醒

笔记栏

作用。

4 拟解决的问题

4.1 音乐疗法对颅脑损伤昏迷治疗作用的科学评价

4.2 揭示影响音乐疗法治疗效果的临床因素

4.3 阐明音乐疗法对颅脑损伤昏迷患者的促醒机制

5 研究方法

5.1 研究对象与分组 选取无其他器官衰竭，年龄45岁以下，经CT检查明确诊断为颅脑损伤昏迷患者280例，随机分为对照组和音乐疗法组，每组140例。音乐疗法组对患者实施音乐加呼唤；对照组仅对患者实施呼唤。

5.2 病例选择标准 选择符合以下标准的颅脑损伤昏迷患者280例。

5.2.1 入选标准：①有明确的颅脑外伤病史，头部CT检查结果符合颅脑外伤的诊断。②年龄＜45岁，GCS评分在5～8分之间。③经内、外科治疗脑水肿基本消失，颅脑损伤2周以上仍昏迷者。

5.2.2 排除标准：①神经性耳聋。②有脑血管疾病、颅内肿瘤、糖尿病、严重肝肾疾病病史。③受伤后有休克发生及其他器官功能不全而影响脑功能者。将入选病例随机分为实验组和对照组，对实验组患者实施音乐及呼唤疗法；对照组用常规方法。实验组采用自身前后对照，组间采用平行对照。

5.3 音乐及呼唤疗法的实施方法

5.3.1 用音质良好的VCD机和磁带录放机，患者佩戴质量良好的耳机。

5.3.2 选择患者最喜欢的音乐及其最亲密者的录音给患者播放，响度适中，每次15分钟左右，每2小时播放一次，每天共六次，连续28天。

5.3.3 根据一般中国人的作息习惯，将每天播放时间安排在8:00，10:00，12:00，15:00，17:00，19:00时。

5.3.4 CT检查：入院24小时内进行头部CT检查，以确定损伤的部位、性质及范围，如病情变化随时复查，并选择所有检查中最严重的一次作为评价依据。

5.3.5 脑电图检查：疗程开始前及结束时各一次，记录音乐播放前及播放中的图形供今后分析。

5.3.6 TCD检查：疗程开始前及结束时各一次，记录音乐播放前及播放中双侧颈内、外动脉的多普勒脉冲频谱图。

5.3.7 ECT检查：疗程开始前及结束时各一次，储存音乐播放前及播放中病灶部位ECT图像。

5.3.8 研究终点苏醒：疗程4周。

5.4 数据处理分析方法 采用SPSS 10.0统计软件对数据进行统计分析，用方差分析和t检验对计量资料进行多个样本均数或两个样本均数之间的比较。

6 研究成果形式及科学价值，社会、经济效益分析

6.1 本研究成果形式 预计本项目全部完成后可在省级以上杂志发表论文4～5篇，并可参加国家级或省级学术交流。

6.2 成果的科学价值 主要体现在以下几个方面：①通过现代化的诊断设备，证实音乐加呼唤疗法对颅脑损伤昏迷患者的促醒作用，为音乐疗法在此领域的推广应用提供理论支持。②揭示采用音乐及呼唤疗法治疗脑损伤昏迷患者时各种临床因素对其疗效的影响，对此项技术的临床应用有指导意义。③阐明音乐及呼唤疗法治疗颅脑损伤昏迷的作用机制，在音乐疗法的理论研究方面有重要意义。

6.3 成果的社会、经济效益 随着我国经济的高速发展，工伤、车祸所致的颅脑损伤患者日益增多。本项目提交的成果将有力推动音乐治疗的临床应用，由于音乐治疗简便易行，可在家中应用，且几乎无需费用投入，可通过其促醒作用缩短患者的昏迷期，使其早日恢复，降低这类患者的伤残率，减少医疗费用支出，广泛应用后将产生巨大的社会效益和经济效益。

7. 基础条件 近3年主要承担的课题、取得的成果、发表的论文、主要设备，包括：

7.1 课题负责人 承担过市级课题四项，具有丰富的主持课题的经验。发表学术论文十余篇。

7.2 课题组成员 具有丰富的临床经验，对颅脑损伤昏迷患者的护理积累了较丰富的经验。课题组成员经验丰富，承担过各级科研课题，能够保证课题的顺利进行。

笔记栏

7.3 本院现有的设备 可以满足研究的需要，拥有下列主要设备：①电子计算机断层扫描机（CT机）；②单光子发射电子计算机断层扫描机（ECT机）；③经颅多普勒诊断仪；④脑电图机；⑤Neurotrend-7 脑氧代谢监测仪；⑥音乐播放设备（VCD机及磁带录放机）。

二、课题立项点评与分析

1. 该课题具有一定的创新性 有关音乐疗法在颅脑损伤康复中的治疗作用的机制尚未见报道。该项研究从脑血流、脑电图和脑细胞能量代谢等方面探讨音乐疗法的作用机制，可能为音乐疗法引入颅脑损伤患者脑康复护理找到理论依据，对临床患者具有现实指导意义。

2. 该课题研究具有一定的科学性 初步认为音乐疗法对昏迷患者有促醒作用，理论上脑功能的恢复必然伴随着脑血流及能量代谢的增加和脑电图的改变、本研究采用脑电图、TCD、ECT等方法从多方面对音乐疗法的效果进行评价，具有客观性及先进性。对不同年龄、伤前是否爱好音乐、伤情、部位、伤后不同时间、音乐频率等进一步探讨音乐疗法的应用效果，具有系统性和科学性。

3. 该课题具备较好的研究条件，研究方案可行 深圳市人民医院每年有约200例的颅脑损伤昏迷患者，病源充足。并拥有脑电图，TCD，CT，ECT和脑氧监测仪等课题所需设备。颅脑损伤昏迷患者因病情严重通常需要进行上述各项检查，本研究无需额外大量经费投入。另外音乐本身没有任何副作用，不会对患者造成伤害，因此患者家属易于配合，并且可以主动参与实施。

4. 该课题研究具有较高社会和经济效益 颅脑损伤后昏迷患者病死率及致残率高，导致患者生活质量差，医疗费用巨大，对社会、家庭及其自身的危害极大。因此，该项研究具有明显的社会和经济效益，其研究成果具有广泛的临床应用价值。

医护科研立项的主要程序包括六大步骤（图13-2）。

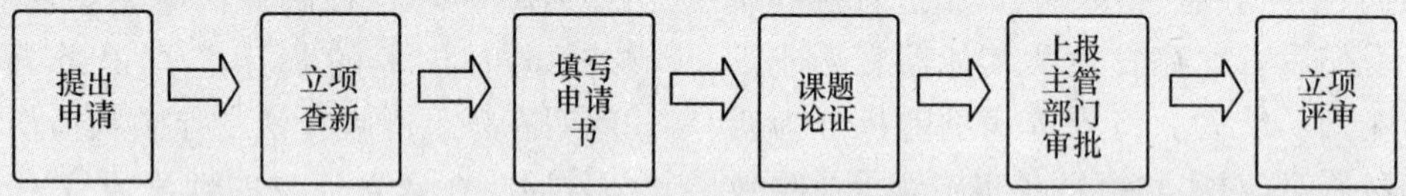

图13-2 科研立项流程

小结

目标检测

1. 医护科研立项有何意义？
2. 医护科研项目有哪些来源？
3. 医护科研立项有哪些程序？
4. 填写立项依据和研究方案要注意哪些问题？
5. 试拟定一个项目名称并写出摘要和研究线路。

（陈 文 柳晓琳）

第14章 医护科研成果

学习目标

1. 说出什么是科技成果
2. 简述医护科技成果的范围
3. 简述医护科技成果的表现形式
4. 说出如何进行科研成果奖励申报和专利申请

第1节 概 述

一、医护科研成果的概念

医护科研成果是在认识人类生命本质和现象、生存环境、疾病与健康的发生和转化过程，或在探索诊断、护理、康复、防治疾病、保健、优生优育等而进行的创造性或创新性科研活动中，所取得的符合规律有价值的劳动结果。

二、医护科技成果的范围

医护科技成果的范围：

(1) 为解决医学或护理工作中某一科技问题而取得的具有创新性、先进性和实用性的应用技术成果。

(2) 在重大医学或护理科技项目研究过程中取得的具有创新性、先进性和独立应用价值的阶段性成果。

(3) 为阐明医学或护理的自然现象、特性或规律而取得的具有一定学术意义的理论研究成果。

(4) 吸收、引进技术，在消化过程中有所创新或改进而取得的医护科技成果。

(5) 推广应用现有的医护科学技术而取得较大社会效益和经济效益的新成果。

(6) 为推动决策科学化和管理现代化进行研究所取得的医护软科学研究成果。

三、医护科技成果的表现形式

科技活动每一阶段的结果都有其特征表现形式。成果表现形式可因其内容而异，医学或护理科技成果主要有以下几种表现形式：

1. 研究报告 是最基本的标志着医护研究项目或课题完成的通用表现形式。无论是基础研究、应用研究还是开发研究，课题完成后都必须以研究报告的形式办理结题、验收、鉴定和归档手续，并作为今后申请奖励等的主要技术材料。研究报告汇集全部数据、技术资料和研究结果，是整个研究课题的技术总结报告。

2. 学术论文、学术专著 医护研究多为公益性研究，其成果绝大多数为非物化型的知识成果，这类成果主要体现的是社会效益和科学理论价值。因此，医护科技成果的主要表现形式为学术论文和学术专著。以学术论文、专著等文字作品形式表现出来的医护科技成果主要有：探索和揭示人类疾病与健康的新发现、新认识、新见解、新观点、新学说等科学理论成果；应用于诊断、治疗、预防、护理、康复、保健、优生优育等方面的新方法、新技术等不能直接转化为生产力的，亦不可能直接以产品形式表现出来的应用技术成果；理论性或应用性的卫生软科学成果及卫生标准、护理程序、情报资料、法规文件等成果。

笔记栏

3. 样品、样机及其生产制造方法 样品或样机是各种医护产品或医护器械装置及它们的生产制造方法。样品主要包括药物化合物、制剂、中西成药或其新用途，医护设备、保健材料与保健用品、生物材料与生物用品、医用高分子材料与人工器官、诊断试剂与试剂盒、生物新品种、微生物新菌种、保健食品与饮料等，以及它们的制备方法、炮制方法、栽培方法、培育方法、生产方式及工艺等。样机主要指医疗器械和设备装置，以及它们的生产制造方法，包括简单的实用新型和复杂的电、磁、声、光、放射及其结合的技术发明。样品和样机都属于技术发明(天然的生物新品种除外)或技术进步，都是物化类技术成果，都能直接转化为现实的生产力，它们的最终表现形式就是有形态的物化产品。

4. 医护计算机软件 随着医药卫生事业的快速发展和科技进步，计算机在医院管理和诊疗护理中的作用越来越突出，医护用计算机应用软件应运而生。其内容涵盖门诊挂号、就诊、划价、交费、化验、取药、药品存库与流通、病床周转、病案管理分析、入出院等各个环节，具备快速、准确、明细、规范化和现代化等特点，既方便群众，又利于医护质量监控与管理。成果形式主要是计算机程序及其文档。

5. 专利 是专利权的简称。专利权是我国知识产权法律体系中非常重要的民事权利，这种兼有物权和债权特性的民事权利体现在药品、医疗器械、生物制品和医疗护理相关技术等医药产品领域，更突显其非凡的经济价值和社会价值。以专利的形式来肯定的属于创造性一类的医护科研成果主要有：①医疗器械类：医疗器械本身、生产方法、在生产过程中的专用设备、医疗器械的用途和使用方法、造型和包装等。②化学物质类：用化学方法获得的医用化学物、其用途及制备方法。③药品类：化学药物、中药及天然药物、生物制品、专用辅料及其生产制备方法，专用设备、剂型等。④卫生品类：卫生品材料及其制备方法等，检测试剂和检测工具。

笔记栏

专利的种类

根据我国《专利法实施细则》(2002 修定)的规定，专利共有三种，即发明专利、实用新型专利、外观设计专利。其中，发明专利是其最主要的一种。发明，是指对产品、方法或者其改进所提出的新的技术方案。实用新型，是对产品的形状、构造或者其结合所提出的适于实用的新的技术方案。外观设计，是对产品的形状、图案或者其结合以及色彩与形状、图案的结合所作出的富有美感并适于工业应用的新设计。

接链

第2节 医护科研成果奖励申报与专利申请

一、医护科研成果奖励申报

(一)我国现行医学或护理科技奖励的现状(层次、设奖部门、奖励名称)

1999 年，国务院第 265 号令发布施行《国家科学技术奖励条例》，2004 年，中华人民共和国科学技术部令第 9 号发布实施《关于修改〈国家科学技术奖励条例实施细则〉的决定》，我国的科学技术奖励制度日臻完善，科技奖励制度已经成为国家对科学技术发展实施宏观调控的有力杠杆。目前，我国现行医学或护理科技奖励的层次、设奖部门、奖励名称见表 14-1：

表 14-1 我国现行科技奖励层次与名称

层次	设奖部门	奖励名称
国家级	国家科技部	国家最高科学技术奖
		国家自然科学奖
		国家科学技术进步奖
		国家技术发明奖
		国际科学技术合作奖
省部委级	中华医学会	中华医学科技奖
	教育部	教育部提名国家科学技术奖
市级	省人民政府	省科学技术奖
	市人民政府	市科学技术奖

(二)科技成果奖励申报程序

课题组按照科技成果申报的基本要求准备申报材料→科室初审→单位科研管理部门形式审查→向上级主管部门申请科技成果鉴

定→开展科技成果鉴定工作→进行科技成果登记→申报各级科技奖励。

科技成果鉴定

(1)鉴定范围:列入国家、省部委、厅局计划内已完成的课题,产生重大效益的计划外课题也可申请鉴定。

(2)鉴定条件:①已完成科研合同、计划或任务书的各项要求;②主要研究论文在专业期刊公开发表1年以上;③不存在成果完成单位或人员排序异议和权属方面的争议;④技术资料齐全,并符合档案管理部门的要求;⑤有经国家认定的科技信息机构出具的查新结论报告。

(3)鉴定形式:函审鉴定、会议鉴定、检测鉴定。

链接

(三)科技成果奖励申请材料及要求

科技成果经过鉴定或验收、登记后可申请奖励。申请奖励的材料及要求:

(1)认真填写《科技成果鉴定证书》、《科技成果奖励推荐书(申报书)》。

(2)申请奖励必报的材料:① 研究工作总结报告;②《科技成果奖励推荐书(申报书)》;③研究论文或研究报告、测试报告、实验报告、质量标准;④查新检索报告;⑤ 推广应用证明;⑥《成果鉴定证书》。

(3)上述材料应用A4复印纸、按各申报渠道的要求复印相应份数,并连同有关附件装订成册。

(四)科技成果奖励申报时间

成果申报不设截至日期,每年4月1日前申报当年的科技奖励,当年4月1日后申报的成果则延期申报下一年的科技奖励。

(五)科技成果奖励申报注意事项

1. 思想要重视 科技人员自身、科研管理人员及单位领导在思想上都需要高度重视,不主动申报,不懂申报原则、方法和技巧,均不可能获得成果奖励。

2. 准备要充分 专利抢先申请,论文适时发表,因为两者均关系到成果的归属问题;做好成果推广应用工作,使其尽快转化为生产力,为成果的获奖创造条件;充分收集成果应用证明材料,随发现随收集,随取得随收集,逐渐积累;重视各种成果申报表格的填写及成果答辩的组织与演练工作;适时申报,把握好成果申报的时机,提高成果的中奖率。

3. 质量要保证 成果质量是成果能否获奖的主要因素,所以要注重成果的创新性、先进性、科学性和实用性。

4. 沟通要做好 要与同行、管理部门及上级主管部门做好必要的沟通。

科技成果申报常见的落选原因

①成果无创新,缺乏先进性、科学性及实用性。②成果名称不切题或过长。③推荐材料不齐全、不完整,没有装订成册。④奖励推荐书不符合要求(缺页、漏填、格式不对、无打印、字体太小等)。⑤主要论文发表不够1年,论文发表的期刊档次太低。⑥应用技术成果没有进行推广应用;理论性成果缺乏同行的引用。⑦缺乏特殊证件(如新药证书、新生物制品证书、医疗器械的生产批文及市场准入许可证、动物合格证、软件版权登记等)。⑧缺联合申报证明或联合申报证明的公章不合格。⑨中外合作项目缺外国合作者出具的证明或出具的证明不符合要求。⑩科技成果鉴定不符合要求。⑪没有进行科技成果登记。⑫有经济效益的应用证明没有财务部门专章。

链接

二、医护科研专利申请

(一)申请专利的重要性

申请专利可以通过法定程序确定发明创造的权利归属关系,从而有效保护自己的发明创造成果,防止科研成果流失,同时也有利于促进科技进步和经济发展。人们可以通过申请专利的方式占据新技术及其产品的市场空间,在市场竞争中争取主动,防止竞争对手将相同的发明创造申请专利,从而确保自身产品生产与销售的安全可靠性。申请专利还可以通过生产销售专利产品、转让专利技术、专利入股等方式获得相应的经济利益。

(二)医药产品专利权的主体、客体和授予条件

笔记栏

医药产品专利权的主体可以是药品、医疗

器械、生物制品和医疗相关技术等医药产品的研究、生产单位和个人,也可以是经营、使用医药产品的单位和个人,还可以是提供医疗、护理、保健服务的单位和个人,权利主体没有国籍的限制。医药产品专利权的客体包括发明、实用新型和外观设计。授予专利权的条件包括新颖性、创造性和实用性。

现行《专利法》条规定,不授予专利权的发明创造包括:科学发现;智力活动的规则和方法;疾病的诊断和治疗方法;动物和植物品种;用原子核变换方法获得的物质;违反国家法律、社会公德或者妨害公共利益的发明创造。

关于疾病的诊断和治疗方法的专利申请

国家《专利审查指南》(2006 年版)把"疾病的诊断和治疗方法"定义为"以有生命的人或者动物为直接实施对象,进行识别、确定或消除病因或病灶的过程"。出于人道主义的考虑和社会伦理的原因,医生在诊断和治疗过程中应当有选择各种方法和条件的自由。另外,这类方法直接以有生命的人体或动物为实施对象,无法在产业上利用,不具备实用性,不属于专利法意义上的发明创造。因此,疾病的诊断和治疗方法不能被授予专利权。但是,用于实施疾病诊断和治疗方法的仪器或装置,以及在疾病诊断和治疗方法中使用的物质或材料可以被授予专利权。

链接

(三)医药产品专利权的申请和审批

医药产品专利权主体为了依法保护自己的专利技术,防范他人侵犯,在有效期间内向专利局提交权利要求书、说明书、说明书附图及说明书摘要等专利申请文件,同时委托专利代理人撰写技术交底书,详细说明发明创造名称、所属技术领域、背景技术、发明创造内容、附图及附图的简单说明并举例说明实施方式。医药产品专利权申请人的专利申请依法通过了专利局的审批程序,并由专利局授予专利权后,即成为专利权人,专利权人可以依法取得独占权,保证自己的专利实施不受他人限制,专利权人也可以通过有偿转让等方式获得经济回报。

(四)申请专利办理流程

内容见图 14-1。

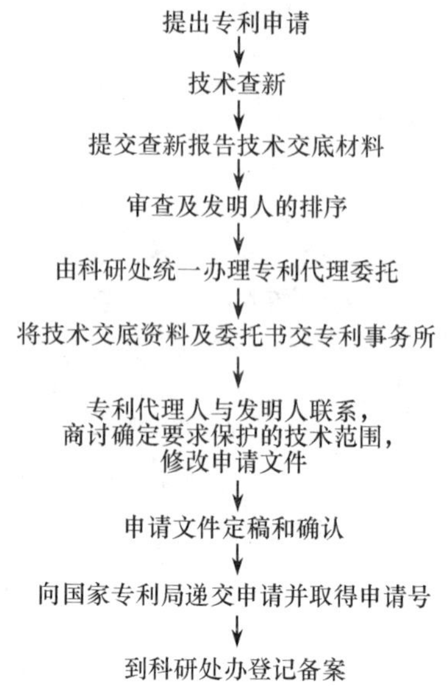

图 14-1 申请专利办理流程

(五)医护专利申请的注意事项

专利申请人在申请专利前要注意技术保密,不要召开技术交流会、技术或产品鉴定会、参加展览会和展销会,更不要在出版物上发表论文或出售发明创造的产品,以避免过早公开技术内容,丧失新颖性。文章应在申请日后发表,可公开药理、毒理、临床试验等研究结果等非技术内容,这不会导致药物产品及其生产工艺专利申请丧失新颖性。技术鉴定或申报成果最好在专利申请后召开或申报,并注意严格保密,如果必须召开技术鉴定会,可在会前先申请专利,或者在技术鉴定会上由参加人员签署保密协议。避免对技术内容进行新闻宣传。

第3节 科技成果案例

科学技术奖励制度是我国科技政策的重要组成部分,是党尊重知识、尊重人才方针的具体体现。科学技术奖励工作对鼓励广大科技人员的创造热情,促进拔尖人才的脱颖而出和学科带头人的茁壮成长都发挥了重要作用。科研工作者团结协作、联合攻关,自主创新,勇攀科学技术高峰,促进了科学研究、技术开发与经济、社会发展密切结合,促进了科技成果商品化和产业化,加速了科教兴国、人才强国和可持续发展战略的实施。

世界首个胃病疫苗

1982年，澳大利亚学者巴里·马歇尔和罗宾·沃伦从一个慢性胃炎患者的胃黏膜活检标本中，分离出幽门螺杆菌(Hp)，并证明该细菌感染胃部后会导致胃炎、胃溃疡和十二指肠溃疡。这一重要发现为人类探索治疗胃溃疡等疾病提供了一个极有价值的研究方向，该研究如能取得理想进展，将意味着胃溃疡等患者可能获得彻底治愈的机会。两位学者因此荣膺2005年诺贝尔生理医学奖。

诺贝尔奖得主发现并确定幽门螺杆菌具有导致胃炎、胃溃疡及胃癌等严重疾病的致病性，但该如何预防和根治呢？这仍是摆在国际医学界前亟待攻关的难题。

第三军医大学与重庆康卫生物科技公司联合研发的幽门螺杆菌胃病疫苗2005年底顺利完成了Ⅲ期临床现场试验，这是迄今为止，世界上最早完成Ⅲ期临床试验的胃病疫苗，该项目已申请并获得国家发明专利六项，系原始创新的、具有自主知识产权的国家一类新药，是由我们中国人自己研发的原创性疫苗。这标志着诺贝尔奖命题在重庆，在中国获得重大突破。该消息也被评为2006年中国十大科技进展新闻。

胃病疫苗的前景十分广阔，目前全国各类型胃病患者近3亿人，每年死于胃癌的患者超过20万人，占所有恶性肿瘤死亡者首位，且胃癌死亡者正向低龄化发展，研究证实，若及早根除幽门螺杆菌，能有效避免胃癌的发生。口服疫苗保护期为5年，不易复发，价格相对低廉得多(目前抗生素胃药一个疗程需要1 000元左右，且容易复发)，保守估计，我国的潜在客户存量1.1亿份、年增量480万份，市场潜力巨大。按照每份疫苗150元计算，国内胃病疫苗的存量市场份额达165亿元，且年增量份额达7.2亿元。社会效益和经济效益均十分看好。

(选自《中国青年报》2007-03-27　田文生)

链接

医护科研工作者要使自己的科研劳动结晶和成果能得到同行和社会的广泛认可，就要在项目结题之后，及时准备成果鉴定材料，申请权威部门的评审鉴定以期获得成果《鉴定证书》。获得科技成果后，还应积极准备申报科技成果奖励的材料，以期获得地方与国家的科技奖励，获奖后还可在往后的成果转化过程中获得政府的优惠与资助。获奖不能作为我们科研的目的，也不能就此止步，而应进一步推进科技成果转移和转化，为促进经济建设和社会发展服务。

小结

目标检测

1. 什么是医护科技成果？有哪些表现形式？
2. 我国医护科技成果奖励分几类？有几个等级？
3. 符合哪些条件才能进行医护科技成果鉴定？
4. 医护科研成果鉴定需要哪些材料？
5. 如何有效进行医护科研成果的奖励申报和专利申请？

(陈　文)

笔记栏

参考文献

陈锦治,朱志宁.1998.卫生保健.广州:广东人民出版社
陈坤.2000.临床流行病学.杭州:浙江大学出版社
陈妙云.1998.学术论文写作.广州:广东人民出版社
邓宇斌.2004.医护科研概论.北京:人民军医出版社
段明娟,钟玉杰.2007.实习护生针刺伤伤口护理现状调查.护理学杂志,(22)1:51~52
方积乾.2001.医学统计学与电脑实验.上海:上海科学技术出版社
傅华.2000.社区预防与保健.北京:人民卫生出版社
贺石林,陈修.1998.医护科研方法导论.北京:人民卫生出版社
洪军.2003.实用临床流行病学.长春:吉林大学出版社
侯捷.2004.Word排版艺术.北京:电子工业出版社
胡修周.2006.医学科学研究.北京:高等教育出版社
黄培红,陈桂花,梁惠贞等.2007.游泳对新生儿生长发育和黄疸影响的临床研究.护理研究,(21)2:396~398
江建华等.2002.海门市社区居民慢性常见病现况调查.中国全科医学,5(5):385
李德.2000.预防医学.第2版.北京:人民卫生出版社
李峰,王承芳,郑延玲.2004.模糊数学在本科毕业论文评价中的应用.护理学杂志,19(1):31~32
李松柏.2004.临床医护科研程序与方法.北京:人民军医出版社
李晓惠.2003.医学科研基础.北京:科学出版社
梁万年.2002.医学科研方法学.北京:人民卫生出版社
刘宏颀,李林,宋宝宏.2006.关于医科大学科技论文评价体系建设的思考.中华医学科研管理杂志,19(6):342~344
卢建华.2002.医护科研思维与创新.北京:科学出版社
陆培廉.1996.预防医学.第2版.北京:人民卫生出版社
马斌荣.2002.医学统计学.第3版.北京:人民卫生出版社
马燕.2005.卫生统计学.北京:人民卫生出版社
孟庆仁.2004.实用医学论文写作.第2版.北京:人民军医出版社
倪宗瓒.2000.卫生统计学.第4版.北京:人民卫生出版社
潘小琴,肖斌武.1997.环境污染的流行病学研究方法.北京:人民卫生出版社
彭晓芸,黄凌雁,张伟青等.2007.基层医院儿科患者医院感染的调查分析.现代护理杂志,(13)1:42
沈伟珍等.2002.上海市某社区老年2型糖尿病患者的干预研究.中国全科医学,4(7):543
王含晖.2007.医学论文评价方法的探讨.中华医学科研管理杂志,20(1):17~19
王家良.2001.临床流行病学——临床科研设计、衡量与评价.上海:上海科学技术出版社
王建华.2004.流行病学.北京:人民卫生出版社
王建华.2003.实用医护科研方法.北京:人民卫生出版社
王克芳.2006.护理科研.北京:北京大学医学出版社
王岩,刘雅娟.2001.运用引文分析法进行论文评价的方法初探.科研管理,22(1):133~138
王宇明,朱长连.1998.临床医学科研方法.北京:人民军医出版社
吴权威,吕琳琳.2005.Excel 2003函数与统计应用实务.北京:中国铁道出版社
希望图书创作室.2001.中文Office XP教程.北京:宇航出版社,北京希望电子出版社
肖顺珍,沈宁.1998.护理研究.北京:人民卫生出版社
新闻出版署图书管理司.1997.作者编辑常用标准及规范.北京:中国标准出版社
熊国强.2001.医护科研设计教程.北京:科学出版社
颜昌学.2006.科研论文评价不宜"以刊论文".武汉科技大学学报·社会科学版,8(5):73~75
杨树勤.1992.卫生统计学.北京:人民卫生出版社
叶冬青.2003.医护科研方法与临床流行病学.合肥:安徽大学出版社
叶继元.2001.论文评价与期刊评价.学术界,88:63~71
叶葶葶.2000.预防医学.北京:人民卫生出版社

曾光. 1994. 现代流行病学方法与应用. 北京:北京医科大学、中国协和医科大学联合出版社
张季平. 1992. 医学科研方法学. 南京:江苏科学技术出版社
张景龙. 2001. 成人教育护理专科生毕业论文评价标准分析. 护理研究,15(5):295~296
张孟华,沈杰,朱炜. 2005. 浙江省医药卫生科技项目全程评估方式探讨与体会. 中华医学科研管理杂志,18(6):337~338
张伟佶. 2003. 动物模型与实验外科. 中华实验外科杂志,(20)4:293
张翼,李辉. 2004. 案例学 Excel 2003 中文版. 北京:人民邮电出版社
郑福裕. 2003. 科技论文英文摘要编写指南. 北京:清华大学出版社
郑少影. 2007. 产后出血的相关因素及护理对策. 国际护理学杂志,(2):170~172
中国科学院 . 2007. 2007 年科学发展报告. 北京:科学出版社
中国学术期刊(光盘版)编辑委员会. 2007-05-06. CAJ-CD B/T 1-2006 中国学术期刊(光盘版) 检索与评价数据规范[J/OL]. http://c79. cnki. net/oldcnki/wxpj/down/CAJCD. doc
中华人民共和国国家质量监督检验检疫总局,中国国家标准化管理委员会发布. 2007-05-06. GB/T 7714—2005 文后参考文献著录规则[S/OL]. http://202. 112. 71. 20/fan/yanjiushengjiaoxue/BZ002030660. pdf
左月燃等. 2001. 预防医学. 北京:人民卫生出版社

医护科研基础教学基本要求

（36 学时）

（一）课程性质和任务

医护科研基础是中、高职护理、涉外护理、助产等相关医学技术专业的一门专业基础平台课程。其主要内容包括医护科研工作基本程序、医护科研选题、医护科研方法、医护科研设计、医护研究中的基本要素、科研数据整理与 Excel、Word 软件应用、资料类型与医学统计方法的选择、医护科研中质量控制、医护论文写作格式与要求、医护论文的评价与发表、医护科研立项及科技成果等主要内容。其任务和目的是使学生系统和全面地了解医护科研工作基本程序，掌握本课程的基本理论与基本技能，为学习个人专业知识和技能，并为未来从事医护科研工作打下坚实的基础。

（二）课程教学目标

1. 知识教学目标

（1）了解医护科研的基本概念、基本程序。

（2）掌握医护科研选题的基本原则、医护科研方法分类和医护科研设计基本原则。

（3）理解医护研究的基本要素，并理解医护科研中的质量控制方法。

（4）理解资料类型与统计方法的选择。

（5）了解医护论文的种类、基本格式与要求，并了解医护论文的发表途径与评价。

（6）了解科研立项和科研成果类型。

2. 能力培养目标

（1）能初步运用 Excel 软件，完成数据库的建立和数据录入工作。

（2）能运用 Excel 软件，进行函数的运算和各种统计图表制作。

（3）能运用 Word 软件对医护论文进行排版。

（4）初步学会各类医护论文的写作格式与要求。

3. 思想教育目标

（1）学生通过学习，理解医护科研工作重要性，培养热爱科学和科研意识。

（2）通过实践，培养学生理论联系实际、严谨求实的科学态度。

（3）通过学习和实践，培养学生科研思维能力和创新意识。

（三）教学内容和要求

在教材设计上分为三个模块：基础模块、实践模块和选学模块。基础模块和实践模块是必学内容，选学模块内容可根据各校各专业的具体要求和不同层次的学生而定（见下表）。

基础模块

教学内容	教学要求		
	了解	理解	掌握
一、医护科研概述		√	
1. 医护科研的概念			√
2. 医护科研的意义与目的		√	
3. 医护科研与科学素养	√		
4. 医护科研基础的基本内容和要求	√		
二、医护科研工作基本程序		√	
（一）概述	√		
（二）科研基本程序		√	
1. 立题与文献准备	√		√
2. 科研设计	√		
3. 论证与修改	√		
4. 资料收集	√		
5. 资料整理	√		
6. 资料分析	√		
7. 医学论文形成	√		
8. 科研成果应用		√	
三、医护科研选题	√		
（一）医护科研选题的意义	√		

续表

教学内容	教学要求			教学内容	教学要求		
	了解	理解	掌握		了解	理解	掌握
（二）医护科研选题的基本原则与方法		√		（三）实验性研究设计	√		
1. 基本原则		√		1. 实验性研究设计的原则	√		
2. 选题方法	√			2. 实验性研究设计的方法	√		
3. 选题的切入点	√			3. 样本含量的估计	√		
（三）医护科研选题范围与程序	√			（四）医护科研设计案例	√		
1. 选题范围	√			（五）实习：医护科研设计	√		
2. 基本步骤	√			六、医护研究的基本要素	√		
（四）医护科研选题中应注意的问题	√			（一）实验性研究的基本要素	√		
1. 利用网络，畅通渠道	√			1. 实验对象	√		
2. 关注动向，紧跟导向	√			2. 实验因素	√		
3. 实事求是，尽力而为	√			3. 实验效应	√		
4. 联合协作，谋求发展	√			（二）观察性研究的基本要素	√		
四、医护科研方法	√			1. 横断面研究中的基本要素		√	
（一）医护科研方法分类		√		2. 病例对照研究中的基本要素		√	
1. 实验性研究与观察性研究		√		3. 队列研究中的基本要素		√	
2. 定性研究与定量研究		√		七、计算机软件在医护科研中的应用		√	
（二）实验性研究		√		（一）数据整理与 Excel 软件应用		√	√
1. 实验性研究的概述	√			1. 数据整理步骤		√	√
2. 动物实验	√			2. 学生体检案例说明		√	√
3. 临床试验		√		3. 数据整理中的主要知识点			√
4. 社区干预试验	√			4. 案例实现步骤			√
5. 实验性研究的基本要素与特征		√		（二）论文排版与 Word 软件应用		√	
（三）非实验性研究		√		1. Word 编辑论文总原则		√	
1. 非实验性研究的概述		√		2. Word 编辑论文主要建议		√	
2. 横断面研究		√		3. 论文编辑排版步骤		√	
3. 病例对照研究	√			4. Word 中简单统计表制作			√
4. 队列研究	√			5. Word 中组合统计表制作			√
（四）各种研究方法的比较		√		6. Word 制作统计图表中应注意的问题	√		
1. 实验性与观察性研究的比较	√	√		（三）实习	√		
2. 实验性研究与类实验性研究比较	√	√		八、资料类型与医学统计方法的选择	√		
3. 各种实验性研究的比较		√		（一）概述	√		
4. 各种观察性研究的比较		√		（二）计量资料与 t 检验	√		
（五）医护科研方法案例		√		1. 计量资料的概念	√		
五、医护科研设计	√			2. t 检验的使用条件	√		
（一）概述	√			3. t 检验的使用范围	√		
1. 医护科研设计的概念	√			4. t 检验的常用方法与类型	√		
2. 医护科研设计的特点	√			5. 案例分析	√		
3. 医护科研设计的意义	√			（三）计数资料与 χ^2 检验	√		
（二）观察性研究设计	√			1. 计数资料的概念	√		
1. 搜集资料的计划	√			2. χ^2 检验的使用范围	√		
2. 整理资料的计划	√						
3. 分析资料的计划	√						

续表

教学内容	教学要求		
	了解	理解	掌握
3. χ^2 检验的常用方法与类型	√		
4. 案例分析	√		
(四) 等级资料与秩和检验	√		
1. 等级资料的概念	√		
2. 秩和检验的使用范围	√		
3. 常用秩和检验的基本步骤	√		
九、医护科研中的质量控制	√		
(一) 概述	√		
(二) 影响观察性研究质量的主要因素	√		
(三) 影响实验性研究质量的主要因素	√		
(四) 不同研究阶段的质量控制	√		
十、医护论文撰写方法	√		
(一) 概述	√		
1. 学术论文的概念	√		
2. 学术论文的分类	√	√	
3. 学术论文的基本要求	√	√	
4. 学术论文的意义	√	√	
(二) 医护科研论文	√	√	
1. 概述		√	
2. 写作基本要求		√	
3. 范文		√	
(三) 医学综述论文		√	√
1. 概述		√	
2. 基本格式		√	
3. 写作前的准备		√	
4. 正式写作		√	
5. 范文			√
(四) 医护个案论文	√		
1. 报道对象	√		
2. 基本格式	√		
3. 病例报告写作要求	√		
4. 范文	√		
(五) 医护经验论文	√		
1. 基本格式	√		
2. 写作基本要求	√		
3. 范文	√		
(六) 实习:医护论文阅读	√		
十一、医护科研论文英文摘要的撰写	√		
(一) 文题与作者信息	√		
1. 文题的基本要求	√		
2. 标题中常用的名词和短语	√		
3. 作者信息	√		

教学内容	教学要求		
	了解	理解	掌握
(二) 摘要正文的格式	√		
1. 信息型摘要	√		
2. 指示型摘要	√		
(三) 英文摘要的文体要求	√		
1. 撰写英文摘要的基本原则	√		
2. 常用的语法	√		
十二、医护论文评价与发表	√		
(一) 医护论文的评价	√		
1. 评价意义	√		
2. 评价原则	√		
3. 评价方式	√		
4. 评价标准	√		
5. 评价方法	√		
6. 评语表达	√		
(二) 医护科研论文的投稿与发表	√		
1. 投稿须知	√		
2. 医护科研论文的发表途径	√		
3. 医护科研论文的修改	√		
(三) 实习:医护科研论文评价	√		
十三、医护科研立项	√		
(一) 概述	√		
(二) 医护科研项目的来源	√		
(三) 医护科研立项的程序	√		
1. 提出申请	√		
2. 立项查新	√		
3. 填写申请书	√		
4. 项目(课题)论证	√		
5. 上报主管部门审批	√		
6. 科研立项评审	√		
(四) 科研项目申请书填写内容与写作技巧	√		
1. 封面与信息简表	√		
2. 正文	√		
(五) 成功立项案例分析	√		
1. 成功案例介绍	√		
2. 课题立项点评与分析	√		
十四、医护科研成果	√		
(一) 概述	√		
(二) 医护科研成果奖励申报与专利申请	√		
1. 医护科研成果奖励申报	√		
2. 医护科研专利申请	√		
(三) 科技成果案例	√		

实践模块

序号、单元题目(对应基础模块单元序号)	教学内容	教学要求		
		会	掌握	熟练掌握
五、医护科研设计	1. 根据研究目的确定研究方法(观察性或实验性研究)		√	
	2. 科研设计的基本步骤与基本原则	√		
七、计算机软件在医护科研中的应用	1. 数据库的建立和数据录入方法			√
	2. 数据的整理、函数计算、分类汇总			√
	3. 统计图与统计表的制作			√
	4. 医护科研论文排版		√	
十、医护论文撰写方法	1. 各种医护论文基本格式与要求	√		
	2. 阅读医护论文	√		
	3. 区分各种类型的医护论文	√		

选学模块

序号、单元题目(对应基础模块单元序号)	教学内容	教学要求		
		会	掌握	熟练掌握
八、资料类型与医学统计方法的选择	医护科研中常用统计分析方法的选择与应用	√		
十一、医护科研论文英文摘要的撰写	摘要范文与分析	√		
十二、医护论文评价与发表	医护论文的评价	√		
	医护论文发表途径	√		
十三、医护科研立项	科研项目申请书格式与写作要求	√		
	医护科研立项评审程序	√		
十四、医护科研成果	医护科研成果类型			
	1. 科技进步奖	√		
	2. 专利	√		

(四)说明

(1) 本课程教学基本要求采用模块结构表述,其中:

1) 选学模块的学习可使用机动学时、第二课堂,也可不选学。

2) 机动学时可用于学习选学模块中的内容,也可结合本校情况另选其他内容,或根据学生情况组织其他有益于完成、拓展本课程教学目标的教学活动,提高学生的综合职业能力。

(2) 教学过程应多采用教具、实物(科研资料)和现代教育技术(多媒体)、电脑,注意理论联系实际。

(3) 可通过课堂提问、作业、讨论、平时测验、计算机实习及考试等对学生的认知、能力及态度进行综合考核。

(4) 对在学习和应用上有创新的学生应特别给予鼓励。

学时分配建议

序号	教学内容	学时数		
		理论	实践	合计
1	医护科研概述	1		1
2	医护科研工作基本程序	1		1
3	医护科研选题	2		2
4	医护科研方法	4		4

续表

序号	教学内容	学时数		
		理论	实践	合计
5	医护科研设计	2	2	4
6	医护研究的基本要素	2		2
7	计算机软件在医护科研中的应用	1	7	8
8	资料类型与医学统计方法的选择			
9	医护科研中的质量控制			
10	医护论文撰写方法	2	4	6
11	医护科研论文英文摘要的撰写			
12	医护论文评价与发表	2		2
13	医护科研立项	2	0	2
14	医护科研成果	2	0	2
	开卷考试	2	0	2
机　动				
总　计		23	13	36

医护科研基础模拟试卷

（开卷）

题号	一	二	三	四	五	六	七
得分							
签名							

总得分________ 统分人签名________ 核分人签名________

A

一、阅读与分析

请你根据所学《医护科研基础》的相关知识回答下列问题：

第一篇论文(36分)

1.《陪伴导乐分娩对分娩镇痛的临床影响》一文是一篇什么论文？你判断的依据是什么？(10分)
2. 本篇论文基本格式包括哪些部分？其格式中有何不足应如何修改？(10分)
3. 该项研究应用了何种研究方法？其研究目的是什么？(10分)
4. 本篇科研论文的实验三要素是什么？请写出。(6分)

第二篇论文(35分)

1. 请分析《实习护生针刺伤伤口处理现状调查》一文中，采用了哪一种非实验性调查方法？该项调查方法的特点是什么？(15分)
2. 本篇论文基本格式包括哪些部分？(10分)
3. 本篇论文研究目的是什么？(10分)

第三篇论文(14分)

1.《一例甘露醇致急性心源性肺水肿的借鉴》一文是一篇什么论文？(4分)
2. 请你分析这篇护理论文的写作意义是什么？(10分)

二、思考与创新(15分)

请你根据护理综述论文的写作格式和要求，拟定一份《痛疼护理技术研究进展》提纲。

B

一、阅读与分析

请你根据所学《医护科研基础》的相关知识回答下列问题：

第一篇论文(36分)

1.《游泳对新生儿发育和黄疸影响的临床研究》一文是一篇什么论文？你判断的依据是什么？(10分)
2. 本篇论文基本格式由哪些部分组成？其格式中缺少什么？(10分)
3. 本项研究采用了何种研究方法？其研究目的是什么？(10分)
4. 本篇科研论文的实验三要素是什么？请写出。(6分)

第二篇论文(35分)

1. 请分析《临床医护人员职业防护现状分析及对策》一文中，采用了哪一种非实验性调查方法？该项调查方法的特点是什么？(15分)
2. 本篇论文基本格式包括哪些部分？(10分)
3. 该项调查研究目的是什么？(10分)

第三篇论文(14分)

1.《一例高龄心脏移植患者的术后监护》一文是一篇什么论文？(4分)
2. 请你分析这篇护理论文的写作意义是什么？(10分)

二、思考与创新(15分)

请你根据护理综述论文的写作格式和要求，拟定一份《无痛分娩护理技术研究进展》提纲。或拟定一份《早产儿硬肿症护理技术研究进展》提纲。任选一。

医护科研基础模拟试卷评分标准与参考答案

A

一、阅读与分析

第一篇论文(36分)

1. 答:(1)《陪伴导乐分娩对分娩镇痛的临床影响》一文是一篇医护科研论文。(5分)

(2) 判断的依据:本论文结构符合医护科研论文的基本格式。(5分)

2. 答:本篇论文基本格式包括:标题,作者署名,论文正文(前言、研究对象与方法、结果、讨论)和参考文献等部分。但其格式中缺少摘要及关键词部分,故应补上。(共10分,每小点5分)

3. 答:本篇科研论文的研究方法是实验性研究方法,因该研究中包含实验三要素:实验对象(随机分组)、实验因素和实验效果。(10分)

4. 答:本篇医护科研基础论文的实验三要素是:①实验对象:住院产妇;②实验因素:陪伴导乐分娩;③实验效果:实验组:陪伴导乐分娩镇痛效果。(共6分,每小点2分)

第二篇论文(35分)

1. 答:(1)《实习护生针刺伤伤口处理现状调查》一文中,采用了非实验性现况调查方法。(5分)

(2) 现况调查方法的特点:①时点资料:所获资料是在某一时点或一个短暂时间内收集到的,客观地反映了某时点人群健康、疾病和行为事件的分布及其相关因素。因此,调查数据是一个人群现状,是时间断面的数据。②不能进行疾病因果关系的推断。③现况调查中各因素与结果是同时存在的。其调查结果只能用于提供疾病的病因线索和影响疾病流行的危险因素。④可建立病因假设。(共10分,每小点2.5分)

2. 答:本篇论文基本格式包括:标题,作者署名,摘要及关键词,论文正文(前言、研究对象与方法、结果、讨论)和参考文献等部分。(10分)

3. 答:本篇论文研究目的:了解护生实习期间发生针刺伤后伤口处理情况,为制定针刺伤的预防措施提供依据。(10分)

第三篇论文(14分)

1. 答:《一例甘露醇致急性心源性肺水肿的借鉴》是一篇个案研究论文。(4分)

2. 答:这篇护理个案研究论文的写作意义是帮助医护人员了解临床甘露醇致急性心源性肺水肿的副作用,为预防临床甘露醇致急性心源性肺水肿的发生和护理积累实践经验。(10分)

二、思考与创新(15分)

答:(回答出写作格式的基本框架给10分,内容全面给5分)。

1 前言(引言)部分:痛疼的定义

1.1　痛疼护理研究目的与意义

1.2　痛疼的医学诊断标准与分级

2 中心部分:痛疼的常用护理技术方法

2.1　物理方法(每种方法的优点与缺点)

2.2　化学方法(每种方法的优点与缺点)

2.3　中医护理技术(每种方法的优点与缺点)

2.4　其他方法(每种方法的优点与缺点)

3 小结:对目前痛疼的常用护理方法进行比较归纳,并进行总结,最后指出哪一种方法有可能是未来的趋势

4 参考文献(15篇)

B

一、阅读与分析

第一篇论文(36分)

1. 答:(1)《游泳对新生儿发育和黄疸影响的临床研究》一文是一篇护理科研论文。(5分)

(2) 判断的依据:论文结构符合护理科研论文的基本格式。(5分)

2. 答:本篇论文基本格式包括:标题,作者署名,摘要,论文正文(前言、研究对象与方法、结果、讨论)和参考文献等部分。但其格式中缺少英文摘要部分,故应补上。(共10分,每小点2分)

3. 答:本篇科研论文的研究方法是实验性研究方法,因该研究中包含实验三要素:实验对象(随机分组)、实验因素和实验效果。其研究目的是探讨游泳对新生儿发育和黄疸的影响。(共10分,每小点5分)

4. 答:本篇护理科研论文的实验三要素是:①实验对象:新生儿;②实验因素:游泳;③实验效果:新生儿发育情况和黄疸改变情况。(共6分,每小点2分)

第二篇论文(35分)

1. 答:(1)《临床医护人员职业防护现状分析及对策》一文,采用了非实验性现况调查方法。(5分)

(2) 现况调查方法的特点：①时点资料：所获资料是在某一时点或一个短暂时间内收集到的，客观地反映了某时点人群健康、疾病和行为事件的分布及其相关因素。因此，调查数据是一个人群现状，是时间断面的数据。②不能进行疾病因果关系的推断。③现况调查中各因素与结果是同时存在的。其调查结果只能用于提供疾病的病因线索和影响疾病流行的危险因素。④可建立病因假设。(共10分，每小点2.5分)

2. 答：本篇论文基本格式包括：标题，作者署名，摘要及关键词，论文正文(前言、研究对象与方法、结果、讨论)和参考文献等部分。(10分)

3. 答：本篇论文研究目的：了解临床职业安全的危险因素及医护人员防护现状，为完善防护措施提供科学依据。护生实习期间发生针刺伤后伤口处理情况，为制定针刺伤的预防措施提供依据。(10分)

第三篇论文(14分)

1. 答：《一例高龄心脏移植患者的术后监护》一文是一篇个案研究论文。(4分)

2. 答：这篇护理个案研究论文的写作意义是探索高龄心脏移植患者的术后监护的可行性，为探索高龄心脏移植患者的术后监护积累护理实践经验。(10分)

二、思考与创新(15分)

答：(回答出写作格式的基本框架给10分，内容全面有创新给5分)。

1. 前言(引言)部分：无痛分娩的定义

1.1 无痛分娩研究目的与意义

1.2 目前无痛分娩存在的问题与现状及趋势

2 中心部分：无痛分娩的常用助产技术与方法

2.1 国内常用的技术与方法(每种方法的优点与缺点)

2.2 国外常用的技术与方法(每种方法的优点与缺点)

3 小结：将目前无痛分娩的常用助产方法进行比较归纳，并进行总结，最后指出哪一种方法有可能是未来的趋势。

4 参考文献(15篇)

附 录

附表 1　随机数字表

编号	1	2	3	4	5	6	7	8	9	10	11	12	13	14	15	16	17	18	19	20	21	22	23	24	25
1	22	17	68	65	84	68	95	23	92	35	87	02	22	57	51	61	09	43	95	06	58	24	82	03	47
2	19	36	27	59	46	13	79	93	37	55	39	77	32	77	09	85	52	05	30	62	47	83	51	62	74
3	16	77	23	02	77	09	61	87	25	21	28	06	24	25	93	16	71	13	59	78	23	05	47	47	25
4	78	43	76	71	61	20	44	90	32	64	97	67	63	99	61	46	38	03	93	22	69	81	21	99	21
5	03	28	28	26	08	73	37	32	04	05	69	30	16	09	05	88	69	58	28	99	35	07	44	75	47
6	93	22	53	64	39	07	10	63	76	35	87	03	04	79	88	08	13	13	85	51	55	34	57	72	69
7	78	76	58	54	74	92	38	70	96	92	52	06	79	79	45	82	63	18	27	44	69	66	92	19	09
8	23	68	35	26	00	99	53	93	61	28	52	70	05	48	34	56	65	05	61	86	90	92	10	70	80
9	15	39	25	70	99	93	86	52	77	65	15	33	59	05	28	22	87	26	07	47	86	96	98	29	06
10	58	71	96	30	24	18	46	23	34	27	85	13	99	24	44	49	18	09	79	49	74	16	32	23	02
11	57	35	27	33	72	24	53	63	94	09	41	10	76	47	91	44	04	95	49	66	39	60	04	59	81
12	48	50	86	54	48	22	06	34	72	52	82	21	15	65	20	33	29	94	71	11	15	91	29	12	03
13	61	96	48	95	03	07	16	39	33	66	98	56	10	56	79	77	21	30	27	12	90	49	22	23	62
14	36	93	89	41	26	29	70	83	63	51	99	74	20	52	36	87	09	41	15	09	98	60	16	03	03
15	18	87	00	42	31	57	90	12	02	07	23	47	37	17	31	54	08	01	88	63	39	41	88	92	10
16	88	56	53	27	59	33	35	72	67	47	77	34	55	45	70	08	18	27	38	90	16	95	86	70	75
17	09	72	95	84	29	49	41	31	06	70	42	38	06	45	18	64	84	73	31	65	52	53	37	97	15
18	12	96	88	17	31	65	19	69	02	83	60	75	86	90	68	24	64	19	35	51	56	61	87	39	12
19	85	94	57	24	16	92	09	84	38	76	22	00	27	69	85	29	81	94	78	70	21	94	47	90	12
20	38	64	43	59	93	98	77	87	68	07	91	51	67	62	44	40	98	05	93	78	23	32	65	41	18
21	53	44	09	42	72	00	41	86	79	79	68	47	22	00	20	35	55	31	51	51	00	83	63	22	55
22	40	76	66	26	84	57	99	99	90	37	36	63	32	08	58	37	40	13	68	97	87	64	81	07	83
23	02	17	79	18	05	12	59	52	57	02	22	07	90	47	03	28	14	11	30	79	20	69	22	40	98
24	95	17	82	06	53	31	51	10	96	46	92	06	88	07	77	56	11	50	81	69	40	23	72	51	39
25	35	76	22	42	92	96	11	83	44	80	34	68	35	48	77	33	42	40	90	60	73	96	53	97	86
26	26	29	13	56	41	85	47	04	66	08	34	72	57	59	13	82	43	80	46	15	38	26	61	70	04
27	77	80	20	75	82	72	82	32	99	90	63	95	73	76	63	89	73	44	99	05	48	67	26	43	18
28	46	40	66	44	52	91	36	74	43	53	30	82	13	54	00	78	45	63	98	35	55	03	36	67	68
29	37	56	08	18	09	77	53	84	46	47	31	91	18	95	58	24	16	74	11	53	44	10	13	85	57
30	61	65	61	68	66	37	27	47	39	19	84	83	70	07	48	53	21	40	06	71	95	06	79	88	54
31	93	43	69	64	07	34	18	04	52	35	56	27	09	24	86	61	85	53	83	45	19	90	70	99	00
32	21	96	60	12	99	11	20	99	45	18	48	13	93	55	34	18	37	79	49	90	65	97	38	20	46
33	95	20	47	97	97	27	37	83	28	71	00	06	41	41	74	45	89	09	39	84	51	67	11	52	49
34	97	86	21	78	73	10	65	81	92	59	58	76	17	14	97	04	76	62	16	17	17	95	70	45	80
35	69	92	06	34	13	59	71	74	17	32	27	55	10	24	19	23	71	82	13	74	63	52	52	01	41
36	04	31	17	21	56	33	73	99	19	87	26	72	39	27	67	53	77	57	68	93	60	61	97	22	61
37	61	06	98	03	91	87	14	77	43	96	43	00	65	98	50	45	60	33	01	07	98	99	46	50	47
38	85	93	85	86	88	72	87	08	62	40	16	06	10	89	20	23	21	34	74	97	76	38	03	29	63
39	21	74	32	47	45	73	96	07	94	52	09	65	90	77	47	25	76	16	19	33	53	05	70	53	30
40	15	69	53	82	80	79	96	23	53	10	65	39	07	16	29	45	33	02	43	70	02	87	40	41	45
41	02	89	08	04	49	20	21	14	68	86	87	63	93	95	17	11	29	01	95	80	35	14	97	35	33
42	87	18	15	89	79	85	43	01	72	73	08	61	74	51	69	89	74	39	82	15	94	51	33	41	67
43	98	83	71	94	22	59	97	50	99	52	08	52	85	08	40	87	80	61	65	31	91	51	80	32	44
44	10	08	58	21	66	72	68	49	29	31	89	85	84	46	06	59	73	19	85	23	65	09	29	75	63
45	47	90	56	10	08	88	02	84	27	83	42	29	72	23	19	66	56	45	65	79	20	71	53	20	25
46	22	85	61	68	90	49	64	92	85	44	16	40	12	89	88	50	14	49	81	06	01	82	77	45	12
47	67	80	43	79	33	12	83	11	41	16	25	58	19	68	70	77	02	54	00	52	53	43	37	15	26
48	27	62	50	96	72	79	44	61	40	15	14	53	40	65	39	27	31	58	50	28	11	39	03	34	25
49	33	78	80	87	15	38	30	06	38	21	14	47	47	07	26	54	96	87	53	32	40	36	40	96	76
50	13	13	92	66	99	47	24	49	57	74	32	25	43	62	17	10	97	11	69	84	99	63	22	32	98

附表 2 两样本率比较时所需样本含量(双侧)

上行:$\alpha=0.05, 1-\beta=0.80$

中行:$\alpha=0.05, 1-\beta=0.90$

下行:$\alpha=0.01, 1-\beta=0.95$

较小率	δ = 两组率之差/%													
/%	5	10	15	20	25	30	35	40	45	50	55	60	65	70
5	420	130	69	44	31	24	20	16	14	12	10	9	9	7
	570	175	93	59	42	32	25	21	18	15	13	11	10	9
	960	300	155	10	71	54	42	34	28	24	21	19	16	14
10	680	195	96	59	41	30	23	19	16	13	11	10	9	7
	910	260	130	79	54	40	31	24	21	18	15	13	11	10
	1 550	440	220	135	92	68	52	41	34	28	23	21	18	15
15	910	250	120	71	48	34	26	21	17	14	12	10	9	8
	1 220	330	160	95	64	46	35	27	22	19	16	13	11	10
	2 060	560	270	160	110	78	59	47	37	31	25	21	19	16
20	1090	290	135	80	53	38	28	22	18	15	13	10	9	7
	1 460	390	185	105	71	51	38	29	23	20	16	14	11	10
	2 470	660	310	180	120	86	64	50	40	32	26	21	19	15
25	1 250	330	150	88	57	40	30	23	19	15	13	10	9	
	1 680	440	200	115	77	54	40	31	24	20	16	13	11	
	2 840	740	340	200	130	92	68	52	41	32	26	21	18	
30	1 380	360	160	93	60	42	31	23	19	15	12	10		
	1 840	480	220	125	80	56	41	31	24	20	16	13		
	3 120	810	370	210	135	95	69	53	41	32	25	21		
35	1 470	380	170	96	61	42	31	23	18	14	11			
	1 970	500	225	130	82	57	41	31	23	19	15			
	3 340	850	380	215	140	96	69	52	40	31	23			
40	1 530	390	175	97	61	42	30	22	17	13				
	2 050	520	230	130	82	56	40	29	22	18				
	3 480	880	390	220	140	95	68	50	37	28				
45	1 560	390	175	96	60	40	28	21	16					
	2 100	520	230	130	80	54	38	27	21					
	3 550	890	390	215	135	92	64	47	34					
50	1 560	390	170	93	57	38	26	19						
	2 100	520	225	125	77	51	35	24						
	3 550	880	380	210	130	86	59	41						

附表3 配对比较(t 检验)时所需样本含量

δ	单侧:$\alpha=0.005$ 双侧:$\alpha=0.01$					$\alpha=0.01$ $\alpha=0.02$					$\alpha=0.025$ $\alpha=0.05$					$\alpha=0.05$ $\alpha=0.1$					δ
	$1-\beta=0.99$	0.95	0.9	0.8	0.5	0.99	0.95	0.9	0.8	0.5	0.99	0.95	0.9	0.8	0.5	0.99	0.95	0.9	0.8	0.5	
0.05																					0.05
0.10																					0.10
0.15																				122	0.15
0.20										139					99					70	0.20
0.25					110					90				128	64			139	101	45	0.25
0.30				134	78				115	63			119	90	45		122	97	71	32	0.30
0.35			125	99	58			109	85	47		109	88	67	34		90	72	52	24	0.35
0.40		115	97	77	45		101	85	66	37	117	84	68	51	26	101	70	55	40	19	0.40
0.45		92	77	62	37	110	81	68	53	30	93	67	54	41	21	80	55	44	33	15	0.45
0.50	100	75	63	51	30	90	66	55	43	25	76	54	44	34	18	65	45	36	27	13	0.50
0.55	83	63	53	42	26	75	55	46	36	21	63	45	37	28	15	54	38	30	22	11	0.55
0.60	71	53	45	36	22	63	47	39	31	18	53	38	32	24	13	46	32	26	19	9	0.60
0.65	61	46	39	31	20	55	41	34	27	16	46	33	27	21	12	39	28	22	17	8	0.65
0.70	53	40	34	28	17	47	35	30	24	14	40	29	24	19	10	34	24	19	15	8	0.70
0.75	47	36	30	25	16	42	31	27	21	13	35	26	21	16	9	30	21	17	13	7	0.75
0.80	41	32	27	22	14	37	28	24	19	12	31	22	19	15	9	27	19	15	12	6	0.80
0.85	37	29	24	20	13	33	25	21	17	11	28	21	17	13	8	24	17	14	11	6	0.85
0.90	34	26	22	18	12	29	23	19	16	10	25	19	16	12	7	21	15	13	10	5	0.90
0.95	31	24	20	17	11	27	21	18	14	9	23	17	14	11	7	19	14	11	9	5	0.95
1.00	28	22	19	16	10	25	19	16	13	9	21	16	13	10	6	18	13	11	8	5	1.00
1.1	24	19	16	14	9	21	16	14	12	8	18	13	11	9	6	15	11	9	7		1.1
1.2	21	16	14	12	8	18	14	12	10	7	15	12	10	8	5	13	10	8	6		1.2
1.3	18	15	13	11	8	16	13	11	9	6	14	10	9	7		11	8	7	6		1.3
1.4	16	13	12	10	7	14	11	10	9	6	12	9	8	7		10	8	7	5		1.4
1.5	15	12	11	9	7	13	10	9	8	6	11	8	7	6		9	7	6			1.5
1.6	13	11	10	8	6	12	10	9	7	5	10	8	7	6		8	6	6			1.6
1.7	12	10	9	8	6	11	9	8	7		9	7	6	5		8	6	5			1.7
1.8	12	10	9	8	6	10	8	7	7		8	7	6			7	6				1.8
1.9	11	9	8	7	6	10	8	7	6		8	6	6			7	5				1.9
2.0	10	8	8	7	5	9	7	7	6		7	6	5			6					2.0
2.1	10	8	7	7		8	7	6	6		7	6				6					2.1
2.2	9	8	7	6		8	7	6	5		7	6				6					2.2
2.3	9	7	7	6		8	6	6			6	5				5					2.3
2.4	8	7	7	6		7	6	6			6										2.4
2.5	8	7	6	6		7	6	6			6										2.5
3.0	7	6	6	5		6	5	5			5										3.0
3.5	6	5	5			5															3.5
4.0	6																				4.0

附表4　两样本均数比较（t 检验）时所需样本含量

δ	单侧：α=0.005 双侧：α=0.01					α=0.01 α=0.02					α=0.025 α=0.05					α=0.05 α=0.1					δ
	1-β=0.99	0.95	0.9	0.8	0.5	0.99	0.95	0.9	0.8	0.5	0.99	0.95	0.9	0.8	0.5	0.99	0.95	0.9	0.8	0.5	
0.05																					0.05
0.10																					0.10
0.15																					0.15
0.20																				137	0.20
0.25															124					88	0.25
0.30										123					87					61	0.30
0.35					110					90					64				102	45	0.35
0.40					85					70				100	50			108	78	35	0.40
0.45				118	68				101	55			105	79	39		108	86	62	28	0.45
0.50				96	55			106	82	45		106	86	64	32		88	70	51	23	0.50
0.55			101	79	46		106	88	68	38		87	71	53	27	112	73	58	42	19	0.55
0.60		101	85	67	39		90	74	58	32	104	74	60	45	23	89	61	49	36	16	0.60
0.65		87	73	57	34	104	77	64	49	27	88	63	51	39	20	76	52	42	30	14	0.65
0.70	100	75	63	50	29	90	66	55	43	24	76	55	44	34	17	66	45	36	26	12	0.70
0.75	88	66	55	44	26	79	58	48	38	21	67	48	39	29	15	57	40	32	23	11	0.75
0.80	77	58	49	39	23	70	51	43	33	19	59	42	34	26	14	50	35	28	21	10	0.80
0.85	69	51	43	35	21	62	46	38	30	17	52	37	31	23	12	45	31	25	18	9	0.85
0.90	62	46	39	31	19	55	41	34	27	15	47	34	27	21	11	40	28	22	16	8	0.90
0.95	55	42	35	28	17	50	37	31	24	14	42	30	25	19	10	36	25	20	15	7	0.95
1.00	50	38	32	26	15	45	33	28	22	13	38	27	23	17	9	33	23	18	14	7	1.00
1.1	42	32	27	22	13	38	28	23	19	11	32	23	19	14	8	27	19	15	12	6	1.1
1.2	36	27	23	18	11	32	24	20	16	9	27	20	16	12	7	23	16	13	10	5	1.2
1.3	31	23	20	16	10	28	21	17	14	8	23	17	14	11	6	20	14	11	9	5	1.3
1.4	27	20	17	14	9	24	18	15	12	8	20	15	12	10	6	17	12	10	8	4	1.4
1.5	24	18	15	13	8	21	16	14	11	7	18	13	11	9	5	15	11	9	7	4	1.5
1.6	21	16	14	11	7	19	14	12	10	6	16	12	10	8	5	14	10	8	6	4	1.6
1.7	19	15	13	10	7	17	13	11	9	6	14	11	9	7	4	12	9	7	6	3	1.7
1.8	17	13	11	10	6	15	12	10	8	5	13	10	8	6	4	11	8	7	5		1.8
1.9	16	12	11	9	6	14	11	9	8	5	12	9	7	6	4	10	7	6	5		1.9
2.0	14	11	10	8	6	13	10	9	7	5	11	8	7	6	4	9	7	6	4		2.0
2.1	13	10	9	8	5	12	9	8	7	5	10	8	6	5	3	8	6	5	4		2.1
2.2	12	10	8	7	5	11	9	7	6	4	9	7	6	5		8	6	5	4		2.2
2.3	11	9	8	7	5	10	8	7	6	4	9	7	6	5		7	5	5	4		2.3
2.4	11	9	8	6	5	10	8	7	6	4	8	6	5	4		7	5	4	4		2.4
2.5	10	8	7	6	4	9	7	6	5	4	8	6	5	4		6	5	4	3		2.5
3.0	8	6	6	5	4	7	6	5	4	3	6	5	4	4		5	4	3			3.0
3.5	6	5	5	4	3	6	5	4	4		5	4	4	3		4	3				3.5
4.0	6	6	4	4		5	4	4	3		4	4	3			4					4.0

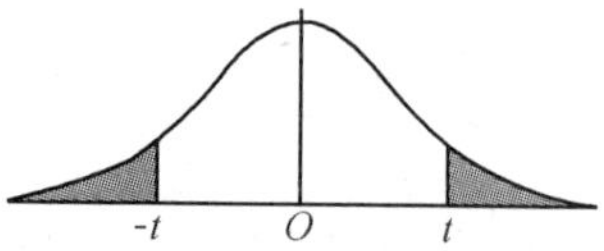

附表 5　t 界值表

自由度		概率 P									
	单侧：	0.25	0.20	0.10	0.05	0.025	0.01	0.005	0.0025	0.001	0.0005
υ	双侧：	0.50	0.40	0.20	0.10	0.05	0.02	0.01	0.005	0.002	0.001
1		1.000	1.376	3.078	6.314	12.706	31.821	63.657	127.321	318.309	636.619
2		0.816	1.061	1.886	2.920	4.303	6.965	9.925	14.089	22.327	31.599
3		0.765	0.978	1.638	2.353	3.182	4.541	5.841	7.453	10.215	12.924
4		0.741	0.941	1.533	2.132	2.776	3.747	4.604	5.598	7.173	8.610
5		0.727	0.920	1.476	2.015	2.571	3.365	4.032	4.773	5.893	6.869
6		0.718	0.906	1.440	1.943	2.447	3.143	3.707	4.317	5.208	5.959
7		0.711	0.896	1.415	1.895	2.365	2.998	3.499	4.029	4.785	5.408
8		0.706	0.889	1.397	1.860	2.306	2.896	3.355	3.833	4.501	5.041
9		0.703	0.883	1.383	1.833	2.262	2.821	3.250	3.690	4.297	4.781
10		0.700	0.879	1.372	1.812	2.228	2.764	3.169	3.581	4.144	4.587
11		0.697	0.876	1.363	1.796	2.201	2.718	3.106	3.497	4.025	4.437
12		0.695	0.873	1.356	1.782	2.179	2.681	3.055	3.428	3.930	4.318
13		0.694	0.870	1.350	1.771	2.160	2.650	3.012	3.372	3.852	4.221
14		0.692	0.868	1.345	1.761	2.145	2.624	2.977	3.326	3.787	4.140
15		0.691	0.866	1.341	1.753	2.131	2.602	2.947	3.286	3.733	4.073
16		0.690	0.865	1.337	1.746	2.120	2.583	2.921	3.252	3.686	4.015
17		0.689	0.863	1.333	1.740	2.110	2.567	2.898	3.222	3.646	3.965
18		0.688	0.862	1.330	1.734	2.101	2.552	2.878	3.197	3.610	3.922
19		0.688	0.861	1.328	1.729	2.093	2.539	2.861	3.174	3.579	3.883
20		0.687	0.860	1.325	1.725	2.086	2.528	2.845	3.153	3.552	3.850
21		0.686	0.859	1.323	1.721	2.080	2.518	2.831	3.135	3.527	3.819
22		0.686	0.858	1.321	1.717	2.074	2.508	2.819	3.119	3.505	3.792
23		0.685	0.858	1.319	1.714	2.069	2.500	2.807	3.104	3.485	3.768
24		0.685	0.857	1.318	1.711	2.064	2.492	2.797	3.091	3.467	3.745
25		0.684	0.856	1.316	1.708	2.060	2.485	2.787	3.078	3.450	3.725
26		0.684	0.856	1.315	1.706	2.056	2.479	2.779	3.067	3.435	3.707
27		0.684	0.855	1.314	1.703	2.052	2.473	2.771	3.057	3.421	3.690
28		0.683	0.855	1.313	1.701	2.048	2.467	2.763	3.047	3.408	3.674
29		0.683	0.854	1.311	1.699	2.045	2.462	2.756	3.038	3.396	3.659
30		0.683	0.854	1.310	1.697	2.042	2.457	2.750	3.030	3.385	3.646
31		0.682	0.853	1.309	1.696	2.040	2.453	2.744	3.022	3.375	3.633
32		0.682	0.853	1.309	1.694	2.037	2.449	2.738	3.015	3.365	3.622
33		0.682	0.853	1.308	1.692	2.035	2.445	2.733	3.008	3.356	3.611
34		0.682	0.852	1.307	1.691	2.032	2.441	2.728	3.002	3.348	3.601
35		0.682	0.852	1.306	1.690	2.030	2.438	2.724	2.996	3.340	3.591
36		0.681	0.852	1.306	1.688	2.028	2.434	2.719	2.990	3.333	3.582
37		0.681	0.851	1.305	1.687	2.026	2.431	2.715	2.985	3.326	3.574
38		0.681	0.851	1.304	1.686	2.024	2.429	2.712	2.980	3.319	3.566
39		0.681	0.851	1.304	1.685	2.023	2.426	2.708	2.976	3.313	3.558
40		0.681	0.851	1.303	1.684	2.021	2.423	2.704	2.971	3.307	3.551
50		0.679	0.849	1.299	1.676	2.009	2.403	2.678	2.937	3.261	3.496
60		0.679	0.848	1.296	1.671	2.000	2.390	2.660	2.915	3.232	3.460
70		0.678	0.847	1.294	1.667	1.994	2.381	2.648	2.899	3.211	3.435
80		0.678	0.846	1.292	1.664	1.990	2.374	2.639	2.887	3.195	3.416
90		0.677	0.846	1.291	1.662	1.987	2.368	2.632	2.878	3.183	3.402
100		0.677	0.845	1.290	1.660	1.984	2.364	2.626	2.871	3.174	3.390
200		0.676	0.843	1.286	1.653	1.972	2.345	2.601	2.839	3.131	3.340
500		0.675	0.842	1.283	1.648	1.965	2.334	2.586	2.820	3.107	3.310
1000		0.675	0.842	1.282	1.646	1.962	2.330	2.581	2.813	3.098	3.300
		0.6745	0.8416	1.2816	1.6449	1.9600	2.3203	2.5758	2.8070	3.0902	3.2905

附表 6 χ^2 界值表

自由度 υ	概率 P												
	0.995	0.990	0.975	0.950	0.900	0.750	0.500	0.250	0.100	0.050	0.025	0.010	0.005
1					0.02	0.10	0.45	1.32	2.71	3.84	5.02	6.63	7.88
2	0.01	0.02	0.05	0.10	0.21	0.58	1.39	2.77	4.61	5.99	7.38	9.21	10.60
3	0.07	0.11	0.22	0.35	0.58	1.21	2.37	4.11	6.25	7.81	9.35	11.34	12.84
4	0.21	0.30	0.48	0.71	1.06	1.92	3.36	5.39	7.78	9.49	11.14	13.28	14.86
5	0.41	0.55	0.83	1.15	1.61	2.67	4.35	6.63	9.24	11.07	12.83	15.09	16.75
6	0.68	0.87	1.24	1.64	2.20	3.45	5.35	7.84	10.64	12.59	14.45	16.81	18.55
7	0.99	1.24	1.69	2.17	2.83	4.25	6.35	9.04	12.02	14.07	16.01	18.48	20.28
8	1.34	1.65	2.18	2.73	3.49	5.07	7.34	10.22	13.36	15.51	17.53	20.09	21.95
9	1.73	2.09	2.70	3.33	4.17	5.90	8.34	11.39	14.68	16.92	19.02	21.67	23.59
10	2.16	2.56	3.25	3.94	4.87	6.74	9.34	12.55	15.99	18.31	20.48	23.21	25.19
11	2.60	3.05	3.82	4.57	5.58	7.58	10.34	13.70	17.28	19.68	21.92	24.72	26.76
12	3.07	3.57	4.40	5.23	6.30	8.44	11.34	14.85	18.55	21.03	23.34	26.22	28.30
13	3.57	4.11	5.01	5.89	7.04	9.30	12.34	15.98	19.81	22.36	24.74	27.69	29.82
14	4.07	4.66	5.63	6.57	7.79	10.17	13.34	17.12	21.06	23.68	26.12	29.14	31.32
15	4.60	5.23	6.26	7.26	8.55	11.04	14.34	18.25	22.31	25.00	27.49	30.58	32.80
16	5.14	5.81	6.91	7.96	9.31	11.91	15.34	19.37	23.54	26.30	28.85	32.00	34.27
17	5.70	6.41	7.56	8.67	10.09	12.79	16.34	20.49	24.77	27.59	30.19	33.41	35.72
18	6.26	7.01	8.23	9.39	10.86	13.68	17.34	21.60	25.99	28.87	31.53	34.81	37.16
19	6.84	7.63	8.91	10.12	11.65	14.56	18.34	22.72	27.20	30.14	32.85	36.19	38.58
20	7.43	8.26	9.59	10.85	12.44	15.45	19.34	23.83	28.41	31.41	34.17	37.57	40.00
21	8.03	8.90	10.28	11.59	13.24	16.34	20.34	24.93	29.62	32.67	35.48	38.93	41.40
22	8.64	9.54	10.98	12.34	14.04	17.24	21.34	26.04	30.81	33.92	36.78	40.29	42.80
23	9.26	10.20	11.69	13.09	14.85	18.14	22.34	27.14	32.01	35.17	38.08	41.64	44.18
24	9.89	10.86	12.40	13.85	15.66	19.04	23.34	28.24	33.20	36.42	39.36	42.98	45.56
25	10.52	11.52	13.12	14.61	16.47	19.94	24.34	29.34	34.38	37.65	40.65	44.31	46.93
26	11.16	12.20	13.84	15.38	17.29	20.84	25.34	30.43	35.56	38.89	41.92	45.64	48.29
27	11.81	12.88	14.57	16.15	18.11	21.75	26.34	31.53	36.74	40.11	43.19	46.96	49.64
28	12.46	13.56	15.31	16.93	18.94	22.66	27.34	32.62	37.92	41.34	44.46	48.28	50.99
29	13.12	14.26	16.05	17.71	19.77	23.57	28.34	33.71	39.09	42.56	45.72	49.59	52.34
30	13.79	14.95	16.79	18.49	20.60	24.48	29.34	34.80	40.26	43.77	46.98	50.89	53.67
40	20.71	22.16	24.43	26.51	29.05	33.66	39.34	45.62	51.81	55.76	59.34	63.69	66.77
50	27.99	29.71	32.36	34.76	27.69	42.94	49.33	56.33	63.17	67.50	71.42	76.15	79.49
60	35.53	37.48	40.48	43.19	46.46	52.29	59.33	66.98	74.40	79.08	83.30	88.38	91.95
70	43.28	45.44	48.76	51.74	55.33	61.70	69.33	77.58	85.53	90.53	95.02	100.42	104.22
80	51.17	53.54	57.15	60.39	64.28	71.14	79.33	88.13	96.58	101.88	106.63	112.33	116.32
90	59.20	61.75	65.65	69.13	73.29	80.62	89.33	98.64	107.56	113.14	118.14	124.12	128.30
100	67.33	70.06	74.22	77.93	82.36	90.13	99.33	109.14	118.50	124.34	129.56	135.81	140.17

附表 7 *t* 界值表(配对比较的符号秩和检验用)

N	单侧:0.05 双侧:0.10	0.025 0.05	0.01 0.02	0.005 0.010
5	0—15			
6	2—19	0—21		
7	3—25	2—26	0—28	
8	5—31	3—33	1—35	0—36
9	8—37	5—40	3—42	1—44
10	10—45	8—47	5—50	3—52
11	13—53	10—56	7—59	5—61
12	17—61	13—65	9—69	7—71
13	21—70	17—74	12—79	9—82
14	25—80	21—84	15—90	12—93
15	30—90	25—95	19—101	15—105
16	35—101	29—107	23—113	19—117
17	41—112	34—119	27—126	23—130
18	47—124	40—131	32—139	27—144
19	53—137	46—144	37—153	32—158
20	60—150	52—158	43—167	37—173
21	67—164	58—173	49—182	42—189
22	75—178	65—188	55—198	48—205
23	83—193	73—203	62—214	54—222
24	91—209	81—219	69—231	61—239
25	100—225	89—236	76—249	68—257
26	110—241	98—253	84—267	75—276
27	119—259	107—271	92—286	83—295
28	130—276	116—290	101—305	91—315
29	140—295	126—309	110—325	100—335
30	151—314	137—328	120—345	109—356
31	163—333	147—349	130—366	118—378
32	175—353	159—369	140—388	128—400
33	187—374	170—391	151—410	138—423
34	200—395	182—413	162—433	148—447
35	213—417	195—435	173—457	159—471
36	227—439	208—458	185—481	171—495
37	241—462	221—482	198—505	182—521
38	256—485	235—506	211—530	194—547
39	271—509	249—531	224—556	207—573
40	286—534	264—556	238—582	220—600
41	302—559	279—582	252—609	233—628
42	319—584	294—609	266—637	247—656
43	336—610	310—636	281—665	261—685
44	353—637	327—663	296—694	276—714
45	371—664	343—692	312—723	291—744
46	389—692	361—720	328—753	307—774
47	407—721	378—750	345—783	322—806
48	426—750	396—780	362—814	339—837
49	446—779	415—810	379—846	355—870
50	466—809	434—841	397—878	373—902

附表 8 t 界值表（两样本比较的秩和检验用）

	单侧	双侧
1 行	$P=0.05$	$P=0.10$
2 行	$P=0.025$	$P=0.05$
3 行	$P=0.01$	$P=0.02$
4 行	$P=0.005$	$P=0.01$

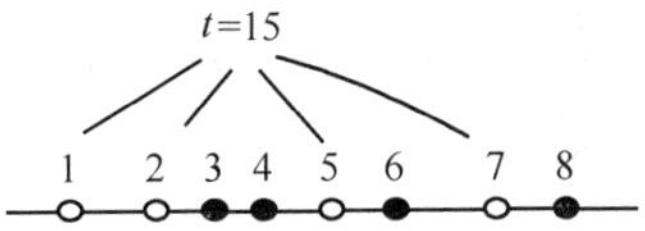

n_1（较小 n）	n_2-n_1										
	0	1	2	3	4	5	6	7	8	9	10
2				3—13	3—15	3—17	4—18	4—20	4—22	4—24	5—25
							3—19	3—21	3—23	3—25	4—26
3	6—15	6—18	7—20	8—22	8—25	9—27	10—29	10—32	11—34	11—37	12—39
			6—21	7—23	7—26	8—28	8—31	9—33	9—36	10—38	10—41
					6—27	6—30	7—32	7—35	7—38	8—40	8—43
							6—33	6—36	6—39	7—41	7—44
4	11—25	12—28	13—31	14—34	15—37	16—40	17—43	18—46	19—49	20—52	21—55
	10—26	11—29	12—32	13—35	14—38	14—42	15—45	16—48	17—51	18—54	19—57
		10—30	11—33	11—37	12—40	13—43	13—47	14—50	15—53	15—57	16—60
			10—34	10—38	11—41	11—45	12—48	12—52	13—55	13—59	14—62
5	19—36	20—40	21—44	23—47	24—51	26—54	27—58	28—62	30—65	31—69	33—72
	17—38	18—42	20—45	21—49	22—53	23—57	24—61	26—64	27—68	28—72	29—76
	16—39	17—43	18—47	19—51	20—55	21—59	22—63	23—67	24—71	25—75	26—79
	15—40	16—44	16—49	17—53	18—57	19—61	20—65	21—69	22—73	22—78	23—82
6	28—50	29—55	31—59	33—63	35—67	37—71	38—76	40—80	42—84	44—88	46—92
	26—52	27—57	29—61	31—65	32—70	34—74	35—79	37—83	38—88	40—92	42—96
	24—54	25—59	27—63	28—68	29—73	30—78	32—82	33—87	34—92	36—96	37—101
	23—55	24—60	25—65	26—70	27—75	28—80	30—84	31—89	32—94	33—99	34—104
7	39—66	41—71	43—76	45—81	47—86	49—91	52—95	54—100	56—105	58—110	61—114
	36—69	38—74	40—79	42—84	44—89	46—94	48—99	50—104	52—109	54—114	56—119
	34—71	35—77	37—82	39—87	40—93	42—98	44—103	45—109	47—114	49—119	51—124
	32—73	34—78	35—84	37—89	38—95	40—100	41—106	43—111	44—117	15—122	47—128
8	51—85	54—90	56—96	59—101	62—106	64—112	67—117	69—123	72—128	75—133	77—139
	49—87	51—93	53—99	55—105	58—110	60—116	62—122	65—127	67—133	70—138	72—144
	45—91	47—97	49—103	51—109	53—115	56—120	58—126	60—132	62—138	64—144	66—150
	43—93	45—99	47—105	49—111	51—117	53—123	54—130	56—136	58—142	60—148	62—154
9	66—105	69—111	72—117	75—123	78—129	81—135	84—141	87—147	90—153	93—159	96—165
	62—109	65—115	68—121	71—127	73—134	76—140	79—146	82—152	84—159	87—165	90—171
	59—112	61—119	63—126	66—132	68—139	71—145	73—152	76—158	78—165	81—171	83—178
	56—115	58—122	61—128	63—135	65—142	67—149	69—156	72—162	74—169	76—176	78—183
10	82—128	86—134	89—141	92—148	96—154	99—161	103—167	106—174	110—180	113—187	117—193
	78—132	81—139	84—146	88—152	91—159	94—166	97—173	100—180	103—187	107—193	110—200
	74—136	77—143	79—151	82—158	85—165	88—172	91—179	93—187	96—194	99—201	102—208
	71—139	73—147	76—154	79—161	81—169	84—176	86—184	89—191	92—198	94—206	97—213

附表9 目前国内主要护理期刊名单

刊名(杂志)	主办单位	通信地址	邮编	联系电话
中华护理杂志	中华护理学会	北京朝阳区十里堡甘露西园1号楼314室	100025	010-65561480
中华现代护理杂志	齐齐哈尔医学院	北京市和平门邮局158信箱(南区)	100051	010-83191170
解放军护理杂志	第二军医大学	上海市翔股路800号	200433	021-25074487
现代临床护理	中山大学	广州市中山二路58号中山大学附属第一医院	510080	020-87755766-8050
天津护理	天津市中心妇产科医院	天津市和平区营口道146号中心妇产科医院内	300052	022-23043050
中华护理教育	中华护理学会	北京市朝阳区十里堡甘露西园1号楼315室	100025	010-65561402
国际护理学杂志	中华医学会	吉林省长春市建政路971号	130061	0431-88920584
齐鲁护理杂志	山东省护理学会	山东省济南市经十东路268号	250014	0531-88591031
中国实用护理杂志	中华医学会	大连市南石道街丙寅巷3号	116013	0411-82499048 或82490723
护理研究	中华护理学会山西分会	山西省太原市解放南路85号	030001	0351-4639626
护理管理	中国人民解放军北京军区总医院	北京市东城区南门仓5号	100700	010-66721416
中国护理管理	卫生部医院管理研究所	北京市海淀区学院路38号卫生部医院管理研究所	100083	010-82805039 010-82801460
护理学报	南方医科大学	广州市广州大道北1838号	510515	020-87820550 或61641193
护士进修杂志	贵州省医药卫生学会办公室	贵阳市市北路11号	550004	0851-6854912 或6826371
护理与康复	浙江护理学会	杭州市环城东路108号翰林花园1幢203	310009	0571-87152049
中国医学文摘	武汉市医学科学研究所	湖北省汉口黎黄陂路47号	430014	027-82808461
当代护士	湖南省护理学会	长沙市湘雅路30号	410008	0731-4415160
护理学杂志	华中科技大学同济医学院	武汉市解放大道1095号	430030	027-83662666 或83603590
国外医学护理学分册	中华医学会	吉林省长春市建政路971号	130061	0431-8920584
亚洲护理学杂志	香港理工大学	北京朝阳区西大望路甲27号B座509	100022	010-67346885 或67349848